KB028396

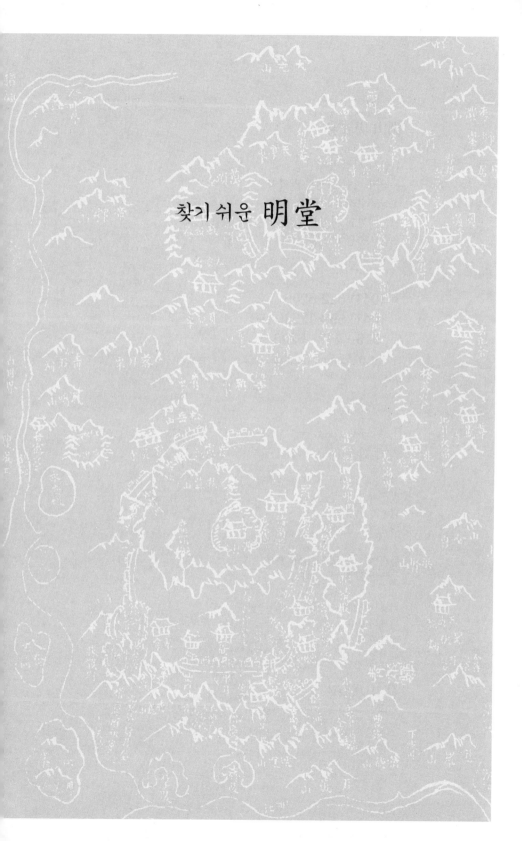

찾기 쉬운 明堂

湖山 尹在祐

천안시 시립 도서관장 · 사서 사무관 역임
온양시 시립 도서관장 역임
호산풍수지리 연구원 원장
선문대학교 사회교육원 풍수지리 교양교육
초급 · 중급 · 전문실기과 전담 강사
저서 : 龍의 穴

■ **(041) 622-5205**
  (041) 559-1253(학교)
   016 - 417 - 5206

http://home.hanmir.com/~hosan32 풍수지리와 명당

찾기 쉬운 明堂
_____

1판 1쇄 발행일 | 2002년 6월 16일
발행처 | 삼한출판사
발행인 | 김충호
지은이 | 윤재우

등록일 | 1975년 10월 18일
등록번호 | 제13-47호

서울 · 동대문구 신설동 103-6호
아세아빌딩 201호
대표전화 (02) 2231-4460
팩시밀리 (02) 2231-4461

값 19,000원
ISBN 89-7460-076-5   03180

신비한 동양철학 · 44

찾기 쉬운 明堂

湖山 尹在祐 著

삼한

■머리말

풍수지리는 인류의 역사와 함께 시작되었다. 풍수지리는 아무리 강조해도 지나침이 없을 것이다. 예를 들어 우리가 야영을 하기 위해 터를 잡고 텐트를 칠 때, 여기저기 살피며 서로 의견을 모아 가장 안전하며 식수를 쉽게 구할 수 있다고 판단한 곳을 정한다. 하물며 사람이 머물며 생활하는 보금자리를 정하는 일이야 더 말할 필요가 있을까.

초기의 풍수지리를 살펴보면, 주거지의 형태를 자연에서 추구했다는 것을 알 수 있다. 예를 들면 서북지역 뒷쪽은 산을 뒤로하고 높은 곳에 주거지를 정한다. 햇빛을 잘 받는 곳이어야 하고, 추운 바람과 더운 기후를 잘 막아주는 곳이어야 하고, 앞에는 잘 흐르는 물줄기가 있어 식수를 쉽게 구할 수 있어야 명당이 된다.

풍수지리에는 양택(陽宅) 생거지(生居地)와 음택(陰宅) 사거지(死居地)가 있다. 한 나라의 수도나 마을·주거지 등은 양택(陽宅) 생거지(生居地)에 속하고, 조상의 위체를 모시는 분묘는 음택(陰宅) 사거지(死居地)에 속한다.

산은 산이요 물은 물이라 하나, 거기에는 좋은 산과 나쁜 산이 있다. 좋은 산에는 좋은 땅과 좋은 물이 있으니 좋은 기운을 받게 되고, 나쁜 산에는 물도 나쁘고 땅도 나쁘니 반드시 해를 본다. 그동안 우리가 알고 있는 풍수지리는 말이나 어깨너머로 배운 것으로 정통 풍수지리는 아니라고 할 수 있다.

그러나 많은 학자들이 계속 올바른 풍수지리를 연구하며 저서를 펴내 정통 풍수지리가 정립되고 있다. 필자 역시 정통 풍수지리를 연구하고자 수십 년 동안 원전을 찾아 공부하며 실기에 심취하다가, 대학에서 강의를 하면서 내 저서가 있어야 함을 느끼고 5년 전에 용의 혈을 펴냈었다. 용의 혈은 청오경(青烏經), 금랑경(錦囊經), 만두산법(巒頭山法), 명산론(明山論)을 자료로 삼아 원전의 해설에 중점을 두었다.

다시 이 책을 다시 쓰게 된 것은 풍수지리에서 이해하기 어려운 부분과 용의 혈에서 미흡한 점을 보완하기 위해서이다. 이 책은 가능하면 쉽게 풀려고 노력했고, 실전에 도움이 되도록 했다. 특히 풍수지리에서 방향측정에 필수인 패철(佩鐵)사용과 나경(羅經)9층을 각 층별로 간추려 설명했다. 그리고 이 책에 수록된 도설, 즉 오성도, 명산도, 명당 형세도 내거수 명당도, 지각(枝脚)형세도, 용의 과협출맥도, 사대혈형(穴形) 와겸유돌(窩鉗乳突) 형세도 등은 국립중앙도서관에 소장된 문헌자료인 만산도단, 만산영도, 이석당 은민산도의 원본을 참조했다.

湖山 尹在祐

6장. 명당론 | 77

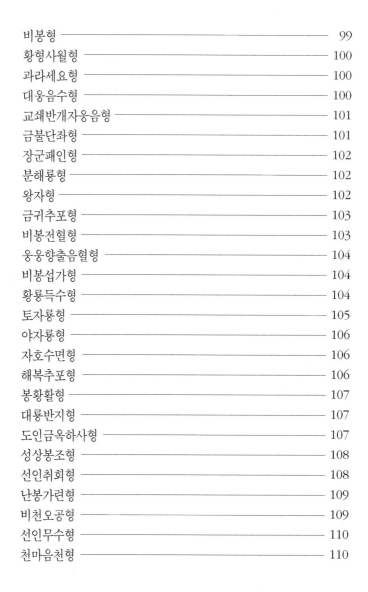

1장. 풍수지리의 연혁과 용어풀이

1. 풍수지리의 연혁

풍수지리는 중국 한나라에서 발생하여 당·진·명·청으로 이어져 왔고, 우리나라는 신라말 고려초에 들어와 지금에 이르렀다. 한대에는 청오자(靑烏子)가 청오경(靑烏經)을 저술했고, 당대에는 양균송(楊筠松)이 청랑경(靑囊經)을 저술했다. 양균송(楊筠松)의 호는 양공구빈(楊公救貧)으로 양공구빈법(楊公救貧法)이 있다. 그리고 진대에는 곽박(郭璞)의 산해경(山海經)과 장경(葬經)이 있는데, 장경(葬經)은 청오경(靑烏經)을 보완한 이론이다. 또한 역학자 주선도(朱仙桃)가 수산기(水山記)에 명당(明堂)비법을 밝혔다. 명대에서는 서선계(徐善繼)·서선술(徐善述) 형제의 인자수지(人子須知)가 있고, 청대에는 조구봉(趙九峰)의 지리오결(地理五訣)과 양택삼요(陽宅三要)가 있다.

 우리나라는 신라말 도선국사(道詵國師)의 도선비기(道詵秘記)·지리쇠왕설(地理衰旺說) · 도참설(圖讖說)이 있고, 옥룡자(玉龍子)의 옥룡자결(玉龍子訣)이 전해지고 있다. 조선시대 한양에 도읍을 정할 때 무학대사(無學大師)의 무학결(無學訣)과 채성우(蔡成禹)의 명산론(明山論)과 고무엽(古務葉) 태구승(泰九升) 부집필(父輯筆) 만두산법(巒頭山法)을 들 수 있고, 이외도 많은 문헌이 있다. 조선시대에는 과거시험의 음양과(陰陽科)에서 청오경(靑鳥經) · 장경(葬經) · 명산론(明山論) · 지리신서(地理新書)를 시용했다고 한다.

2. 풍수지리의 용어풀이

1. 용(龍)

용(龍)은 산을 칭하는데, 산 하나를 말하는 것은 아니다. 여러 산이 이어져 천변만화를 이루는 것이다. 크며 작고, 높으며 낮고, 곧으며 구불거리고, 숨은 것 같으면서 나타나는 변화가 용(龍)과 같아 용(龍)이라 하는 것이다.

2. 사(砂)

사(砂)는 혈처(穴處) · 소명당(小明堂) · 내명당(內明堂)이 주가 되어, 주변의 상하좌우 24방위에 멀리 또는 가까이 있는 산 · 산봉우리 · 언덕 · 암석 · 안산(案山) · 조산(朝山) · 좌우 청룡(靑龍) 백호(白虎) · 조종산(祖宗山) · 주산(主山) · 현무정(玄武頂) · 옥인(玉印) · 기(旗) · 고(鼓) · 금상(金箱) · 고(庫) · 관귀금요(官鬼禽曜) 등의 귀한 산과 흉한 산이다. 사(砂)는 상사(上砂)와 하사(下砂)가 있다. 상

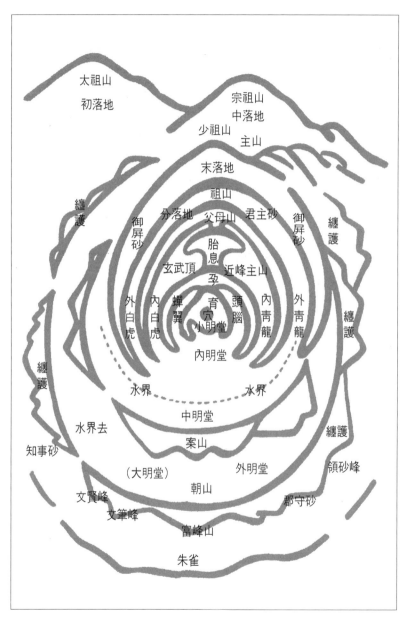

吉砂明山圖

사(上砂)는 혈(穴)과 내명당(內明堂)과 소명당(小明堂)이 위주가 되어 뒷쪽 위에서 내려오는 내룡(來龍)이고, 하사(下砂)는 앞의 주변 산과 수류(水流) 수세(水勢)의 물이 안아받아 기를 멈추게 하는 것이다.

3. 맥(脈)

맥은 산의 줄기를 말한다. 행룡(行龍)의 땅 속으로 투과(透過)하는 기맥(氣脈)의 생기(生氣)가 흐르는 줄기를 말한다.

4. 여기(餘氣)

여기(餘氣)는 왕성한 용(龍)의 기가 속기(束氣)를 이룬 후, 남은 기가 다시 일어나 맥을 이루는 것을 말한다.

5. 박환(剝換)

박환(剝換)은 용(龍)이 변화하는 것을 말한다. 억세고 나쁜 용(龍)이 좋은 용(龍)으로 변하거나, 반대로 좋은 용(龍)이 나쁜 용(龍)으로 변하는 것이다.

6. 행룡(行龍)

행룡(行龍)은 조산(祖山)과 주산(主山)에서 혈(穴)이나 명당(明堂)에 이르기까지 산맥이 산봉우리를 일으키고, 절(節)과 기복(起伏)을 이루며 뻗어나가는 것을 말한다.

7. 내룡(來龍)

혈(穴)이나 내명당(內明堂)까지 내려오는 산줄기를 말한다.

8. 입수(入首)

　입수(入首)는 행룡(行龍)이 혈(穴)이나 소명당(小明堂)까지 이르는
것을 말한다. 넓은 의미의 입수(入首)는 소조산(少祖山)에서 부모산
(父母山)·혈(穴)·소명당(小明堂)까지 이르는 용(龍)이고, 좁은 의
미로는 현무정(玄武頂)에서 혈(穴)까지 이르는 용(龍)을 말한다. 혈
(穴)과 소명당(小明堂)에서 가장 가까운 입수룡(入首龍)이 중요하다.
수백 수십 리의 멀리 있는 내룡(來龍)은 입수(入首)로 보지 않는다.
혈장입수(穴場入首)는 두뇌에서 혈(穴)까지의 입수(入首)를 보는 것
이다.

9. 전호(纏護)

　전호(纏護)는 주위의 산이 서로 얽혀 혈(穴)과 명당(明堂)을 보호하
며 도와주는 형세를 말한다.

10. 환포(環抱)

　환포(環抱)는 물줄기나 산맥이 혈(穴)·소명당(小明堂)·내명당(內
明堂)을 향하여 안아두른 듯한 형세를 말한다.

11. 조응(照應)

　조응(照應)은 혈(穴)·소명당(小明堂)·내명당(內明堂)에 좋은 기
운을 주는 것을 말한다.

12. 취기(聚氣)

　취기(聚氣)는 내룡(來龍)를 향하여 외기(外氣)와 지중(地中) 내기

(內氣)가 여러 곳에서 모이는 것을 말한다.

13. 속기(束氣)

속기(束氣)는 지중(地中) 내기(內氣)가 투지(透地)하여 혈(穴)과 명당(明堂)에 생기(生氣)가 뭉치는 것을 말한다.

14. 결혈(結穴)

결혈처(結穴處)를 말한다. 진혈(眞穴)의 귀룡(貴龍)과 진룡(眞龍)에서 결혈(結穴)한다. 이 진혈(眞穴)은 산수의 정기로 맺어진 혈(穴)을 말한다.

15. 혈장(穴場)·혈(穴)

혈장(穴場) 안에 있는 결혈처(結穴處)를 말한다.

16. 락산(樂山)

락산(樂山)은 본신룡(本身龍)이나 객산(客山)이 산봉우리를 일으키거나 일으키지 않는 산을 말하고, 혈(穴) 뒤에 있는 산이다. 혈(穴) 뒤에 있는 것이 두뇌가 확실하고, 주성(主星)이 있어 성봉(星峰)이 있는 형세는 락산(樂山)을 요하지 않는다. 그러나 혈(穴) 뒤 두뇌가 요(凹)하거나 주성(主星)이 없는 횡룡(橫龍)은 락산(樂山)이 있어야 결혈(結穴)되고, 락산(樂山)의 방향에 따라 결혈처(結穴處)가 이루어진다. 다시 말해, 락산(樂山)이 오른쪽에 있으면 혈(穴)도 오른쪽에 있고, 락산(樂山)이 왼쪽에 있으면 혈(穴)도 왼쪽에 있다. 락산(樂山)이 있는 곳에서도 크고 강한 쪽에 혈(穴)을 정한다. 만일 락산(樂山)이

혈(穴)을 억압할 정도로 크거나 높으면 억압받지 않게 피해서 입혈(立穴)해야 한다. 락산(樂山)이 멀리 있으면 의지할 곳이 없어 락산(樂山) 구실을 못하니, 가까운 락산(樂山)을 의지하여 혈후(穴後)를 호응(護應)해야 한다. 길하고 귀한 락산(樂山)은 다음과 같다.

- 병풍(屛風) : 병풍을 둘러 바람을 막은 듯한 형세이다.
- 화개(華蓋) : 산을 모아 덮은 듯한 형세이다.
- 삼태(三台) : 산이 세 봉우리인 듯한 형세이다.
- 염막(簾幕) : 대나무 발을 세워 막을 이룬 듯한 형세이다.
- 복종(覆鍾) : 종을 엎어 세운 것 같은 형세이다.
- 돈고(頓鼓) : 북을 모아 가지런히 쌓아 세운 듯한 형세이다.

17. 수계(水界)

수계(水界)는 혈장(穴場)과 명당(明堂) 주변에 있는 크고 작은 냇물을 말한다.

18. 수구(水口)

수구(水口)는 물이 모여 흘러나가는 곳에 형성된 작은 연못 등을 말한다.

19. 내거수(來去水)

혈(穴)의 중앙에서 볼 때 물이 들어오는 것을 내수(來水), 물이 나가는 것을 거수(去水)라 한다. 내수(來水)를 득(得)이라 하고, 거수(去水)를 파(破)라 하여 파구(破口)·수구(水口)로 칭한다.

20. 현무정(玄武頂)

혈(穴)·소명당(小明堂)·내명당(內明堂)의 위나 혈후(穴後)에서 가장 가까이 있는 높은 산을 말한다.

21. 청룡(靑龍)

혈(穴)·소명당(小明堂)·내명당(內明堂)의 왼쪽 산맥을 말한다.

22. 백호(白虎)

혈(穴)·소명당(小明堂)·내명당(內明堂)의 오른쪽 산맥을 말한다.

23. 안산(案山)

혈(穴)·내명당(內明堂)·중명당(中明堂) 앞에 가까이 있는 나지막한 작은 산을 말한다.

24. 조산(朝山)

혈(穴)·내명당(內明堂)·중명당(中明堂) 앞·안산(案山) 뒤에 있으면서 안산(案山)보다 높으며 크고 약간 멀리 있는 산을 말한다. 안산(案山)과 조산(朝山) 사이에는 외명당(外明堂)이 있고, 안산(案山)과 조산(朝山)이 있는 곳을 주작(朱雀)이라 한다.

25. 합금(合襟)

내외 청룡(靑龍) 백호(白虎)의 끝이 옷깃을 여미듯이 향한 형세로 대지의 용맥(龍脈)이다. 만일 서로 사충(射沖)하면 매우 흉하다.

26. 교쇄(交鎖)

교쇄명당(交鎖明堂) 또는 교쇄명당수류(交鎖明堂水流)라고도 한다. 명당(明堂)은 합금(合襟) 형세와 같다. 교쇄수류(交鎖水流)는 직류(直流)를 막아 물이 돌아나가는 형세로 대지를 이룬다.

27. 오성산(五星山)

목화토금수(木火土金水)의 산 모양을 말한다.

28. 용(龍)의 행지(行止)와 설기(泄氣)

행(行)은 산이 가는 맥이고, 지(止)는 산이 멈추며 그치는 곳을 말한다. 용(龍)이 그침없이 뻗어나가기만 하면 기가 모두 아래로 새나가기 때문에 결혈(結穴)하지 못한다.

29. 산의 배(背)·척(脊)·면(面)

배(背)는 산의 뒷부분, 척(脊)은 산의 등마루, 면(面)은 산의 앞부분을 말한다. 산의 뒷부분은 급경사라 지맥(枝脈)이 없기 때문에 쓸 수 없는 땅이고, 물이 있는 곳이 많다.

30. 용(龍)의 형세

용(龍)의 형세에는 순(順)·역(逆)·진(進)·퇴(退)·강(强)·약(弱)·생(生)·사(死)·복(福)·병(病)·겁(怯)·살(殺)이 있다. 행룡(行龍)이 순하고, 강하고, 약하고, 생기있고, 복스럽고, 살기(殺氣)있고, 겁을 주고, 죽은 물체 같고, 병적이고, 앞으로 나가고, 뒤로 물러나는 형세를 말한다.

31. 물형(物形)

산의 모양을 짐승이나 물체의 형상에 비유한 것으로 비봉(飛鳳) · 복호(伏虎) · 와우(臥牛) 등이 있다. 다시 말해, 봉이 날으는 형상, 호랑이가 엎드린 형상, 소가 누운 형상 등이다. 그러나 갈형론(喝形論)에서는 모든 명산을 물형(物形)으로 보지 않았고, 물형(物形)에 치우치면 바르게 보지 못한다고 했다.

32. 천심(穿心)

산봉우리와 산봉우리의 중심을 뚫고 나가는 용맥(龍脈)이 혈(穴)까지 내룡입수(來龍入首)하는 형세를 말한다.

33. 주산(主山)

혈(穴)에서 현무정(玄武頂) · 주봉산(主峰山) · 부모산(父母山) · 조산(祖山) 등 산령(山嶺) 위의 큰 산으로 소조산(少祖山)이 된다.

34. 주봉산(主峰山)

혈(穴) 바로 위의 높은 산으로, 현무(玄武)나 현무(玄武) 뒤의 높은 산봉우리이면서 진산(鎭山)이 된다.

35. 중출맥(中出脈)

산령(山嶺)을 횡으로 볼 때, 좌우 산봉우리의 가운데 있는 큰 산봉우리에서 나오는 맥을 말한다.

36. 본신룡(本身龍)

주봉산(主峰山)이나 주봉산(主峰山) 위나 아래에 산이 이어져 나온 내룡(來龍) 산맥과, 산봉우리 좌우로 나오는 용맥(龍脈)을 말한다. 다시 말해, 청룡(靑龍) 백호(白虎)의 맥이 주봉(主峰)과 이어져 있는 양맥(兩脈)이다.

37. 조악(粗惡)

용(龍)의 형세가 거칠고 엉성하며 추악한 것을 말한다.

38. 호종산(扈從山)

용맥(龍脈)의 양쪽 앞뒤에서 따라가며 보호하는 산을 말한다. 호산(護山)은 양쪽에서 지켜서서 보호하는 산이나, 호종산(護從山)은 보호하는 모든 산이다.

39. 영류(滎流)

산이나 큰 바위 등이 있어 물이 돌아나가는 것을 말한다.

40. 탈사(脫卸)

용맥(龍脈)과 혈(穴)이 조악한 형세나 노룡(老龍) 등에서 벗어나는 것을 말한다.

41. 위이(逶迤)

행룡(行龍)과 평지룡(平地龍)이 이리저리 구부러지고 비실비실 흔들리며 나가는 것을 말한다.

42. 순전(脣氊)

혈(穴)이나 소명당(小明堂) 바로 앞에서 밑으로 계속 일어나는 여기(餘氣)의 맥을 말한다. 큰 것을 전(氊), 작은 것을 순(脣)이라 한다. 전(氊)은 시장에 펴는 자리를 뜻하고, 순(脣)은 입술을 뜻한다.

43. 용맥(龍脈)

넓은 의미로는 대룡(大龍)의 맥을 말하나, 혈(穴)에서 입수(入首)하는 내룡(來龍)이 무슨 용(龍)인지 구별하는 것을 말한다. 내룡(來龍)하는 두뇌 방위에 나경(羅經)을 놓고 격정(格定)하여 구별한다.

44. 라성(羅城)

현무(玄武) · 주산(主山) · 청룡(靑龍) · 백호(白虎) · 안산(案山) · 조산(朝山) 밖에 있는 모든 산을 말한다.

45. 수성(水城)

중명당(中明堂) 안에 있는 작은 물을 말한다. 오행(五行)상으로는 둥근 물줄기는 금(金), 곧은 물줄기는 목(木), 굽은 물줄기는 수(水), 뾰족한 물줄기는 화(火), 모난 물줄기는 토(土)라 한다.

46. 객수(客水)

본신룡(本身龍)이 아닌 곳에서 중명당(中明堂) · 내명당(內明堂)으로 흘러들어오는 물을 말한다. 객수(客水)가 순하고, 돌아 들어오거나 곡류(曲流)를 이루면 재물이 들어온다. 그러나 대수(大水)나 직수(直水) · 폭포수를 이루면 큰 해를 입는다.

47. 관(官)

 관(官)은 안산(案山) 뒤에서 이끌려 일어나는 사(砂)를 말하며, 길사(吉砂)이다. 안산(案山) 뒤나 옆으로 보이게 일어난 것을 명관(明官)이라 하고, 보일 듯 하다 보이지 않는 것을 암관(暗官)이라 한다. 명관(明官)이 더 좋은 길사(吉砂)이다.

48. 귀(鬼)

 귀산(鬼山)은 횡룡(橫龍)에는 반드시 있어야 하며, 혈후(穴後)의 공허한 곳을 보호하는 산이다. 귀(鬼)는 혈(穴)이나 혈성(穴星) 뒤에서 산맥이나 지맥(枝脈)이 일어나는 사(砂)로 길한 성진(星辰)이다. 귀(鬼)에는 다음과 같은 여러 형세가 있다.

- 직귀(直鬼) : 혈성(穴星) 뒤 중앙에서 곧게 일어나는 성진(星辰).
- 탱귀(撑鬼) : 혈성(穴星) 뒤에서 산맥이 일어나 성봉(星峰)을 일으키는 성진(星辰).
- 쌍귀(雙鬼) : 효순귀(孝順鬼)라고도 하며, 혈성(穴星) 뒤 양쪽에서 일어나는 성진(星辰).
- 일변귀(一邊鬼) : 혈성(穴星) 뒤에서 한쪽만 일어나는 성진(星辰).

49. 금(禽)

 금(禽)은 혈전(穴前)의 수구(水口)나 수변(水邊) 안에 있는 작은 섬 같은 것으로 라성(羅星)이라 한다. 길사(吉砂)이나 수변(水邊) 밖에 있으면 흉사(凶砂)에 해당한다. 내명당(內明堂) 안에 있는 것은 환안(患眼)이고, 용호(龍虎) 안에 있는 것은 포양(抱養)으로 불길한 금

(禽)이다.

50. 요(曜)

요(曜)는 혈(穴)의 청룡(靑龍) 백호(白虎) 끝부분에 부리나 뿔같은 것이 돋아난 것을 말한다. 혈(穴)에서 보이는 것을 명요(明曜) 또는 명요면취(明曜面嘴)라 하고, 혈(穴)에서 보이지 않고 용호(龍虎) 뒤에 있는 것을 암요(暗曜) 또는 암요배후각(暗曜背後角)이라 한다. 명요(明曜)가 더 좋은 길사(吉砂)이다.

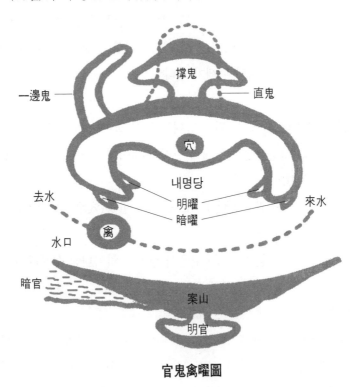

官鬼禽曜圖

2장. 산의 종류와 개장천심

1. 태조산(太祖山)

사람에게 조상이 있는 것과 같이, 태조산(太祖山)은 산의 조상에 해당한다. 태조산(太祖山)은 주산(主山)·진산(鎭山)에서 볼 때, 멀리에 높은 산과 산이 이어져 있으면서 안개나 구름에 쌓인 것처럼 보이는 가장 크고 높은 산이다. 여러 고을을 거느린 산으로 백리 밖에 있는 것이 될 수도 있다. 태조산(太祖山)은 그 지역의 뿌리인 시(始) 조종산(祖宗山)으로, 영기가 충만하며 웅장하여 소조산(少祖山)·종산(宗山)·부모산(父母山)·주산(主山)에 이어 행룡(行龍)하며, 많은 지분맥(支分脈)을 이룬다.

풍수지리는 먼저 이런 태조산(太祖山)의 형세를 살펴 그 세력이 어디로 뻗어가는가를 보아야 한다. 그리고 태조산(太祖山)에서 초락(初落)이 속결(束結)되며 대취국(大聚局)을 이루고, 대간룡(大幹龍)이 전개된다. 따라서 대취국(大聚局)이나 소취국(小聚局)의 형세를 넓게 잡아 그 산세를 살펴야 한다. 특히 강력한 세력을 가진 태조산(太祖山)은 좋은 산을 많이 배출하고, 넓고 많은 분맥(分脈)에 크고 작은 명당(明堂)이 형성된다.

2. 소조산(少祖山)

소조산(少祖山)은 태조산(太祖山) 다음으로 높은 산을 말한다. 태조산(太祖山)에서 일어난 산맥이 전호(纏護)와 환포(環抱)로 산봉우리를 일으키고, 태조산(太祖山)에서부터 작은 산봉우리를 이루다 높이 솟은 산이다. 소조산(少祖山)은 위로는 태조산(太祖山)이 있고, 아래로는 종산(宗山)·조산(祖山)·부모산(父母山)이 있다. 아래 산령(山嶺)들의 주산(主山)이 되어 한 고을이나 몇 개 고을의 우두머리가 된다. 소조산(少祖山) 아래 가까이 명당(明堂)이나 혈(穴)이 있으면 그곳의 주성(主星)이 된다. 그러나 주산(主山)이나 진산(鎭山)으로 명당(明堂)이나 혈(穴)에서 너무 멀리 있는 것은 바람직하지 않다. 생기와 정기가 있는 수려한 산세가 명당(明堂)이 되는 것이다.

3. 종산(宗山)

종산(宗山)은 소조산(少祖山)에서 행룡(行龍)하다 높고 낮은 산에서 드높이 산봉우리를 일으키는 산이다. 위에는 소조산(少祖山)이 있고 아래에는 조산(祖山)이 있다. 한 마을과 혈(穴)의 주산봉(主山峰)이 되고, 다시 일어나 조산(祖山)으로 행맥(行脈)하기도 한다. 소조산(少祖山)에서 일어난 행룡(行龍)이 종산(宗山)을 일으키지 못하고, 조산(祖山)으로 바로 가 과협(過峽)을 이루기도 한다.

4. 조산(祖山)

 조산(祖山)은 종산(宗山)에서 출맥(出脈)해 산의 기복(起伏)을 일으키며 크고 작은 산을 이루다 높이 솟은 산봉우리이다. 아래에는 부모산(父母山)과 주산(主山)이 있다. 조산(祖山)은 개장(開帳) 형세로 좌우 양쪽을 여는 산으로, 고을이나 혈장(穴場)을 맺는 산이다. 조산(祖山)이 수려하지 못하고, 부모산(父母山)과 주산(主山)보다 작거나 낮고, 산세가 바르지 않고, 정혈(正穴)과 진혈(眞穴)을 결혈(結穴)하지 못하면 명당(明堂)이 없고 가혈(假穴) 등이 있을 뿐이다. 산이 수려하며 주위에 전호(纏護)가 잘 이루어진 산세에 명당(明堂)이 있다.

5. 부모산(父母山)

 부모산(父母山)은 조산(祖山)에서 출맥(出脈)한 산이다. 위에는 조종산(祖宗山)이 있고, 아래에는 주산(主山)과 태식잉육(胎息孕育)의 맥이 연결되어 있다. 따라서 분락(分落)된 용맥(龍脈)이 많아 지맥(枝脈)을 이룬다. 본신룡(本身龍)에서 양쪽 좌우로 뻗어 행한 맥이 외청룡(外靑龍) 외백호(外白虎)의 산세가 진룡(眞龍)이 되어야 부모산(父母山) 아래 명당(明堂)이 생긴다.

6. 주산(主山)

 앞에서 논한 태조산(太祖山) · 소조산(少祖山) · 종산(宗山) · 조산(祖山) · 부모산(父母山)은 그 속맥(續脈)을 모두 갖춘 산이다. 그러나 산세가 천태만상으로 변하면서 용(龍)의 속맥(續脈)을 차례로 갖추지 못한 경우가 있다. 태조산(太祖山) 아래 종산(宗山)이 없거나 조산(祖山) 등이 없는 산맥이 있다. 그래서 태조산(太祖山) 아래 소조산

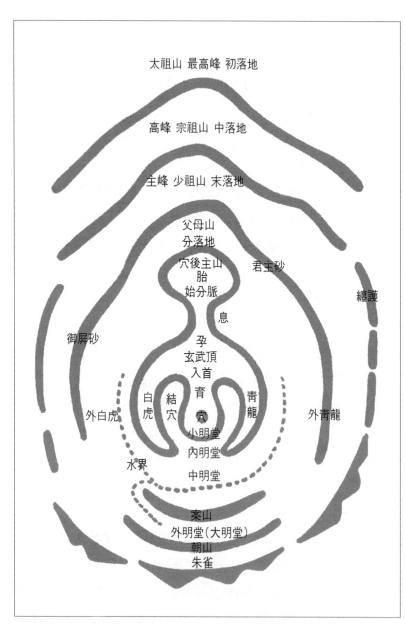

太祖山 最高峰 初落地

高峰 宗祖山 中落地

主峰 少祖山 末落地

父母山
分落地

穴後主山
胎
始分脈

君主砂

息

繼護

御屏砂

孕
玄武頂
入首

育

白
虎

結
穴

青
龍

外白虎

穴

外青龍

小明堂

內明堂

水界

中明堂

案山

外明堂(大明堂)

朝山

朱雀

明堂內外山脈圖

太祖山

少祖山

宗山

祖宗明山圖

(少祖山)을 주산(主山)으로 하고, 부모산(父母山)에 이르는 속맥(續脈)의 행룡(行龍)을 논한 풍수설이 있는 것이다.

주산(主山)의 형세가 제대로 이루어진 속맥(續脈)을 가리면 조산(祖山) 다음에 부모산(父母山)이 있어, 이 부모산(父母山)에서 락맥(落脈)되어 명당(明堂)과 혈(穴)을 일으키는 주봉(主峰)이 주산(主山)이 된다. 그러나 명당(明堂)과 혈(穴)이 종산(宗山)·조산(祖山)·부모산(父母山) 등에 결혈(結穴)되면 바로 그 산이 주산(主山)이 되고, 명당(明堂)을 이루고 결혈(結穴)된 산으로 종산(宗山)이나 조산(祖山)·부모산(父母山)이 주산(主山)이 되는데, 이를 주산(主山)이나 진산(鎭山)이라 한다.

주산(主山)은 소명당(小明堂)·내명당(內明堂) 가까이에 있는 높은 산이다. 혈장(穴場) 본체의 산으로, 높고 반듯하며 수려해야 본신(本身)의 청룡(靑龍) 백호(白虎)가 이루어지고, 진혈(眞穴)과 명당(明堂)이 이루어진다. 명당(明堂)이 이루어지는 주산(主山)은 수려하며 정기와 생기가 있어야 진룡(眞龍)이 되고, 아래로 태식잉육(胎息孕育)으로 행룡(行龍)해야 한다. 주산(主山)은 혈장(穴場)과 명당(明堂) 가까이 있어야 한다. 멀리 있으면 주산(主山)이 되지 못한다. 아주 멀리 있는 소조산(少祖山)을 주산(主山)이라고 하는 것은 태조산(太祖山)·소조산(少祖山) 아래 산령(山嶺)의 주산(主山)을 말하는 것이다.

1. 주산(主山)과 혈(穴)

세상에 존재하는 만물에는 근본이 없는 것이 없고, 이름이 없는 것이 없다. 천체(天體)의 근본은 북극성이고, 지체(地體)의 근본은 북극축이고, 초목의 근본은 뿌리이고, 인간의 근본은 조상이고, 명당(明堂)의 근본은 주산(主山)이다. 만물 중에서 가장 귀한 것은 내 몸이요, 산에서 가장 귀한 것은 혈판(穴坂)이다. 내 몸이 있어야 부모를 섬기고 조상을 받들고 자손을 낳을 수 있는 것이다. 이와 같이 혈(穴)이 생긴 후에야 주산(主山)의 위세도, 내룡(來龍)과 청룡(靑龍) 백호(白虎)도, 원근사격(遠近砂格)도 소중하다. 그러므로 혈판(穴坂)이 된 후에는 주산(主山)의 영기와 내룡(來龍)의 산세와 청룡(靑龍) 백호(白虎)와 원근사격(遠近砂格)을 살펴보아야 한다.

2. 주산(主山)의 길흉결(吉凶訣)

- 주산봉(主山峰)이 왕기(旺氣)하면 왕을 낳는다.
- 주산봉(主山峰)이 서기(瑞氣)하면 자손이 태평재상이 된다.
- 주산봉(主山峰)이 수려하면 자손이 영웅호걸이 된다.
- 주산봉(主山峰)이 고귀하면 자손이 문관에 오른다.
- 주산봉(主山峰)이 장엄하면 자손이 무관에 오른다.
- 주산봉(主山峰)이 충천하면 자손이 문장명필이 된다.
- 주산봉(主山峰)이 후부(厚富)하면 자손이 거부가 된다.
- 주산봉(主山峰)이 양명(陽明)하면 자손이 명인지사가 된다.
- 주산봉(主山峰)이 우뚝하면 자손이 용사달사가 된다.
- 주산봉(主山峰)이 파산(破山)되면 자손이 조상을 욕보인다.
- 주산봉(主山峰)이 무기(無氣)하면 자손의 세력이 약하다.
- 주산봉(主山峰)이 산란하면 자손이 불화한다.
- 주산봉(主山峰)이 험악하면 자손이 추하다.
- 주산봉(主山峰)이 천석(賤石)이면 천한 자손을 둔다.

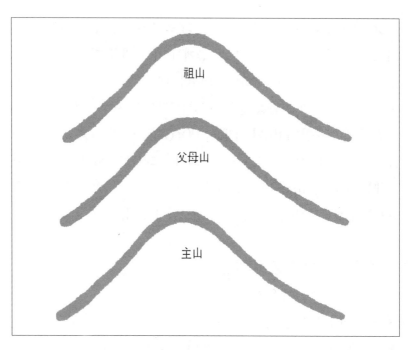

祖山의 連脈

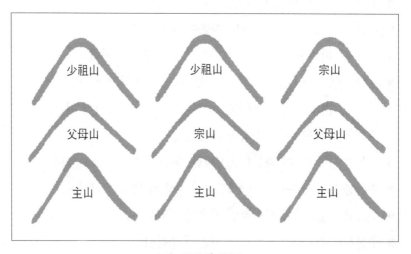

無祖山의 連脈

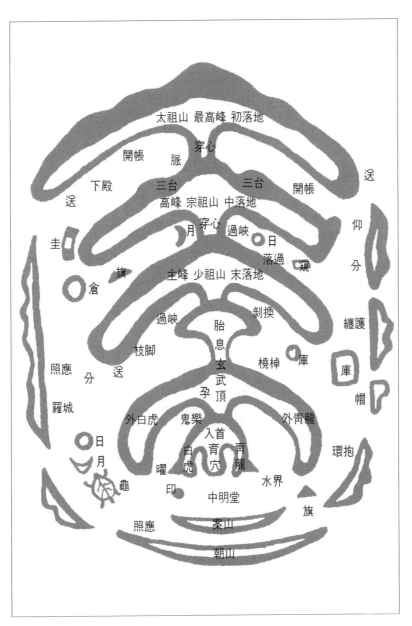

開帳穿心 龍脈吉砂圖

- 주산봉(主山峰)이 미약하면 겁이 많은 자손을 둔다.
- 주산봉(主山峰)이 멀리 있으면 후대에 자손이 복을 받는다.
- 주산봉(主山峰)이 가까이 있으면 당대에 자손이 발복한다.
- 주산봉(主山峰)이 음기(陰氣)하면 도둑질하는 자손을 둔다.
- 주산봉(主山峰)이 없으면 주관자가 없다.

7. 개장천심(開帳穿心)

 개장(開帳)은 용(龍)의 중앙에 양쪽으로 날개를 펼치고 있는 모양이 있는 것을 말하고, 천심(穿心)은 중앙에서 뻗어나온 중출맥(中出脈)이 뚫는 것처럼 행룡(行龍)하는 것을 말한다. 개장천심(開帳穿心)은 중출맥(中出脈)이 나오면서 좌우 전호(纏護) 즉, 주위의 산세가 감싸주듯 보호하고 있어야 한다. 이런 형세가 되어야 정기가 모아져 진혈(眞穴)과 명당(明堂)을 이룬다.

 개장천심(開帳穿心)의 형세에서 진혈(眞穴)과 명당(明堂)을 구하나, 산의 형세 중에 이런 개장천심(開帳穿心)이 많지는 않다. 개장(開帳)을 이룬 중앙에서 나온 출맥(出脈)이 아니라도, 절(節)과 기복(起伏)을 이루며 산이 뭉치면 천심(穿心)을 요하지는 않는다.

 다시 말해, 행룡(行龍)의 절(節)이 지자(之字)나 현자(玄字) 같은 형세, 벌의 허리와 같은 봉요(蜂腰), 학의 무릎과 같이 잘룩하게 뭉친 학슬(鶴膝) 행룡(行龍)은 천심(穿心)이 아니라도 명당(明堂)을 이루고 결혈(結穴)한다. 만일 개장천심(開帳穿心)이 약한 용맥(龍脈)으로 행룡(行龍)하면 결혈(結穴)과 명당(明堂)을 이루지 못하는 가천심(假穿心)이 된다.

3장. 행룡과 용의 형세

1. 행룡(行龍)

1. 고산룡(高山龍)

고산봉의 형세로, 높은 산이 달리며 날으는 듯한 형세를 말한다. 우뚝 솟구치는 것 같은 산봉우리에 첩첩히 바위가 쌓이고, 그 기세가 매우 강한 기복격(起伏格)이다.

2. 평강룡(平岡龍)

용(龍)이 강하다가 누그러지는 형세를 말한다. 산맥이 이리저리 꿈틀거리며 완만하고 활발한 행룡(行龍)이다.

3. 평지룡(平地龍)

넓고 평탄한 지세(地勢)에 정중동(靜中動) 즉, 고요하며 조용한 가운데 동한 기운이 있고, 재 속에 실(灰線)이 있고, 풀 속에 뱀(草蛇)이 있는 것 같은 형세이다. 이 평지룡(平地龍)은 작은 언덕이 큰 산의 높은 내룡맥(來龍脈)과 대등한 격이 된다. 낮은 기복(起伏)이 많고, 그 맥이 이어져 결혈(結穴)한다.

2. 국(局)의 형세와 3취국(三聚局)

국(局)은 뒤로는 내룡(來龍)·입수(入首)·현무정(玄武頂)이 있고, 좌우에는 청룡(青龍)과 백호(白虎)가 있고, 앞에는 조산(朝山)과 안산(案山)이 있고, 주위의 사(砂)가 전호(纏護)를 이루고, 수계(水界)가 분명한 형세의 국(局)을 대지국(大地局), 대명당국(大明堂局), 대지명혈(大地明穴)이라 한다.

용(龍)의 세가 부족하거나 약하거나 쇠퇴하거나 살기(殺氣)가 있으면 올바른 국(局)이 되지 못하여 진혈(眞穴)과 명당(明堂)을 이루기 어렵다. 이런 국(局)을 세간에서는 보통 절름발이국, 쇠퇴한국, 이쉬운국으로 부르기도 한다.

1. 대취국(大聚局)
용(龍)의 형세가 수백 리나 수십 리까지 광범위하게 펼쳐져 있는 국(局)을 말한다. 한 나라의 수도나 대도시를 이룬다.

2. 중취국(中聚局)
용(龍)의 형세가 수십 리까지 이어진 국(局)을 말한다. 시·군 등을 이룬다.

3. 소취국(小聚局)

용(龍)의 형세가 작은 국으로 수십 리까지 이어진 국(局)을 말한다. 촌락과 음택(陰宅)·양택(陽宅)을 이룬다.

4. 대간룡(大幹龍)

산맥이 크며 강하고, 산봉우리가 솟구치며 날을 듯이 멀리 뻗어가고, 바위가 첩첩히 쌓여 계속 이어지는 용맥(龍脈)의 긴 장룡(長龍)을 말하며, 큰 산맥을 이룬다.

5. 소간룡(小幹龍)

작은 산맥으로 주변에 혈처(穴處)와 촌락 등을 이룬다. 소간룡(小幹龍)에서 용맥(龍脈)이 짧은 단룡(短龍)들이 발생한다.

3. 용(龍)의 종류

1. 정룡(正龍)

정룡(正龍)은 출맥(出脈)한 산마다 개장천심(開帳穿心)하며 뻗어나가는 용맥(龍脈)이 중심을 이루고, 주위의 좌우 산들에 전호(纏護)를 받고, 기복(起伏)과 절(節)이 다른 산봉우리들과는 다른 강한 기세를 가진 용(龍)을 말한다. 다시 말해, 주룡(主龍)이면서 명당(明堂)을 이루며 결혈(結穴)하는 용(龍)이다.

2. 진룡(眞龍)

 진룡(眞龍)은 정룡(正龍)과 같으면서 낮은 산 가운데 우뚝솟아 수려하고 높은 산이고, 크고 높은 산 가운데 낮고 평평한 용(龍)이 기복(起伏)과 절(節)을 이루며 생기 있게 행룡(行龍)하는 것이고, 멈춘 산 가운데 연결되어 이어져 나가는 용맥(龍脈)이다.

3. 눈룡(嫩龍)

 눈룡(嫩龍)은 젊고 연한 나뭇가지와 같은 용(龍)으로, 박환(剝換)과 기복(起伏)을 이루며 생기 있다. 그러나 혈(穴)을 맺은 곳이 많은 것 같으나 진혈(眞穴)을 구하기는 어렵다. 진혈(眞穴)은 노룡(老龍)이 눈룡(嫩龍)으로 변하는 곳에서부터 구하는 것이 바람직하다.

4. 방룡(榜龍)

 방룡(榜龍)은 정룡(正龍)과 달라 주룡(主龍)이 되지 못하고 정룡(正龍)을 쫓아가는 종룡(從龍)이다. 정룡(正龍) 곁에 있거나 수구(水口)에 있어 지킴이 되거나 안산(案山)이 되기도 한다. 설사 정룡(正龍)처럼 중출맥(中出脈)이 있다 해도 전호(纏護)와 환포(環抱)를 이루지 못하여 국(局)과 결혈(結穴)을 이루지 못한다.

5. 노룡(老龍)

 늙은 용(龍)에 해당한다. 행룡(行龍)이 간맥(幹脈)으로 산맥이 억세고 거칠며 굵다. 지맥(枝脈)을 이루지 못하는 곳으로 박환(剝換)의 변화가 없고, 결혈(結穴)하기 어렵다. 그러나 눈룡(嫩龍)으로 박환(剝換)하는 용맥(龍脈)이 있으니 잘 살펴야 한다.

4. 절(節)·기복(起伏)·음양(陰陽) 형세

1. 절(節)

 소절(小節)은 작은 산봉우리나 지맥(枝脈)의 내룡(來龍)에서 이어지는 산맥이 굴절하는 곳이나, 크고 작은 산봉우리의 굴절을 이루며 분락(分落)된 마디를 말한다. 다시 말해, 지자(之字) 현자(玄字)의 행룡(行龍) 형세를 절(節)이라 한다.

 대절(大節)은 조산(祖山)에서 나온 행룡(行龍)이 산봉우리를 이루고, 지맥(枝脈)이 뻗어가기도 하고, 주행룡(主行龍)이 기복(起伏)과 박환(剝換)의 변화를 하면서 산령(山嶺)을 이루는 곳을 1절(節)이라 한다. 다시 말해, 큰 산과 산을 이은 주행룡(主行龍)의 락지(落地)를 1절(節)·2절(節)·3절(節)이라 한다.

2. 기복(起伏)

 기복(起伏)은 행룡(行龍)하는 산맥이 일어나고 엎드린다는 뜻이다. 솟은 부분이 기(起)이고, 내려간 부분이 복(伏)이다. 용맥(龍脈)의 행룡(行龍)이 기복(起伏)과 절(節)의 활동이 있어야 명당(明堂)과 결혈(結穴)을 이룬다.

3. 음양(陰陽)의 형세

 음양론(陰陽論)은 양구빈(楊救貧)과 요금정(寥金精)의 주장이 서로 다르다. 양구빈(楊救貧)은 기돌고강(起突高剛)을 음(陰)이요 저요약유(低凹弱柔)를 양(陽)이라 했고, 요금정(寥金精)은 기돌고강(起突高剛)을 양(陽)이요 저요약유(低凹弱柔)를 음(陰)이라 했다. 주문공(朱

文公)은 하늘의 도(道)는 강한 것과 웅(雄)을 양(陽)이요 부드러운 것
과 자(雌)를 음(陰)이라 했고, 땅의 도(道)는 강한 것이 음(陰)으로
웅(雄)이요 부드러운 것이 자(雌)로 양(陽)이라 했다. 풍수지리에서
는 양구빈(楊救貧)의 음양론(陰陽論)이 오늘날까지 통설로 내려오고
있다. 만두산법(巒頭山法)에서는 다음과 같이 논하고 있다.

陰陽者 風水地理之 道不過 陰中求陽 陽中覓陰 龍穴砂水
음양자 풍수지리지 도불과 음중구양 양중멱음 용혈사수
四者俱要 龍之 高峻起脊瘦勁爲陰
사자구요 용지 고준기척수경위음

■ 해설 : 음양(陰陽)은 풍수지리에서 도(道)를 다만 음(陰) 가운데서
　　　　양(陽)을 구하고, 양(陽) 가운데서 음(陰)을 구하고, 용혈사
　　　　수(龍穴砂水)의 네 가지를 모두 다 구할 수 있다. 용(龍)이
　　　　높게 일어나고, 산줄기가 가늘며 뻣뻣하고 거센 것을 음
　　　　(陰)이라 한다.

穴之 覆掌乳突 砂之突背邊爲陰
혈지 복장유돌 사지돌배변위음

■ 해설 : 혈(穴)은 복장(覆掌) 즉, 엎은 손등과 같이 두둑한 유(乳)와
　　　　돌(突)의 유방형과 솟아오른 곳과 솟아오른 등성이의 등진
　　　　곳을 음(陰)이라 한다.

陽者 柔而雌 下平但低 窩鉗 仰掌爲陽 陽龍要 陰穴

양자 유이자 하평단저 와겸앙장 위양 양룡요 음혈

陰龍要陽

음룡요양혈

■해설 : 양(陽)은 약하고 연하다. 재긴 손바닥 모양으로 오목하고,
　　　　낮은 곳의 와겸(窩鉗)을 양(陽)이라 한다. 양룡(陽龍)은 음
　　　　혈(陰穴)에서 구하고, 음룡(陰龍)은 양혈(陽穴)에서 구한다.

陰來陽水 陽來陰水 陰陽交合 此卽爲 陰陽相生

음래양수 양래음수 음양교합 차즉위 음양상생

牝牡交媾 始爲 生氣也

빈모교구 시위 생기야

■해설 : 음(陰)이 오면 양(陽)을 받아들이고, 양(陽)이 오면 음(陰)
　　　　을 받아들이는 것은 음양(陰陽)이 사귀어 합(合)한 것이다.
　　　　이런 것은 음양(陰陽)의 상생(相生)으로, 암컷과 수컷이 교
　　　　합교구(交合交媾)하여 생기(生氣)를 이룬다.

水之長狹 急流處爲陰 剛而雄也 水之圓闊 澄聚處爲陽

수지장협 급유처위음 강이웅야 수지원활 징취처위양

陽者 柔而雌也

양자 유이자야

■ 해설 : 물은 길게 흐르고, 강하고, 억세고, 급하고, 웅장한 것을 음(陰)이라 한다. 넓은 물 둘레에 모여드는 맑은 물을 양(陽)이라 하고 , 물이 약하며 유순한 것을 양(陽)이라 한다.

5. 생기(生氣)와 명당(明堂)

기(氣)에는 외기(外氣) · 내기(內氣) · 생기(生氣) · 살기(殺氣) · 패기(敗氣) · 악기(惡氣)가 있다. 지중(地中)의 내기(內氣)와 지상(地上)의 외기(外氣)는 수화(水火)가 서로 오가고, 음양(陰陽)이 서로 오가며 상수(相受)하는데서 이루어진다. 생기(生氣)는 본룡(本龍)에서 일어나 음(陰)과 양(陽)이 한 번 일어나고 한 번 엎드리면서 모이고, 수화(水火)가 서로 왕래하면서 내맥(來脈)을 이루는 것이 생기맥(生氣脈)이다.

장경(葬經)에서는 생기(生氣)를 지중(地中)에 기(氣)가 항상 있어 흐르니 만물이 소생한다고 했다. 그 기(氣)가 산룡(山龍)의 형세에 따라 모이기도 하고, 뭉치기도 하고, 흩어지기도 하고, 지중(地中) 위로 흐르기도 하고, 아래로 깊이 흐르기도 하니, 장자(葬者)가 기(氣)를 타고 일어나는 곳이 명당(明堂)이라 했다.

1. 음화(陰火)

음화(陰火)는 고산척맥(高山脊脈)을 말한다. 다시 말해, 높은 산과 산등성이이다. 화(火)는 하늘로 솟는다는 의미가 있다. 강하며 깊고 많은 물을 음(陰)이면서 화(火)라 한다.

2. 양수(陽水)

양수(陽水)는 낮은 곳과 오목한 곳이 수(水)와 양(陽)이 되고, 얕고 작은 물을 양(陽)이면서 수(水)라 한다.

3. 살기(殺氣)

살기(殺氣)는 순화순음(純火純陰)의 산세를 말한다. 다시 말해, 높은 산과 산등성이의 맥이 연이어져 있어 낮은 지대가 전혀 없는 산의 형세이다.

4. 패기(敗氣)

패기(敗氣)는 순수순양(純水純陽)·무산유수지(無山流水地)·연앙장지세(連仰掌地勢)의 산세를 말한다. 다시 말해, 산이 없는 가운데 낮은 지세(地勢)가 계속 이어지며 오목한 형세이다.

5. 악기(惡氣)

악기(惡氣)는 살기(殺氣)와 패기(敗氣)의 산이 겹치거나 이어진 형세를 말한다. 다시 말해, 험악한 지형이다.

6. 기(氣)의 인도(引導)

기를 인도하는 것은 수화(水火)이고, 반드시 수(水)가 경계를 이룬다. 다시 말해, 기복(起伏)을 이루는 것이고, 낮은 지형과 물이 경계가 된다는 뜻이다.

7. 기(氣)의 취속(聚束)

기가 모여 뭉치는 것을 말한다. 기복(起伏)하는 행룡(行龍)이 그치며 머무는 곳에서 취기(聚氣)되고, 속기(束氣)의 지세(地勢)로 생기(生氣)를 이룬다.

8. 취집생기(聚集生氣)

여러 곳에서 기가 모여드는 것을 말한다. 반드시 주위의 좌청룡(左靑龍) · 우백호(右白虎)의 산맥과 외청룡(外靑龍) · 외백호(外白虎) 등의 보호를 받아 모인다. 작은 의미로는 여러 지맥(枝脈)의 기(氣)가 모여든 것이다.

9. 기(氣)의 산기(散氣)

기(氣)가 흩어지는 것을 말한다. 살충요풍(殺沖凹風)이 기(氣)를 흩어지게 한다. 다시 말해, 나쁜 바람이 기를 흩어지게 한다.

10. 지중내기(地中內氣)

본룡(本龍)의 행룡(行龍)과 내룡(來龍)의 지세(地勢)를 위주로 음택(陰宅)에 적용한다. 다시 말해, 내룡(來龍)의 용맥(龍脈)이 지중(地中)에 투과하는 기를 말한다.

11. 지상외기(地上外氣)

주위의 수려한 산과 산맥의 보호와 좋은 수세(水勢)와 장풍(藏風)의 형세에 정기와 생기가 모인 것이다. 지상외기(地上外氣)는 양택(陽宅)을 위주로 한다.

4장. 오성론

오성론(五星論)은 산의 형세를 오행(五行)에 부합시켜 목성체(木星體), 화성체(火星體), 금성체(金星體), 수성체(水星體), 토성체(土星體)로 나눈 것이다. 솟은 산은 입(立), 옆으로 누운 산은 면(眠)이라 한다.

- 목성체(木星體) : 분맥(分脈)된 지맥(枝脈)이 작아지는 산.
- 화성체(火星體) : 지맥(枝脈)이 나뉠수록 왕성해지는 산.
- 금성체(金星體) : 분맥(分脈)된 산의 두께가 얇아지는 산.
- 수성체(水星體) : 나누어진 지맥(枝脈)이 낮아지는 산.
- 토성체(土星體) : 지맥(枝脈)이 가늘고 작아지는 산.

1. 목성체(木星體)

목성체(木星體)의 산은 만물을 소생시키는 봄에 해당한다. 곧고 긴 높은 산으로 순한 지맥(枝脈)을 이룬다. 수려하며 밝은 형체로 좋은 산이다. 만일 산이 기울거나 들어간 곳이 있으면 바람의 해를 받은 것이고, 산이 무너지며 바위가 부서진 것은 목성산(木星山) 중에서도 흉산이다. 좋은 목성산(木星山)은 벼슬과 명예가 따르나 흉산은 형액이 따른다.

입목성(立木星)   횡면목성(橫眠木星)

2. 화성체(火星體)

화성체(火星體)의 산은 불꽃같이 뾰족한 형세이다. 왕성하며 강한 산맥으로 흩어져 평지나 큰 물 가까이에 떨어진다. 다시 말해, 화성산(火星山)은 평양(平洋)에 살락(撒落)한다. 만일 화성산(火星山)이 조산(祖山)이 되거나 계속 이어져 있으면 대지를 이룬다. 그러나 화성체(火星體)의 산이 왕성하게 움직이면서 수십 리 떨어져 가고, 산맥을 벗어나 지맥(枝脈)을 이으며 물을 건너가기도 하면서 살락(撒落) 결혈(結穴)한다고 한다.

만일 탈사(脫卸)하지 않고 행룡(行龍)하는 화성체(火星體)의 산이 취기(聚氣)를 이루지 못하면 살룡(殺龍)이 되어 흉하다. 화성체(火星體)의 산은 예리하며 왕성한 형세로 일어날 때는 매우 강하게 출발하고, 사향길에 접어들면 소멸된다. 냉정하며 정이 없으나 예리하며 신속하다. 모든 명산 위에는 반드시 화성체(火星體)의 산이 있다.

입화성(立火星)

횡면화성(橫眠火星)

3. 금성체(金星體)

금성체(金星體)의 산은 면과 산봉우리 주위가 둥글며 견고하고 보배
스런 산의 형세를 말한다. 만일 산의 체(體)에 오목한 앙장(仰掌)이나
와(窩), 급돌락(急突落) 등이 있으면 흉산이 된다. 금성체(金星體)의
산은 서방의 성(星)으로 가을을 뜻하므로 결실과 저장을 즐기니 보성
(寶星)이라고도 한다. 가을은 열매가 익어 떨어져 살벌하니 권세와
부가 따르는 형세이다. 그러나 살신(殺身)을 암시하는 성체(星體)이
기 때문에 산의 형세가 윤광(潤光)하고 좋으면 보성산(寶星山)이 되
고, 산의 형세가 흉하면 흉산이 되어 흉하다.

입금성(立金星)

횡면금성(橫眠金星)

4. 수성체(水星體)

수성체(水星體)의 산은 산의 형세가 옆으로 이어지면서 가로로 곡
(曲)을 이루며 구불거리는 형세를 말한다. 수성체(水星體)의 산은 내

명외암(內明外暗)하며 유순한 성체(星體)로, 생기룡(生氣龍)이 되면 귀룡(貴龍)으로 좋은 지맥(枝脈)을 이룬다. 그러나 산의 형세가 행룡(行龍)하면서 흩어지거나 퍼지거나 기울면 바른 지맥(枝脈)을 일으키지 못하고 흉산이 되어 매우 흉하다.

입수성(立水星)   횡면수성(橫眠水星)

5. 토성체(土星體)

토성체(土星體)의 산은 모가 나고 방정하고 반듯하고 두텁고 높으면서 웅장한 형세로 부호를 이루게 한다. 그러나 산의 경사가 급하거나 기울거나 패이거나 가라앉아 있으면 흉산이 된다.

입토성(立土星)   횡면토성(橫眠土星)

6. 연주(連珠)

연주(連珠)는 오성체(五星體)가 구슬을 꿴 것 처럼 연이어져 있으면서 서로 끌어당기는 형세로 매우 귀하다. 목화토금수(木火土金水)로 상생(相生)하는 것이 가장 좋은 형세이다. 각 성체(星體)의 크고 작은 차이는 없으나 상생상극(相生相剋)의 길흉 차이는 크다.

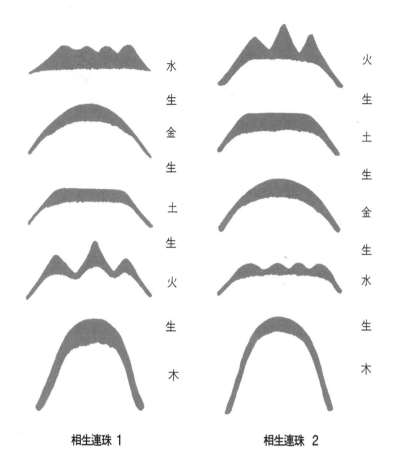

水
生
金
生
土
生
火
生
木

火
生
土
生
金
生
水
生
木

相生連珠 1　　　　　相生連珠 2

7. 취강(聚講)

취강(聚講)은 오성(五星)의 큰 산들이 모여 있는 형세로, 태조산(太祖山)과 소조산(少祖山)에서 이루어진다. 연주(連珠)와 마찬가지로 매우 귀한 산이다. 그러나 연주(連珠)는 반드시 상생(相生)되어야 하나, 취강(聚講)은 상생상극(相生相剋)과 무관하다.

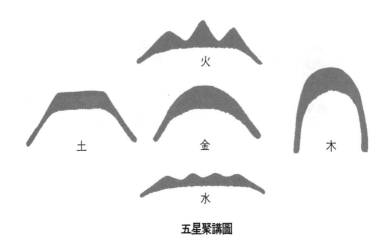

五星聚講圖

8. 조원(朝垣)

　조원(朝垣)은 오성산(五星山)이 오성(五星) 방위와 일치한 곳에 이루어진 형세이다. 오성(五星)의 귀원(歸垣) 또는 승전(升殿)이라고도

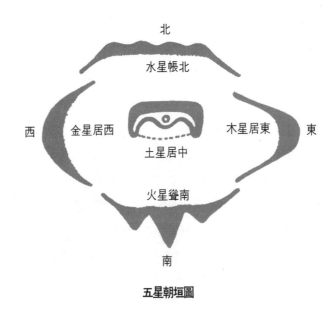

五星朝垣圖

한다. 다시 말해, 목산(木山)은 동쪽, 화산(火山)은 남쪽, 금산(金山)은 서쪽, 수산(水山)은 북쪽, 토산(土山)은 중앙에 있어, 이 토성산(土星山)에서 결혈(結穴)한다. 조원(朝垣) 역시 매우 귀한 형세이다. 연주(連珠)나 취강(聚講), 조원(朝垣) 형세는 모두 매우 얻기 어려운 귀한 산으로 하늘이 내린 사람만이 얻는다고 한다.

- 동쪽에 목성(木星)이 위치하고,
- 남쪽에 화성(火星)이 우뚝솟아 용립(聳立)하고 있고,
- 서쪽에 금성(金星)이 있고,
- 북쪽에 수성(水星)이 장막(帳幕)을 치고 있고,
- 중앙에 토성(土星)이 있어 결혈(結穴)한다.

5장. 사락과 오룡

1. 사락(四落)

 사락(四落)이란 초락(初落), 중락(中落), 말락(末落), 분락(分落)으로 나뉘어지고, 용(龍)이 여러 형세로 산을 일으키며 국(局)을 이루어 결혈(結穴)되는 것을 말한다.

1. 초락(初落)
 초락(初落)은 조종산(祖宗山) 입구 가까운 곳에 국(局)을 이루며 결혈(結穴)한 것을 말한다. 국(局)을 이루며 결혈(結穴)한다는 것은 출맥(出脈)한 용(龍)이 가까운 곳에서 조산봉(祖山峰)을 일으키고 국(局)을 이룬다는 뜻이다.

2. 중락(中落)
 중락(中落)은 조종산(祖宗山)에서 락맥(落脈)하여 크고 작은 기복

(起伏)을 이루며 행룡(行龍)하다 높은 산봉우리를 이루는 것을 말한다. 몇 절(節)을 지나 다시 산봉우리를 일으켜 조산(祖山)이 되고, 국(局)을 이루며 결혈(結穴)한다. 조종산(祖宗山)에서 멀리 떨어져 중간에 결혈(結穴)하기 때문에 중락(中落)이라고 하는 것이다.

3. 말락(末落)

말락(末落)은 조종산(祖宗山)에서 출맥(出脈)한 용(龍)이 멀리 행룡(行龍)하며 여러 번 기복(起伏)을 일으키고, 솟은 산봉우리가 일어나 조산(祖山)이 되어 산이 끝나는 곳에 결혈(結穴)하는 것을 말한다.

4. 분락(分落)

분락(分落)은 산이 끝나는 곳에서 다시 일어나고, 산봉우리에서 여러 갈래 지맥(枝脈)이 일어나 국(局)을 이루며 결혈(結穴)하는 것을 말한다.

2. 오룡(五龍)과 입수(入首)

내룡입수(來龍入首)는 혈장(穴場)에서 가까운 용(龍)이 오는 것을 말한다. 멀리서 오는 용(龍)은 입수(入首)로 보지 않는다. 내룡입수(來龍入首)하는 용(龍)에는 다섯 가지가 있으며 다음과 같다.

1. 직룡입수(直龍入首)

내맥(來脈)이 곧게 오는 용(龍)으로, 당배입수(撞背入首:용맥의 등

에서 오는 맥)가 중심으로 들어온다. 속기(束氣)된 두둑한 이마가 용맥(龍脈)을 멈추게 하여 결혈(結穴)한다. 직룡(直龍)은 배회하며 기복(起伏)을 일으키는 것이 귀룡(貴龍)이 되고, 여기(餘氣)가 있어 순전(脣氈)이 있어야 좋다. 만일 용맥(龍脈)이 웅대하고 강하면 빨리 발복한다.

2. 횡룡입수(橫龍入首)

 조종산(祖宗山)에서 출맥(出脈)한 행룡(行龍)이 횡으로 된 것을 말한다. 가로지르는 맥이 내려가면서 세력이 점점 작아지기 때문에 입수혈(入首穴)을 구하기 어렵다. 위에 혈(穴)을 맺으나 반드시 혈후

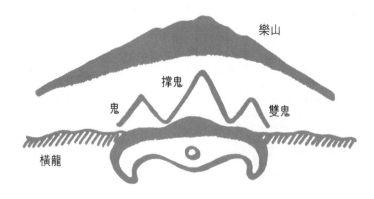

(穴後)의 덮은 듯한 산에 의지하기 때문에 횡룡(橫龍) 혈후(穴後)에
는 락산(樂山)과 귀산(鬼山)이 있어야 한다.

3. 회룡입수(回龍入首)

　행룡(行龍)하는 용(龍)이 조산(祖山)을 돌아보며 입수(入首) 결혈
(結穴)하는 것을 말한다. 십 리 이십 리를 돌아 입수(入首)하기도 한
다. 크기에 따라 대회룡(大回龍)과 소회룡(小回龍)으로 나눈다.

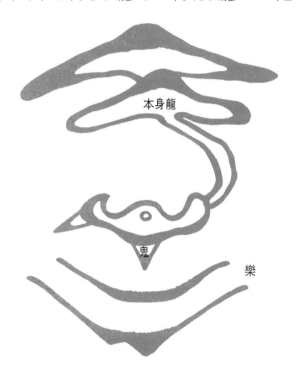

4. 비룡입수(飛龍入首)

　비룡(飛龍)은 높이 솟은 산봉우리에 용맥(龍脈)이 위로 모아 결혈
(結穴)하는 것을 말하고, 상취결혈(上聚結穴)이라고도 한다. 따라서

주위에 사응(四應)하는 산이 높이 있어 혈(穴)을 호응(護應)해야 진
혈(眞穴)이 되고, 위의 용(龍)과 아래 비룡(飛龍)의 산봉우리가 마치
윗니와 아랫니가 감싸안은 듯한 형세가 귀룡(貴龍)이다. 비룡(飛龍)
을 귀중부경(貴重富輕)의 혈(穴)이라 하는 것은 수기(水氣)가 없기
때문이다. 물이 모여 혈(穴)을 돕는 관쇄(關鎖) 수세(水勢)가 있어야
더욱 좋은 비룡(飛龍)이 된다. 관쇄(關鎖)는 수구(水口) 양쪽에 산이
있어 급류를 억제하고, 수구(水口) 가운데 작은 섬 같은 것이 있어 직
류(直流)를 억제하여, 완만한 수류(水流) 수세(水勢)를 이루는 것을
말한다. 비룡(飛龍)은 구하기도 어렵지만 기이하여 혈(穴)을 찾기도
어렵다.

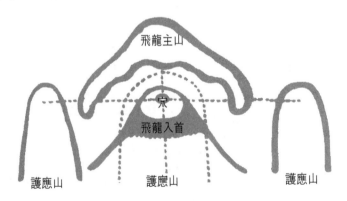

5. 잠룡입수(潛龍入首)

잠룡(潛龍)은 평수맥(平受脈)으로 내룡(來龍)이 평양지(平洋地)에
흩어져 용맥(龍脈)을 이룬 것을 말한다. 용맥(龍脈)이 끊어진 것 같으
면서 끊어지지 않고 결혈(結穴)하는 것으로 가장 찾기 어려운 용맥
(龍脈)이다. 평지의 용맥(龍脈)은 한 치 높은 곳은 산이요 한 치 낮은
곳은 물이라 했다. 이 잠룡(潛龍)은 평지 가운데 요(凹)의 형이 있어

낮은 와겸(窩鉗)의 형세를 이루고, 주위에 물이 돌아 모인 곳이 있어
야 진혈(眞穴)이 된다.

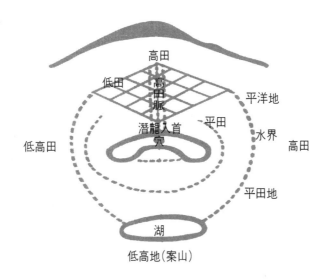

3. 요도(橈棹)와 지각(枝脚)

산봉우리의 지맥(枝脈)과 지각(枝脚)을 이루는 것은 요도(橈棹)의
솟구치는 힘에 의해 생긴다. 요도(橈棹)는 조종산(祖宗山)에서 뻗어
나가는 행룡(行龍)이 높은 산봉우리를 일으키고, 솟아오르는 힘에서
꺾이는 분기(分氣)의 변화로 지맥(枝脈)과 지각(枝脚)이 발생한다.
요도(橈棹)와 지각(枝脚)의 강약에 따라 생기(生氣) 있는 귀룡(貴龍)
의 지각(枝脚)과 흉하고 약한 지각(枝脚)이 있으니 잘 살펴야 한다.
요도(橈棹)와 지각(枝脚)이 기복(起伏)을 일으키며 주위에 호응하는
성진(星辰)이 있다. 성진(星辰)의 모양에는 검(劍), 기(旗), 인(印),
고(鼓) 모양과 양쪽에 높은 산봉우리가 솟은 천을(天乙)과 태을(太

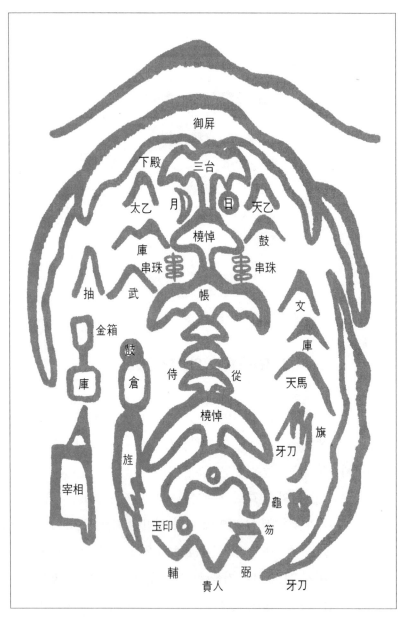

橈悼·枝脚·星辰 形勢圖

乙)이 있고, 장막(帳幕) 뒤에서 어병(御屛)이 옹위하고, 금상(金箱) · 옥인(玉印) · 간홀(簡笏) · 천마(天馬) · 귀(龜) · 사(蛇) · 사자 · 문필봉(文筆峰)이 자리하고, 천주(串珠) 등의 여러 가지 물형(物形)이 있고, 산의 형세가 마치 부하를 거느린 형세, 엎드리거나 읍하며 조공을 드리는 형세, 엄숙하게 호위하며 옹호하는 의병과 같은 형세, 일월(日月) · 금종(金鍾) · 삼태(三台) · 고(鼓) · 귀인과 운무가 모여 쌓여 잠긴 형세가 모두 길성진(吉星辰)이 일어나는 곳이다.

여러 성진(星辰)이 모여 본신룡(本身龍)에 의지하는 것이 나에게 딸린 지각(枝脚)과 요도(橈棹)이다. 천을(天乙)과 태을(太乙)의 성진(星辰)은 부(富)의 본(本)이고, 천록(天祿)과 천마(天馬)는 부(富)의 용(用)이고, 문관과 무고(武庫)는 부(富)의 응(應)이고, 좌보우필(左輔右弼)은 부(富)의 유지(維持)이고, 남창(男倉)과 여고(女庫)는 부(富)의 설(說)이다. 본신룡(本身龍)이 아닌 객산(客山)이 좋은 형세로 펼쳐져 있는 것은 여러 사람이 다같이 갖는 공용지사(共用之砂)에 비유한다. 천주(串珠)는 구슬을 꿰어 이은 산의 형세이다.

■ 요도(橈棹)와 지각(枝脚)이 없는 산은 노복(奴僕)이다.
■ 지각(枝脚)이 있어도 요도(橈棹)가 숫구치지 못하여 산봉우리가 약하면 약맥(弱脈)이다.
■ 요도(橈棹)와 지각(枝脚)이 산만하며 흩어져 거두어 들이지 못하면 허(虛)이다.
■ 요도(橈棹)와 지각(枝脚)이 등지며 거스르는 것은 역(逆)이다.
■ 산의 형세가 흉악하며 지각(枝脚)이 첨예하여 본신룡(本身龍)이나 요도(橈棹)를 충사(沖射)하면 살(殺)이다.

- 지각(枝脚)이 동서방으로 흩어져 따라나가는 것 같은 형세는 겁(劫)이며 허(虛)이다.
- 지각(枝脚)의 양쪽 균형이 고르지 못한 것과 한쪽 변은 있으나 다른 한 변이 없는 것은 병(病)이다.
- 지각(枝脚)의 양쪽 두 갈래가 변방으로 떨어져 죽은 시체가 누워 있는 것 같거나, 죽은 짐승 같거나, 동물의 한 부위가 잘려나간 것 같은 형세는 모두 흉하다. 이런 곳이나 근처에 혈처(穴處)나 집터를 정하면 병과 재앙, 청소년의 사상, 송사 등이 따르므로 요도(橈棹)와 지각(枝脚)은 매우 중요하다.

1. 성진(星辰)의 형세

- 기(旗): 전쟁에서 승리해 기를 세운 듯한 형세로 귀한 성진(星辰).
- 장막(帳幕) : 장막을 겹쳐 두른 듯한 형세로 매우 귀한 성진(星辰.
- 어병(御屛) : 왕을 호위하는 병풍과 같은 형세로 매우 귀한 성진(星辰).

기   장막   어병

- 금상(金箱) : 금상자 같은 형세로 관록에 오르는 귀한 성진(星辰).
- 옥인(玉印) : 문무관직과 거부 상으로 매우 귀한 성진(星辰).
- 방인원벽(方印圓壁) : 문무공신이 나오는 매우 귀한 성진(星辰).
- 재상필(宰相筆) : 선비가 많이 나오는 상귀 성진(星辰).

금상   옥인   방인원벽   재상필

■ 축(軸) : 귀관지상(貴官之象)으로 굴레의 중심 성진(星辰).
■ 문필(文筆) : 붓끝 형세로 문장자가 출현하는 중귀 성진(星辰).
■ 천마(天馬) : 다섯 성을 거느리는 다섯 말이 나올 형세로 귀한 성
진(星辰).

축   문필   천마

■ 삼태(三台) : 산봉우리가 같이 있는 형세로 벼슬과 부귀를 이룬다
는 매우 길한 성진(星辰).
■ 천주(串珠) : 구슬을 꿴듯한 형세로 왕비나 빈, 공주가 나오는 귀
한 성진(星辰).
■ 보필(輔弼) : 양쪽에서 귀인봉을 거듭 돕는 성진(星辰).

삼태   천주   보필

■ 지각(枝脚)의 양맥(兩脈)이 균등한 형세 : 일명 오동지(梧桐枝)라
  고도 한다. 지각(枝脚)의 양쪽이 길고 짧은 것과 크고 작은 것이
  균등한 것이 귀하다. 정맥(正脈) 중출(中出)로 맥을 이룬 가장 좋
  은 요도(橈棹)와 지각(枝脚)이다.
■ 지각(枝脚) 양맥(兩脈)의 장단상교(長短相交) 형세 : 일명 작약지
  (芍藥枝)라고도 한다. 양쪽 지각(枝脚)이 교차되어 왼쪽이 길면 오
  른쪽이 짧고, 오른쪽이 길면 왼쪽이 짧다. 정맥(正脈) 천심(穿心)
  의 지각(枝脚)이 이루어지는 용맥(龍脈)이다.

지각 양맥 균등   지각 양맥 장단상교

  이외에도 한쪽 지각(枝脚)만 있거나, 한쪽 지각(枝脚)만 길게 있는
형세 등이 있다. 이런 형세는 일희일비의 형세로 혈맥(穴脈)이 이루
어져도 혈(穴)을 잡아 쓰기 어렵다. 그러나 전호(纏護) 호송(護送)하
여 머리에 이르는 것은 귀격의 요도(橈棹)와 지각(枝脚)이 된다.

2. 혈전(穴前) 혈후(穴後) 길사봉(吉砂峰)

■ 군왕사(君王砂)가 있으면 임금을 낳는다.
■ 어병왕사(御屛王砂)가 있으면 딸이 왕비가 된다.

- 영상사(領相砂)가 있으면 장·차관을 낳는다.
- 지사사(知事砂)가 있으면 도지사를 낳는다.
- 귀봉사(貴峰砂)가 있으면 군수를 낳는다.
- 독봉사(獨峰砂)가 있으면 면장을 낳는다.
- 문현사(文賢砂)가 있으면 국전봉제자(國典奉祭者)를 낳는다.
- 문필사(文筆砂)가 있으면 문장명필을 낳는다.
- 부봉사(富峰砂)가 있으면 거부를 낳는다.
- 아미사(娥眉砂)가 있으면 자자손손 미인이 나온다.

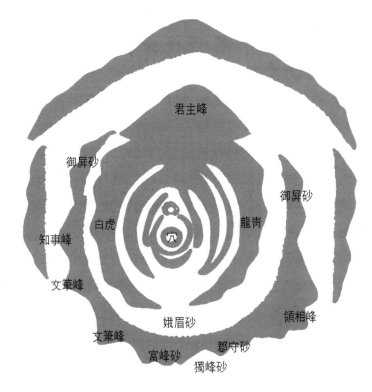

혈주변 전호길사도

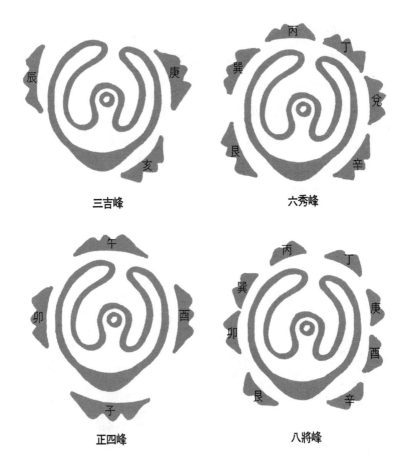

三吉峰　　　　　　　六秀峰

正四峰　　　　　　　八將峰

6장. 명당론

 풍수지리를 연구하는 것은 명당(明堂)을 추구하는 것이다. 고대 중
국부터 우리나라 신라말 고려초에서 지금에 이르기까지 많은 지리가
나 학자들의 풍수지리 연구는 명당(明堂)을 구하는데 기인했다. 명당
(明堂)은 풍수지리의 경론이 있기 전부터 부귀 · 영화 · 장수를 이룰
수 있는 곳을 길지로 보았다.
 취기룡지(聚氣龍地)에 장풍(藏風)이 있고, 산이 그치는 곳에 진혈
(眞穴)이 있으면 명당(明堂)이다. 정명당(正明堂)의 양택지(陽宅地)
와 음택혈(陰宅穴)은 내룡(來龍)의 형세, 지형의 지세(地勢), 수세(水
勢) 등이 좋은 국(局)에서 명당(明堂)을 맺는다.
 주산(主山)이 수려하고, 현무정(玄武頂)이 반듯하고, 내룡(來龍)의
지맥(枝脈)이 절(節)과 기복(起伏)을 거듭하여 취기(聚氣)된 형세에
양택(陽宅) 명당(明堂)이 이루어지고, 속기(束氣)된 곳에 음혈(陰穴)
명당(明堂)이 이루어진다. 그러나 기(氣)가 모이고 뭉친 형세에 장풍

(藏風)과 수세(水勢)가 좋아야 정기어린 명당(明堂)이 된다.

명당(明堂)은 세로는 짧고 가로는 긴 형세가 좋다. 좌우의 청룡(靑龍) 백호(白虎)가 환포(環抱)를 이루어야 하고, 국(局) 내에서 물이 거듭 분합(分合)되어 크고 작은 수구(水口)를 이루고, 물이 합수(合水)되어 호수를 이루고, 앞이 평평하여 기울어지거나 골이 지지 않아야 하고, 가까이에 반듯하며 균형이 맞는 안산(案山)이 있어야 명당(明堂)을 이룬다. 만일 형국은 명당(明堂) 같으나 산수가 균형이 맞지 않아 기울어지거나, 청룡(靑龍)과 백호(白虎)가 서로 등지거나, 용호(龍虎)의 물이 불합(不合)하여 급하게 흐르거나 반대로 흐르면 가명당(假明堂)이 된다.

명당(明堂)은 소명당(小明堂), 내명당(內明堂), 중명당(中明堂), 외명당(外明堂)으로 나뉜다. 이것은 모두 주봉산(主峰山) 앞에 펼쳐진 명당(明堂)의 형세이어야 하고, 명당국(明堂局)의 크고 작은 형세에 균형이 맞아야 한다. 위의 명당국(明堂局) 내에 속기(束氣)된 명당(明堂)터와 취기(聚氣)되어 정기어린 명당(明堂)터가 있는 것이다.

1. 소명당(小明堂)

소명당(小明堂)은 혈장(穴場) 안 음택혈(陰宅穴) 바로 앞의 반듯한 곳으로 혈전(穴前)을 말한다. 이곳을 묘와 같이 음택(陰宅)의 명당(明堂)이라고도 한다. 소명당(小明堂)은 너무 넓어도 안된다. 반듯하며 반반한 곳으로 자손 몇이 제례를 드릴 정도가 바람직하다. 또한 혈장(穴場) 내에 금어수(金魚水)가 있어야 한다. 다시 말해, 물이 팔(八) 자형으로 분합(分合)을 이루며 흐른 흔적이 있어야 한다.

2. 내명당(內明堂)

　주봉산(主峰山)과 소명당(小明堂) 앞의 청룡(靑龍)과 백호(白虎)의 안쪽을 내명당(內明堂)이라 한다. 내명당(內明堂)은 청룡(靑龍) 백호(白虎)가 좌우에서 환포(環抱)를 이루어야 한다. 만일 내명당국(內明堂局)이 너무 넓거나 좁거나 골이 많거나 편벽(偏僻)되었거나 악석이 있거나 산세가 급하거나, 청룡(靑龍) 백호(白虎)는 크고 높은데 국(局) 내가 너무 좁거나, 청룡(靑龍) 백호(白虎)는 작고 짧은데 국(局) 내가 넓게 흩어져 훤하게 터져 있으면 기(氣)를 모으지 못하기 때문에 명당(明堂)이 되지 못한다.

　반듯하며 취기(聚氣)가 있는 내명당국(內明堂局)에 크고 작은 마을이나 양택지(陽宅地)가 있다. 그러나 안산(案山)이 멀리 있으면 명당(明堂)이 되지 못한다. 내명당국(內明堂局)이 단취(團聚)하면 부귀발복하는 양택(陽宅)의 명당(明堂)을 여러 곳에 맺은 것이다. 내명당국(內明堂局)은 분합(分合)된 물이 모인 수세(水勢)가 되어야 한다.

3. 중명당(中明堂)

　중명당(中明堂)은 청룡(靑龍)과 백호(白虎)의 앞을 말한다. 다시 말해, 용호(龍虎) 밖에서부터 안산(案山) 사이의 평평한 곳이다. 중명당국(中明堂局)이 좁으면 안된다. 양쪽이 트여있어야 한다. 주위의 물과 산이 서로 밀접하게 있어야 정기가 모아져 집단주거지나 시가지를 이루는 명당(明堂)이 된다. 중명당국(中明堂局) 역시 편벽(偏僻)되어 골이 많으면 좋은 땅이 되지 못한다. 중명당국(中明堂局)의 수류(水流)는 내명당국(內明堂局)에 모여 있던 물이 점점 커지는 곡류(曲流)로 흘러, 안산(案山)을 돌아나가는 것이 좋다.

4. 외명당(外明堂)

대명당(大明堂)이라고도 하며, 내명당(內明堂)과 중명당(中明堂)을 거쳐 조산(朝山)과 안산(案山) 사이의 넓은 땅을 말한다. 외명당(外明堂)이 협착(狹窄)하면 지역발전을 저해하는 지세(地勢)가 되므로, 양쪽이 넓게 펼쳐져 훤하게 트여있어야 한다. 외명당국(外明堂局)은 종합운동장이나 산업단지 같이 공동으로 활용하는 곳으로 지형지세(地形地勢)가 넓어야 한다. 수세(水勢) 역시 안산(案山)을 돌아흐르는 물이 점점 커지며 대수(大水)를 이루는 것이 좋다.

명당(明堂)은 진룡(眞龍)의 진혈(眞穴)에서 소명당(小明堂) · 내명당(內明堂) · 중명당(中明堂) · 외명당(外明堂)을 균형 있게 모두 갖춘 형세에서 맺어진다. 그러나 내명당(內明堂)과 외명당(外明堂)이 합쳐진 형세가 있는가 하면, 내명당(內明堂)만 있고 중명당(中明堂)이나 외명당(外明堂)이 없는 형세도 있다. 이런 경우에는 주산(主山)의 내룡(來龍)과 현무정(玄武頂)이 어느 정도 확실하고, 기복(起伏) · 절(節)이 있는 용맥(龍脈)에서 음택(陰宅)과 양택(陽宅)의 명당(明堂)을 구한다.

1. 명당의 형세

오공(吳公)은 내명당(內明堂)과 가까운 곳에 있는 명당(明堂)을 낭취명당(囊聚明堂)이라 하고, 대단히 빨리 발복한다고 했다. 따라서 주산(主山)이 수려하고, 현무(玄武) · 안산(案山) · 청룡(靑龍) · 백호(白虎)가 유정(有情)하고, 균형이 맞는 가까운 명당(明堂)에 기(氣)

가 모이고 정기가 어리면 좋은 명당(明堂)을 이룬다. 그러나 명당론은 모두 다르다. 설천기론(泄天機論)에서는 명당(明堂)의 형세를 81변형으로 논했고, 수수경(搜水經)에서는 108형으로 명당(明堂)을 논했다.

물형(物形)으로 본 물형론(物形論)은 물체·인체·동물의 형상에 따라 이름을 붙인 것이다. 예를 들어 소가 누워 있는 듯한 형세를 와우혈(臥牛穴), 숲에서 호랑이가 뛰어나온 듯한 형세를 맹호출림혈(猛虎出林穴)이라 한다. 그러나 산은 보는 지점에 따라 형세가 다르므로 물형(物形)이 정확하다고는 할 수 없다.

그리고 오성(五星)의 형세 역시 보는 곳에 따라 다르다. 인체의 형세는 목화성(木火星) 산에 많고, 날짐승의 형세는 금성(金星) 산에 많고, 동물의 형세는 토성(土星) 산에 많고, 용두혈(龍頭穴)이나 사두혈(巳頭穴)은 수성(水城) 산에서 많이 볼 수 있다.

물형론(物形論)에서 명당혈(明堂穴)을 구하는 방법은 다음과 같다. 사람의 형세에서는 중앙부분의 가슴·배꼽·하국부에서 구하고, 날짐승의 형세에서는 와형혈(窩形穴)이나 날개부분에서 구하고, 소·말·범 등의 형세에서는 머리·눈·유방·옆구리 등에서 구하고, 용·뱀의 형세에서는 머리·배·꼬리 등에서 구한다.

갈형론(喝形論)은 물형론(物形論)을 반론한 것이다. 모든 산이 어떤 물형(物形)의 형국이 되는 것은 아니라고 하며, 명산이란 본래 형국이 없는 것이고, 물형(物形)의 형국은 적다고 했다. 따라서 산을 물형(物形)에 비유하는 것은 바람직하지 않다고 했다.

2. 명산 · 명당의 종류

교쇄명당형(交鎖明堂形), 금계포란형(金鷄抱卵形), 이룡쟁주형(二龍爭珠形), 오봉산와우형(五峰山臥牛形), 대장군좌대형(大將軍坐臺形), 옥대형(玉帶形), 장군검무형(將軍劍舞形), 황룡도강형(黃龍渡江形), 장귀출룡형(藏龜出龍形), 사축와룡형(蛇逐蛙龍形), 금귀출협용형(金龜出峽龍形), 출굴사와롱용형(出屈蛇蛙弄龍形), 기사태와형(飢蛇笞蛙形), 맹묘롱서형(猛描弄鼠形), 자저하전형(雌猪下田形), 봉방용혈(蜂房龍形), 비천오공형(飛天蜈蚣形), 사자희식보룡형(獅子戲食補龍形), 복구형(伏狗形), 비룡출세형(飛龍出世形), 중룡상회형(衆龍相會形), 봉무룡형(鳳舞龍形), 해복용형(蟹伏龍形), 어갑호위대룡(御甲護衛大龍), 선인출동형(仙人出洞形), 장수승마출전형(將首乘馬出戰形), 황룡희주형(黃龍戲珠形), 산중맹호출림형(山中猛虎出林形), 선인토식형(仙人吐食形), 선인복장형(仙人覆掌形), 선인대좌형(仙人大座形), 자룡조모형(子龍朝母形), 면우형(眠牛形), 갈우음수형(渴牛飲水形), 복호룡지형(伏虎龍地形), 회룡고조형(回龍顧祖形), 동방신월형(東方新月形), 목단반개형(牧丹半開形), 황후하련형(皇后下輦形), 방해롱용형(螃蟹弄龍形), 락지금검형(落地金劍形), 무공단좌형(武公端坐形), 유룡형(遊龍形), 파산헌보형(波斯獻寶形), 비봉섭가형(飛鳳躡架形), 황룡득수형(黃龍得水形), 토자룡형(土字龍形), 야자룡형(也字龍形), 장군패인형(將軍佩印形), 금불단좌형(金佛端坐形), 교쇄반개자웅음형(交鎖半開雌雄陰形), 분해룡형(奔海龍形), 비봉형(飛鳳形), 대웅음수형(大熊飲水形), 황형사월형(璜形似月形), 과라세요형(蜾蠃細腰形), 비천오공형(飛天蜈蚣形), 왕자형(王字形), 웅웅향

출음혈형(熊雄向出陰穴形), 금귀추포형(金龜芻捕形), 해복추포형(蟹伏芻捕形), 자호수면형(雌虎睡眠形), 대룡반지형(大龍蟠地形), 봉황활형(鳳凰活形), 성상봉조형(聖上奉朝形), 선인취회형(仙人聚會形), 선인무수형(仙人舞袖形), 도인금옥하사형(道人金玉下賜形), 비봉전혈형(飛鳳展翅形), 장군출진형(將軍出陣形), 기룡도식형(騎龍渡食形), 야유방해형(夜遊螃蟹形), 금귀출협형(金龜出峽形), 난봉가련형(鸞鳳駕輦形), 선인패금형(仙人佩琴形), 천마음천형(天馬飮泉形), 연화출수형(連花出水形), 쌍공음수형(雙蚣飮水形), 해하희주형(海蝦戱朱形), 중룡상회형(衆龍相會形)

3. 명산 · 명당 형세도

1. 교쇄명당형(交鎖明堂形)
주산(主山)의 강룡(強龍)에서 일어나 이루어진 좌우 양 산맥이 환포(環抱)하고, 수류(水流)가 순하게 곡류(曲流)하고, 장풍(藏風)이 감아돌아 취기(聚氣)한 형세를 말한다. 당대나 3대에 걸쳐 연달아 갑과에 급제하며 부귀가 따르는 명당(明堂)이다.

2. 이룡쟁주형(二龍爭珠形)
두 산맥이 횡룡(橫龍) · 회룡(回龍)에서 형성되고, 중앙의 호수 안에 구슬과 같은 돌섬이 있어 수세(水勢)가 반배되지 않는 매우 귀한 형세이다. 고관이 나오는 명당(明堂)이다.

교쇄명당형

이룡쟁주형

3. 금계포란형(金鷄抱卵形)

알을 안은 것 같은 형세를 말한다. 주봉산(主峰山)에서 내맥(來脈)하여 결혈(結穴)된 좌우 양 날개 앞 안산(案山) 앞에 삼인(三印)이 나란히 있어 밝게 보인다. 관직과 부귀영화가 따르는 명당(明堂)이다.

4. 오봉산와우형(五峰山臥牛形)

혈후(穴後)에 다섯 봉우리의 산맥이 강맥(强脈)으로 결혈(結穴)된 형세를 말한다. 현명한 자손이 나오는 명당(明堂)이다. 그러나 경사가 급하고 억세면 노룡(老龍)에 가까워 쓸 수 없다.

금계포란형   오봉산와우형

5. 옥대형(玉帶形)

혈후(穴後) 좌우 양쪽에 긴 산이 펼쳐져 있어 옥대와 같은 형세를 말한다. 좌우 양맥(兩脈)이 환포(環抱)되고, 혈전(穴前) 안산(案山)이 삼태봉(三台峰)이다. 부귀를 이루는 명당(明堂)이다.

6. 대장군좌대형(大將軍坐臺形)

대국(大局)의 형세로 주산(主山)부터 강한 대룡(大龍)의 내룡(來龍)이 겹겹으로 좌우 맥을 환포(環抱)하고, 좌우에 전호(纏護)ㆍ혈전(穴前)ㆍ 라성(羅星)의 형세를 이룬 것을 말한다. 삼공(三公)과 문무백관(文武百官)을 거느리는 명당(明堂)이다.

옥대형   대장군좌대형

7. 장군검무형(將軍劍舞形)

혈전(穴前)과 좌우 산맥이 검무형 같은 형세이다. 주봉산(主峰山) 좌우의 펼쳐진 곳에 결혈(結穴)된다. 무관이 나오는 명당(明堂)이다.

8. 황룡도강형(黃龍渡江形)

황룡(黃龍)이 강을 건너는 형세로, 전후좌우가 라성(羅城)과 굴곡을 이루며 결혈(結穴)한 형세를 말한다. 동적인 기질이 있어 영웅이나 평정자 등이 나오는 명당(明堂)이다.

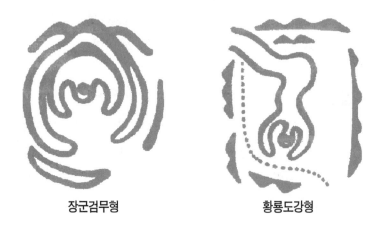

장군검무형   황룡도강형

9. 장귀출룡형(藏龜出龍形)

산룡(山龍) 안에 있는 거북이가 나오는 듯한 형세이다. 좌우 산맥이 강하고, 회룡(回龍)으로 입수(入首)하여 결혈(結穴)하고, 혈전(穴前)이 본신룡(本身龍)을 정면으로 향하여, 본신룡(本身龍) 봉우리가 안산(案山)이나 조산(朝山)이 된다.

10. 사축와룡형(蛇逐蝸龍形)

뱀이 개구리를 쫓는 듯한 형세로, 좌우의 청룡(靑龍) 백호(白虎)가 전호(纏護) 환포(環抱)한다. 혈전(穴前)의 작은 산을 와(蛙)로 본다. 식복과 부를 나타내는 명당(明堂)이다.

장귀출룡형

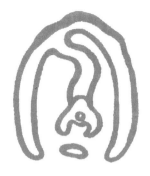

사축와룡형

11. 금귀출협용형(金龜出峽龍形)

주봉산(主峰山)의 강룡(强龍)이 내룡입수(來龍入首)하는 형세로, 상하좌우 용맥(龍脈)의 중출맥(中出脈) 결혈지(結穴地)가 거북 중 으뜸의 형국을 이룬다. 식복과 부를 나타내는 명당(明堂)이다.

12. 출굴사와룡용형(出屈蛇蛙弄龍形)

혈전(穴前)에 삼태(三台) 안산(案山)과 전호국(纏護局)이 있고, 혈후(穴後)의 강맥(强脈)이 본신룡(本身龍)의 좌우 용호(龍虎)를 이룬

금귀출협형

출굴사와룡용형

형세를 말한다. 뱀이 멈춰 풀 속의 개구리를 희롱하는 형국의 내룡(來龍)이 내려오면서, 기복(起伏)과 절(節)이 큰 산세가 결혈(結穴)할 즈음에 두둑하게 이루어진 큰 산이다. 부귀를 이루는 명당(明堂)이다.

13. 기사태와형(飢蛇笿蛙形)

굶주린 뱀이 개구리를 쳐잡을 듯한 형세이다. 뱀 형세는 대개 국(局)이 크고 횡룡(橫龍)과 회룡(回龍)이 연이어 돌아가고, 내룡입수(來龍入首)의 출맥(出脈)이 가늘고, 결혈지(結穴地)가 크다. 부귀를 나타내는 명당(明堂)이나, 뱀머리 형세의 용맥(龍脈)이 청룡(靑龍) 백호(白虎)가 되면 안된다.

14. 자저하전형(雌猪下田形)

암컷 맷돼지가 산에서 들로 내려오는 듯한 형상이다. 큰 국(局)의 형세에 본신룡(本身龍)에서 청룡(靑龍) 백호(白虎)가 이루어지고, 결혈처(結穴處)가 몇 곳 이루어진다. 부귀가 따르는 명당(明堂)이다.

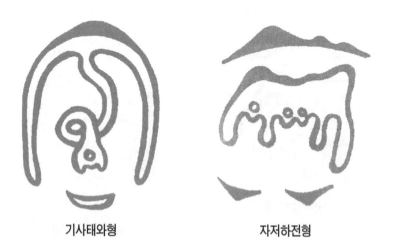

기사태와형   자저하전형

15. 맹묘롱서형(猛描弄鼠形)

산고양이가 쥐를 희롱하는 듯한 형세이다. 혈후(穴後)의 긴 산이 강하게 출맥(出脈)된 내룡(來龍)으로, 본신(本身)에서 청룡(靑龍) 백호(白虎)가 이루어지고, 안산(案山)과 조산(朝山)이 조응(照應)한다. 부귀발복하는 명당(明堂)이다.

16. 봉방용혈(蜂房龍形)

잠룡(潛龍) 형세로 주산(主山)에서 내려오는 용(龍)이 평지에 벌집 모양으로 결혈(結穴)하고, 본신룡(本身龍)에서 내맥(來脈)된 용맥(龍脈)이 청룡(靑龍) 백호(白虎)를 이루고, 평수맥(平受脈)의 입수(入首)로 결혈지(結穴地)가 둥근 야산을 말한다. 자손이 번창하며 부귀가 따르는 명당(明堂)이다.

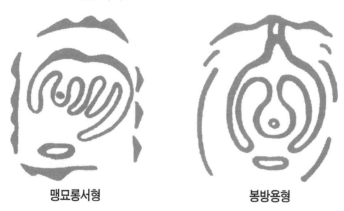

맹묘롱서형   봉방용형

17. 사자희식보룡형(獅子戲食補龍形)

주봉산(主峰山)의 강한 내룡(來龍)이 중출맥(中出脈)으로 결혈(結穴)하고, 본신룡(本身龍)에서 좌우 양맥(兩脈)의 청룡(靑龍) 백호(白虎)가 전호(纏護) 환포(環抱)되는 최진룡(最眞龍)이다. 내룡(來龍)

앞 안산(案山)에는 삼태봉(三台峰)이 있다. 대명당(大明堂)으로 거부와 우두머리가 나온다.

18. 비천오공형(飛天蜈蚣形)

큰 지네가 하늘로 올라가는 듯한 형세로 높은 산에 있다. 주봉산(主峰山)에서 내룡(來龍)이 천심(穿心)을 이루고, 연이어 요도(橈棹)가 일어나 결혈(結穴)하고, 좌우의 청룡(青龍) 백호(白虎)의 맥이 본신룡(本身龍)에서 출맥(出脈)하여 환포(環抱)하고, 안산(案山)의 삼태봉(三台峰)이 조응(照應)한 곳이다. 대업을 이루며 고관이 나오는 명당(明堂)이다.

사자희식보룡형

비천오공형

19. 복구형(伏狗形)

개가 엎드려 있는 듯한 형세로, 주봉산(主峰山)에서 직룡(直龍)으로 내룡입수(來龍入首)하여 결혈(結穴)하고, 좌우의 청룡(青龍) 백호(白虎)가 전호(纏護) · 환포(環抱)한다. 짐승이 먹이를 잡은 형국으로 부귀가 따르는 명당(明堂)이다.

20. 중룡상회형(衆龍相會形)

쌍산 주봉(主峰)의 중출맥(中出脈)에서 내룡입수(來龍入首)해 여러 곳에 돌(突)의 결혈지(結穴地)를 이루고, 좌우가 환포(環抱)되고, 중명당(中明堂) 호수가 종이나 북과 같거나, 강이나 호수에서 명주를 얻은 것과 같은 형국을 말한다. 대대로 명성을 얻는 명당(明堂)이다.

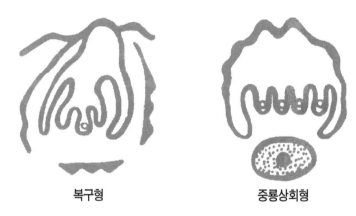

복구형　　　　　　중룡상회형

21. 비룡출세형(飛龍出世形)

비룡(飛龍)이 세상에 나오는 듯한 형세로, 왕(王) 자 혈(穴)을 말한다. 청룡(靑龍) 백호(白虎)의 회중에 결혈(結穴)한다. 부귀와 권위를 누리는 명당(明堂)이다.

22. 장수승마출전형(將首乘馬出戰形)

중출맥(中出脈)과 좌우의 청룡(靑龍) 백호(白虎)가 본신룡(本身龍)에서 맥을 이루고, 주봉산(主峰山)과 내외 청룡(外靑龍) 내외 백호(白虎)의 중앙에 결혈(結穴)한 것을 말한다. 부귀현달하며 무공신이 나오는 명당(明堂)이다.

비룡출세형　　　　　　　　장수승마출전형

23. 봉무룡형(鳳舞龍形)

주봉산(主峰山)과 좌우 산봉우리의 요도(橈棹)가 수려하고 유연하여 춤을 추는 것 같은 형세를 말한다. 대대손손 관직에 오르는 명당(明堂)이다.

24. 어갑호위대룡(御甲護衛大龍)

고산하룡맥(高山下龍脈)으로, 높은 산 아래 중출(中出)에서 입수(入首)하고, 좌우내외 전호(纏護)를 이루는 청룡(靑龍) 백호(白虎)가 환포(環抱)하고, 현무(玄武) 앞에는 안산(案山)의 명관(明官)이 있고, 조산(朝山) 앞에는 외명당(外明堂)이 넓게 트여 있고, 내명당(內明堂)·중명당(中明堂)에 큰 호수의 수구(水口)를 이룬 대단히 큰 국(局)을 말한다. 상제지지(上帝之地)의 대지로 명당(明堂)이다.

25. 해복용형(蟹伏龍形)

게가 엎드린 듯한 형세로, 주산봉(主山峰)에서 내룡입수(來龍入首)하고, 본신룡(本身龍)이 청룡(靑龍) 백호(白虎)를 이루고, 넓고 깊은

봉무룡형

어갑호위대룡

와(窩)에서 결혈지(結穴地)가 넓은 곳이 속기(束氣)되어 불룩하게 솟은 것으로, 부귀가 따르는 명당(明堂)이다.

26. 황룡희주형(黃龍戲珠形)

황룡(黃龍)이 구슬을 희롱하는 듯한 형세로, 혈전(穴前)의 정인(正印)을 구슬에 비유한 것이다. 크고 넓은 기복(起伏) · 절(節)을 일으키는 주봉산(主峰山)에서 강한 산맥이 직룡(直龍)으로 내룡입수(來龍入首)한다. 거부가 나오는 명당(明堂)이다.

해복룡형

황룡희주형

27. 선인출동형(仙人出洞形)

　좌우의 산이 환국(環局)하고, 주봉산(主峰山) 가운데서 나온 용맥(龍脈)이 내룡입수(來龍入首)하여 결혈(結穴)되고, 상하좌우 네 곳의 용맥(龍脈)이 기울지 않고, 내외의 청룡(靑龍) 백호(白虎)가 환포(環抱)된 형국을 말한다. 문무의 갑과가 나오는 명당(明堂)이다.

28. 산중맹호출림형(山中猛虎出林形)

　주봉산(主峰山)에서 중출맥(中出脈)으로 나온 내룡(來龍)이 맹호가 튀어나가는 것처럼 약간 옆으로 튼 형세를 말한다. 청룡(靑龍)은 내외에서 환포(環抱)되었으나 백호(白虎)는 뛰는 형상으로 구부러져 있어, 백호(白虎)의 용맥(龍脈)을 다하지 못한다. 그러나 오른쪽에 대수류(大水流)가 있어 백호(白虎)의 기운을 더하여 준다. 고관이 나오는 명당(明堂)이다.

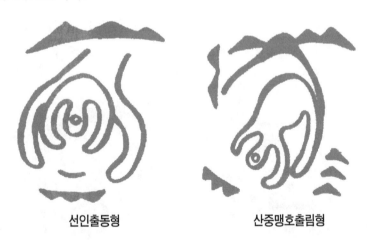

선인출동형　　　　　　　　산중맹호출림형

29. 회룡고조형(回龍顧祖形)

　내룡(來龍)이 회룡(回龍)으로 머리를 돌려 조산(祖山)을 바라보는 용맥(龍脈)의 와형혈(窩形穴)에 결혈(結穴)된 형세를 말한다. 관반(官班)이 나오는 명당(明堂)이다.

30. 복호룡지형(伏虎龍地形)

범이 엎드려 있는 듯한 형세로, 주산(主山) 주봉(主峰)이 수려하고, 내룡(來龍)의 용맥(龍脈)이 강하고, 좌우의 청룡(靑龍) 백호(白虎)가 환포(環抱)하고, 입수(入首)의 머리에 취기(聚氣)되어 속기(束氣)된 곳에 결혈(結穴)된다. 문무관이 나오는 명당(明堂)이다.

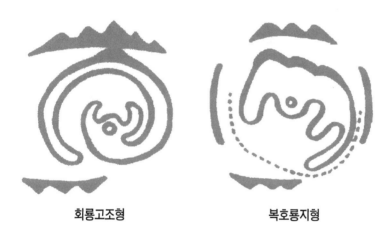

회룡고조형   복호룡지형

31. 갈우음수형(渴牛飮水形)

혈후(穴後)가 개장(開帳)되어 있는 내룡입수(來龍入首)의 용맥(龍脈)이 취맥(聚脈)하여 결혈(結穴)되고, 안산(案山)과 조산(朝山) 앞에 큰 호수가 있는 형세를 말한다. 거부가 나오는 명당(明堂)이다.

32. 방해롱용형(螃蟹弄龍形)

방게를 희롱하는 형상으로, 혈전(穴前)의 안산(案山)이 삼태봉(三台

峰)을 이루고, 안산(案山) 앞에 작은 호수가 있고, 혈후(穴後)의 주봉산(主峰山)과 좌우의 청룡(靑龍) 백호(白虎)가 유정(有情)하면서 전호(纏護)를 이룬 형세를 말한다. 부귀가 따르는 명당(明堂)이다.

갈우음수형   방해롱용형

33. 황후하련형(皇后下輦形)

황후가 가마를 타고 내려가는 듯한 형상으로, 대룡(大龍)이 개장천심(開帳穿心)하여 주산(主山)과 부모산(父母山)을 모두 갖추고, 주봉산(主峰山)과 양 요도(橈棹)가 삼태산(三台山)으로 수려하고, 좌우의 청룡(靑龍) 백호(白虎)가 내외 전호(纏護)를 이루고, 요성(曜星)이 취기(聚氣)를 받쳐주고, 수세(水勢) 수류(水流)가 안아돌고, 혈전(穴前)에서 수많은 길사(吉砂)가 조응(照應)하는 형세를 말한다. 고관과 왕비가 나오는 명당(明堂)이다.

34. 선인대좌형(仙人大座形)

혈후(穴後) 횡룡(橫龍) 요도(橈棹)의 6·7 산봉우리에 중출맥(中出脈)이 입수(入首)하여 결혈(結穴)되고, 혈전(穴前)에 문필문현봉(文

筆文賢峰)이 수려하게 솟아 있고, 좌우내외의 청룡(靑龍) 백호(白虎)
가 환포(環抱)된 곳을 말한다. 장후(葬後) 3대에 문무관에 등과하고,
영웅공신이 배출되는 혈성(穴星) 장겸(長鉗)의 명당(明堂)이다.

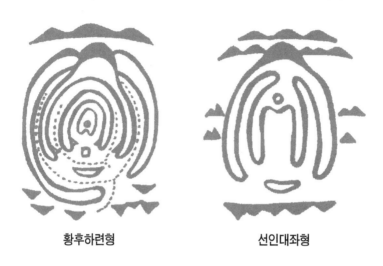

황후하련형   선인대좌형

35. 동방신월형(東方新月形)

동방에 반달이 새로 솟아 올라 장차 만월이 기대되는 형상이다. 양각
(兩脚)의 청룡(靑龍) 백호(白虎)가 확실하고, 안산(案山)이 삼태산
(三台山)을 이루고, 혈전(穴前)에서 수계(水界)가 돌아흐르는 형세를
말한다. 부가 따르며 귀한 자손이 나오는 명당(明堂)이다.

36. 무공단좌형(武公端坐形)

주산(主山) 아래 주산봉(主山峰)의 요도(橈棹)가 강룡(强龍)으로 솟
아 있고, 내룡(來龍)이 강하게 입수(入首)하여 속기(束氣)되는 음혈
지(陰穴地)에 결혈(結穴)된 형세를 말한다. 왼쪽에 기(旗)가 있고, 오
른쪽에 고(鼓)의 길사(吉砂)가 있다. 무관이 나오는 명당(明堂)이다.

동방신월형   무공단좌형

37. 락지금검형(落地金劍形)

금검(金劍)과 구슬을 만나는 형상으로, 사방에 산룡(山龍)의 전호 (纏護)가 이루어지고, 물이 밀려들어온 곳에 결혈처(結穴處)를 맺은 형세를 말한다. 부귀와 천금을 얻는 명당(明堂)이다.

38. 파사헌보형(波斯獻寶形)

광채가 나는 보배를 나누는 형상으로, 주봉산(主峰山)이 삼태삼봉 (三台三峰)이고, 혈전(穴前)의 안산(案山)도 삼태산(三台山)을 이루 고, 본신룡(本身龍)의 좌우에 청룡(青龍) 백호(白虎)를 이루고, 혈전 (穴前)의 중명당(中明堂)에 옥과 금무더기가 있는 형세를 말한다. 귀 인과 부귀가 따르는 명당(明堂)이다.

39. 유룡형(遊龍形)

혈후(穴後)에는 삼태삼봉(三台三峰)이 있고, 혈전(穴前)에도 삼태봉 (三台峰)을 이루며, 중명당(中明堂)에 강호(江湖)와 석인(石印)이 있 는 형세를 말한다. 외백호(外白虎)가 없어 약해 보이지만 오른쪽에

락지금월형

파사헌보형

대수류(大水流)가 대치해 있어 강한 형세를 말한다. 부귀와 관록이 따르며 삼공(三公)이 나오는 명당(明堂)이다.

40. 비봉형(飛鳳形)

산의 한 덩어리가 떨어져 형성된 형세로, 마치 봉이 하늘로 날아오르는 듯한 삼지삼태(三地三台)의 형세를 말한다. 중앙에서 요도(橈棹)가 일어나 솟구치고, 좌우로 벌인 대와(大窩)의 형혈(形穴)이다. 귀인과 부가 따르는 귀한 명당(明堂)이다.

유룡형

비봉형

41. 황형사월형(璜形似月形)

요도(橈棹)가 수려하게 솟은 내맥(來脈)이 천심(穿心) 입수(入首)를 이루고, 좌우 양각(兩脚)이 청룡(靑龍) 백호(白虎)로 환포(環抱)하고, 중앙에 반달같은 결혈지(結穴地)가 있는 형세를 말한다. 안산(案山)이 삼태(三台)이고, 혈전(穴前)에 못이 있어 더욱 조응(照應)하는 형세가 된다. 보만금옥(寶滿金玉)의 부귀가 따르는 명당(明堂)이다.

42. 과라세요형(蜾蠃細腰形)

나나니벌(산의 흙 속에 집을 짓고 사는 허리가 가늘고 긴 벌)의 형세로, 주봉산(主峰山)에서 직룡(直龍)으로 내룡입수(來龍入首)하여 결혈(結穴)되고, 좌우내외의 백호(白虎)가 확실하고, 안산(案山)이 삼태산(三台山)으로 혈(穴)을 조응(照應)하고 있는 형세를 말한다. 부귀를 이루는 명당(明堂)이다.

황형사월형   과라세요형

43. 대웅음수형(大熊飮水形)

큰 곰이 물을 막고 있는 듯한 형상을 말한다. 혈후(穴後)에 삼절요도

(三節橇棹)로 내룡(來龍)이 입수(入首)하고, 주봉산(主峰山) 뒤에 삼태산봉(三台山峰)이 펼쳐지고, 중앙의 결혈지(結穴地)와 좌우의 용호(龍虎)와 안산(案山)이 확실하게 호응(護應)하고, 중명당(中明堂)에 못이 있어 수구(水口)를 이룬다. 부귀가 따르는 명당(明堂)이다.

44. 교쇄반개자웅음형(交鎖半開雌雄陰形)
인체의 특정 부위에 비유할 수 없어 자웅음으로 이름한 것이다. 산의 형세가 양쪽 산 날줄이 높고, 두둑하게 환포(環抱)하고, 중출입수맥(中出入首脈)이 길게 둥근 모양으로 결혈(結穴)된 형국을 말한다. 부귀공명하며 현인이 나오는 명당(明堂)이다. 양(陽) 웅(雄)과 음국부형(陰局部形)을 뜻한다.

대웅음수형   교쇄반개자웅음형

45. 금불단좌형(金佛端坐形)
금불상이 단정하게 앉아 있는 듯한 형세를 말한다. 주봉산(主峰山)의 본신(本身)에서 결혈처(結穴處)와 양각(兩脚)의 청룡(靑龍) 백호(白虎)가 형성되고, 혈전(穴前)에 문필봉(文筆峰)과 문현봉(文賢峰)이 높이 솟아 있는 형국이다. 문관이 나오는 명당(明堂)이다.

46. 장군패인형(將軍佩印形)

 주봉산(主峰山) 뒤에 귀인모(貴人帽)의 산봉우리가 있고, 주봉산(主峰山)에서 양각(兩脚)이 이루어져 청룡(靑龍) 백호(白虎)가 환포(環抱)하고, 청룡(靑龍) 옆에 두 개의 인(印)의 길사(吉砂)가 있다. 무관의 우두머리가 나오는 명당(明堂)이다.

금불단좌형   장군패인형

47. 분해룡형(奔海龍形)

 대룡(大龍)이 바다로 들어가는 듯한 형상을 말한다. 생룡(生龍)이 반회룡(半回龍)하면서 자체에서 혈성(穴星)과 와혈(窩穴)을 이루어 결혈(結穴)되고, 혈전(穴前)에 큰 호수나 강이 있는 형국이다. 해양업과 부가 크게 따르는 명당(明堂)이다.

48. 왕자형(王字形)

 주산(主山)에서 강하게 천심(穿心)하고, 삼절(三節)에서 결혈(結穴)하고, 왕(王) 자와 같은 형세로 송영(送迎)이 확실하게 일어나 있고,

결혈지(結穴地)가 활와혈(活窩穴)로 된 형국이다. 고관이 나오는 명당(明堂)이다.

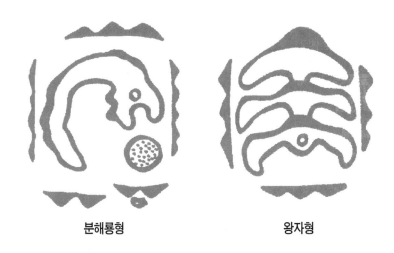

분해룡형   왕자형

49. 금귀추포형(金龜芻捕形)

금거북이가 먹이를 잡는 듯한 형상을 말한다. 주봉산(主峰山)에서 내룡(來龍)이 직룡(直龍)으로 입수(入首)하여 결혈(結穴)되고, 좌우의 용맥(龍脈)이 확실한 형국이다. 문무관직과 부귀가 따르는 명당(明堂)이다.

50. 비봉전혈형(飛鳳展趐形)

봉이 날아오르는 듯한 형상을 말한다. 주산봉(主山峰)이 강세를 이루고, 본신룡(本身龍)의 내외의 청룡(靑龍) 백호(白虎)가 양각(兩脚)으로 둘러 있고, 혈전(穴前) 중명당(中明堂)에 옥가(玉架)가 있고, 전후의 삼태산(三台山)이 호응(護應)하고 있는 형국이다. 세세손손 갑과에 등용하는 명당(明堂)이다.

금귀추포형   비봉전혈형

51. 웅웅향출음혈형(熊雄向出陰穴形)

주산봉(主山峰)에서 직룡(直龍)으로 입수(入首)하여 결혈(結穴)되고, 내외의 양각(兩脚)에 청룡(靑龍) 백호(白虎)가 둘러 있는 장대돌혈형(長大突穴形)이고, 숫곰이 음혈(陰穴)을 향하여 나가는 형세를 말한다. 안산(案山)이 조응(照應)하고, 중명당(中明堂)에 큰 못이 있어 형세가 더욱 강하다. 후손이 번창하며 관직으로 이름을 얻는 명당(明堂) 중의 명당(明堂)이다.

52. 비봉섭가형(飛鳳踂架形)

봉황이 다리를 붙이고 날아가는 듯한 형세를 말한다. 혈성(穴星)의 대와(大窩) 내에서 장돌(長突)이 내룡입수(來龍入首)하여 결혈(結穴)한다. 후손이 번창하며 명성을 떨치는 명당(明堂)이다.

53. 황룡득수형(黃龍得水形)

황룡(黃龍)이 큰 물을 얻은 형상을 말한다. 주산봉(主山峰)에서 내룡입수(來龍入首)하고, 본신룡(本身龍)이 내외의 청룡(靑龍) 백호(白

웅웅항출음혈형　　　　　비봉가섭형

虎)를 이루고, 안산(案山)과 조산(朝山)이 조응(照應)하고, 중명당
(中明堂)의 큰 물이 합하는 형국이다. 부가 따르는 명당(明堂)이다.

54. 토자룡형(土字龍形)

흙토(土) 자의 형세를 말한다. 흙토(土) 자 위를 주봉산(主峰山)으로
하고, 그 아래 본신룡(本身龍)에서 청룡(靑龍)과 백호(白虎)가 이루
어지고, 대활와(大活窩)에서 결혈(結穴)되는 형국이다. 부귀가 따르
는 명당(明堂)이다.

황룡득수형　　　　　토자룡형

55. 야자룡형(也字龍形)

쌍산이 내룡입수(來龍入首)하여 결혈(結穴)되고, 본신룡(本身龍)에 좌우의 청룡(青龍) 백호(白虎)가 이루어지고, 혈전(穴前)에 호수가 있는 형국을 말한다. 부귀가 발복하는 명당(明堂)이다.

56. 자호수면형(雌虎睡眠形)

암호랑이가 편히 쉬는 듯한 형상으로 결혈지(結穴地)가 두 곳이다. 한 곳은 횡룡(橫龍)에서 이루어지는 결혈처(結穴處) 앞 양각(兩脚)의 청룡(青龍) 백호(白虎) 사이이고, 또 하나는 뒤의 양각(兩脚) 사이에 유방(乳房)의 혈(穴)이 있다. 부귀영달하는 명당(明堂)이다.

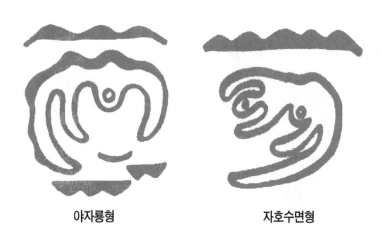

야자룡형   자호수면형

57. 해복추포형(蟹伏芻捕形)

엎드린 게가 먹이를 잡으려는 듯한 형상이다. 주산(主山)에서 직룡(直龍)으로 내룡입수(來龍入首)하여 결혈(結穴)되고, 내외 양각(兩脚)의 청룡(青龍) 백호(白虎)가 환포(環抱)되고, 혈전(穴前)에 못이 있어 혈(穴)의 기(氣)를 더욱 조응(照應)하는 형국이다. 부귀발복하는 명당(明堂)이다.

58. 봉황활형(鳳凰活形)

생동하는 봉황과 같은 형상을 말한다. 사방에 삼태삼봉(三台三峰)이
있고, 혈전(穴前)에 봉이 서식하는 못이 있는 형국을 말한다. 세세손
손 거부를 이룬다는 명당(明堂)이다.

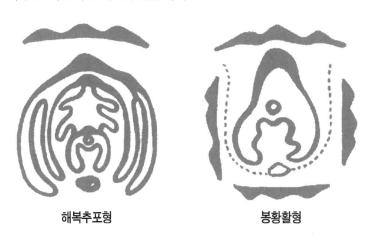

해복추포형   봉황활형

59. 대룡반지형(大龍蟠地形)

몸체를 위에서 둥글게 틀어도는 듯한 형상으로 희귀한 형세이다. 주
산(主山)의 주봉산(主峰山)이 직룡(直龍)으로 내룡입수(來龍入首)하
면서 결혈(結穴)되고, 회룡(回龍)하나 하회룡(下回龍)에 결혈처(結穴
處)가 없는 형국을 말한다. 위의 직룡(直龍) 결혈지(結穴地)는 와(窩)
의 혈성(穴星)으로 부귀발복하는 명당(明堂)이 된다.

60. 도인금옥하사형(道人金玉下賜形)

도인이 금옥을 하사하는 형상으로 순룡(順龍)이다. 내맥(來脈)된 양

각(兩脚)이 좌우로 펼쳐져 청룡(靑龍) 백호(白虎)를 이루고, 내외의 용호(龍虎) 앞에 구슬을 내어주고, 주봉산(主峰山) 아래에서 안산(案山)과 조산(朝山)이 조응(照應)하는 형국을 말한다. 부귀를 이루는 명당(明堂)이다.

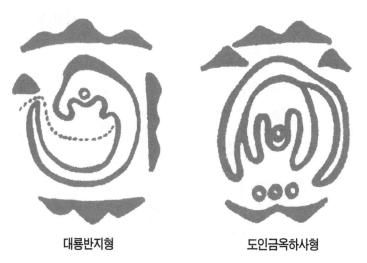

대룡반지형　　　　　　　　도인금옥하사형

61. 성상봉조형(聖上奉朝形)

성상 앞에서 조배를 드리는 듯한 형상이다. 혈(穴)의 상하가 삼태봉(三台峰) 좌우에 전호(纏護)를 이루고, 청룡(靑龍) 백호(白虎)가 내외로 겹쳐 환포(環抱)하고, 혈전(穴前)에 길사(吉砂)가 열을 지어 있는 형국을 말한다. 재상이 나오는 대명당(大明堂)이다.

62. 선인취회형(仙人聚會形)

선인이 모여 있는 듯한 형상이다. 주산(主山)과 주봉산(主峰山)이 직룡(直龍)으로 와(窩)의 혈성(穴星) 내에서 돌(突)을 일으켜 결혈(結穴)되고, 혈후(穴後)와 좌우에 성진(星辰)들이 수려하게 자리잡고 있다. 문무관이 나오는 명당(明堂)이다.

성상봉제형   선인취회형

63. 난봉가련형(鸞鳳駕輦形)

세상에 몇 안되는 매우 귀한 곳으로 형세가 거대하다. 결혈처(結穴處) 주위에 삼태봉(三台峰)과 전호(纏護)를 이루는 용맥(龍脈)이 겹겹이 둘러 있고, 혈전(穴前)에 옥인(玉印)이 대한다. 천관왕후(天官皇后)와 삼공(三公)이 나오는 명당(明堂)이다.

64. 비천오공형(飛天蜈蚣形)

지네가 하늘로 올라가는 형상으로 비룡(飛龍)에서 이루어진다. 높은 산봉우리의 평지에 장구와(藏口窩)의 형혈(形穴)로 양각(兩脚)이 강하게 장각(跟脚:끌어안은 듯한 지각) 환포(環抱)하고, 주위의 산봉우리가 높이 수려하게 솟아 비봉(飛鳳)을 옹위하는 형국이다. 후손이 연이어 문무에 급제하는 명당(明堂)이다.

난봉가련형   비천오공

65. 선인무수형(仙人舞袖形)

춤을 추는 선인의 옷소매와 같은 형상이다. 주봉산(主峰山)이 두둑하고, 양각(兩脚)의 청룡(靑龍) 백호(白虎)가 옷소매 자락 같고, 환포(環抱)가 잘 이루어진 활와(活窩)에 결혈(結穴)된 형국을 말한다. 후손이 문관에 오르는 명당(明堂)이다.

66. 천마음천형(天馬飮泉形)

용마(龍馬)가 대천(大川)의 물을 먹는 듯한 형상이다. 쌍산 주봉산(主峰山)이 강룡(强龍)으로 양각(兩脚)을 펼쳐 청룡(靑龍) 백호(白虎)를 이루고, 주산봉(主山峰) 아래 와형(窩形) 양각(兩脚) 위에 수성(水城)이 자리하고, 혈전(穴前)의 중명당(中明堂)에 대천(大川)의 물이 있고, 삼태삼봉(三台三峰)을 이루며 관성(官星)이 솟아 있고, 수류(水流)가 안아돌아 결혈(結穴)하는 형국을 말한다. 후손에게까지 부귀공명이 이르는 명당(明堂)이다.

선인무수형 천마음천형

7장. 나경

나경투해(羅經透解)에서는 나경(羅經)을 다음과 같이 논했다.

태극(太極)법칙에 따라 선천팔괘(先天八卦)와 후천팔괘(後天八卦)의 체(體)와 용(用)의 이치로 이루어진 것이다. 1층에서 36층으로 제정하여 풍수지리에서는 이기(理氣)의 방위, 기(氣)의 동기(動氣), 용(龍)의 내맥(來脈)과 후룡(後龍), 전후좌우의 사(砂)와 내거수(來去水), 국(局)의 합국(合局), 좌향(坐向), 년월일시의 황천살(黃泉殺) 등을 살피는데 사용한다. 패철(佩鐵)이라고도 하나 통칭 나경(羅經)이라 한다. 따라서 나경(羅經)을 터득하면 풍수지리의 형기(形氣)와 이기(理氣)의 양론을 모두 갖추는 것이다.

구 나경(羅經)은 1층 선천팔괘(先天八卦), 2층 후천팔괘(後天八卦), 3층 팔살황천(八殺黃泉)의 순으로 36층이 진행된다. 중앙을 천지침(天地針)이라 하여, 흑점을 북(北), 홍두남(紅頭南), 상시홍남지향(常時紅南指向)이라 하여 지남침(指南針)이라 한다.

112

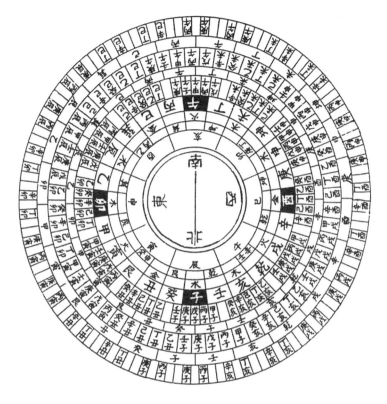

나경9층도

그러나 이 책에서는 풍수지리에서 응용할 수 있는 범위에서 되도록 쉽고 간략하게 하기로 한다. 현재 우리나라에서는 9층나경(羅經)으로 통용되고 있고, 그 순서는 다음과 같다.

■ 제1층 : 팔살황천(八殺黃泉)
　　입수(入首), 좌향(坐向), 내거수(來去水) 등을 본다.
■ 제2층 : 팔로사로황천(八路四路黃泉)
　　수래(水來), 풍래(風來) 등을 본다.

- 제3층 : 삼합오행(三合五行)

  쌍산 오행(五行), 포태법(胞胎法), 생왕묘(生旺墓) 등을 본다.

- 제4층 : 지반정침(地盤正針) 24방위

  용맥(龍脈), 입수좌(入首坐), 음택(陰宅), 양택(陽宅), 정침(正針)
  등을 본다.

- 제5층 : 천산72룡(穿山七十二龍)

  육십갑자(六十甲子), 고(孤), 허(虛), 왕(旺), 상(相), 살요(煞曜),
  내룡맥(來龍脈), 격침(格針) 등을 본다.

- 제6층 : 인반중침(人盤中針)

  성수오행(星宿五行), 극아(剋我), 아극(我剋), 설아(泄我), 생아
  (生我), 비화(比和) 등을 본다.

- 제7층 : 투지60룡(透地六十龍)

  통기투지(通氣透地), 오기(五氣) 등을 본다.

- 제8층 : 천방봉침(天盤縫針)

  내거수(來去水), 보성수법(輔星水法) 등을 본다.

- 제9층 : 지반정침(地盤正針) 분금(分金)

1. 선천팔괘(先天八卦)

나경투해(羅經透解)와 천기대요(天機大要)에서 선천팔괘(先天八卦)
를 논한 것을 간추려 보면 다음과 같다.

선천팔괘(先天八卦)는 복희(伏羲)가 팔괘(八卦)를 만들어 천지일월
(天地日月)의 명합(明合)을 태극(太極)의 동정(動靜)으로 나눈 것이
다. 음양(陰陽)이 생(生)하여 양의(兩儀)가 양의음의(陽儀陰儀)가 된
다. 양의(兩儀)는 태양소음(太陽少陰)이 생(生)하고, 음의(陰儀)는

태음소양(太陰少陽)이 생(生)한다.

- 태양(太陽)은 건(乾) 1과 태(兌) 2이다.
- 소음(少陰)은 이(離) 3과 진(震) 4이다.
- 소양(少陽)은 손(巽) 5와 감(坎) 6이다.
- 태음(太陰)은 간(艮) 7과 곤(坤) 8이다.

팔괘(八卦)의 상은 양상(陽象)을 ▬▬ 음상(陰象)을 ▬ ▬

건(乾)   태(兌)   이(離)   진(震)   손(巽)   감(坎)   간(艮)   곤(坤)

▬▬ 태양(太陽)은 양상(陽上)에 양(陽)이 생(生)한다.
　　건천일남(乾天一南) 손풍오남서(巽風五南西)

▬ ▬ 소음(少陰)은 양상(陽上)에 음(陰)이 생(生)한다.
　　태택이남동(兌澤二南東) 감수육서(坎水六西)

▬▬ 소양(少陽)은 음상(陰上)에 양(陽)이 생(生)한다.
　　이화삼동(離火三東) 간산칠서부(艮山七西北)

▬ ▬ 태음(太陰)은 음상(陰上)에 음(陰)이 생(生)한다.
　　진뢰사북동(震雷四北東) 곤지팔북(坤地八北)

　선천팔괘(先天八卦)는 괘(卦) 사상을 선천태극(先天太極)으로 하고,
천지수화(天地水火) 뇌풍산택(雷風山澤)의 공간의 기(氣)를 정했다.

2. 복희(伏羲) 선천팔괘(先天八卦)

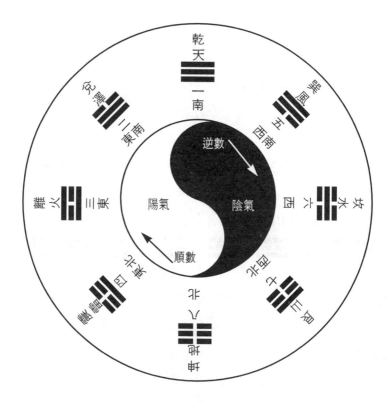

伏羲先天八卦圖

- 건곤(乾坤)은 하늘과 땅으로 남과 북방위가 된다.
- 간태(艮兌)는 산과 못으로 서북과 동남방위가 된다.
- 진손(震巽)은 우뢰와 바람으로 동북과 서남방위가 된다.
- 감리(坎離)는 물과 불로 서와 동방위가 된다.
- 순수(順數)는 양기(陽氣)로 진(震) 4, 이(離) 3, 태(兌) 2, 건(乾) 1이다.

- 역수(逆數)는 음기(陰氣)로 손(巽) 5, 감(坎)6, 간(艮) 7, 곤(坤) 8이다.

- 용마하도(龍馬河圖)는 용마(龍馬)가 물 속에서 점이 있는 그림을 등에 지고 나온 것을 보고 팔괘(八卦)를 정한 것이다. 이것으로 육십갑자(六十甲子)가 이루어졌다고 한다.

3. 낙서문왕(洛書文王) 후천팔괘(後天八卦)

천기대요(天機大要)에서 낙서(洛書)에 대해 다음과 같이 논했다.

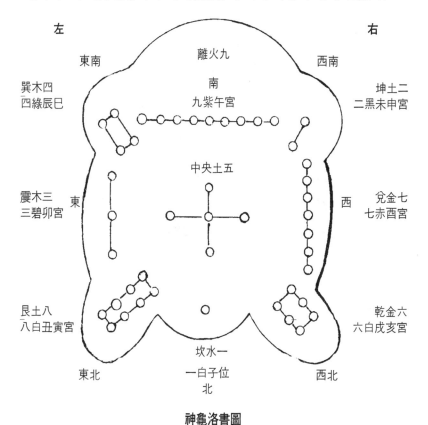

左　　　　　　　　　　　　　　　　右

離火九
東南　　　　　　　　　　　　　　　西南

巽木四　　　　　　　南　　　　　　　坤土二
四綠辰巳　　　　　九紫午宮　　　　二黑未申宮

中央土五

震木三　　東　　　　　　　　西　　　兌金七
三碧卯宮　　　　　　　　　　　　　七赤酉宮

艮土八　　　　　　　　　　　　　　乾金六
八白丑寅宮　　　　　　　　　　　六白戌亥宮

坎水一
東北　　　　一白子位　　　　西北
北

神龜洛書圖

신귀(神龜)의 낙서(洛書)는 중국 하나라 우왕 대에 낙수(洛水)에서 나온 거북이 등에 있는 그림으로 무궁한 변화가 이루어진 후천팔괘 (後天八卦)이다.

이화구(離火九)가 위에서 머리에 이고, 감수일(坎水一)이 아래에서 딛고, 좌우에 진목삼(震木三)·태금칠(兌金七)이 있고, 양 어깨에 곤 토이(坤土二)·손목사(巽木四)가 있고, 건금육(乾金六)·간토팔(艮 土八)이 양 발이 되고, 중앙 토오(土五)로 구성팔문(九星八門)이 배

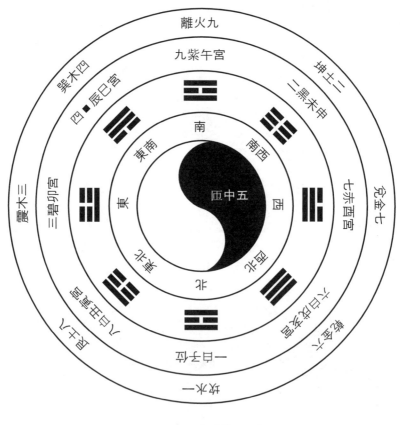

文王後天圖

정되어, 홍범구주(洪範九疇) 천지대법(天地大法)의 원칙이 세워졌다. 이중에 주거의 좌향(坐向)과 조장의 길흉을 이용하는 법이 있다. 나경(羅經)은 선천(先天) 후천(後天) 팔괘(八卦)가 모두 근원이 된다.

문왕(文王) 후천팔괘(後天八卦)는 문왕(文王)이 낙서(洛書)에 의해 팔괘(八卦)를 정한 것이다. 태양(太陽)·태음(太陰)과 소양(少陽)·소음(少陰)의 이치로 만물의 발생기와 종말기가 생성된 것으로 보고, 팔괘(八卦)로 음양(陰陽)·오행(五行)과 순수(順數)·역수(逆數)와 방위의 양기(陽氣)·음기(陰氣)를 정하여 풍수지리에 이용했다.

■ 순수(順數)와 역수(逆數)
감(坎) 1, 곤(坤) 2, 진(震) 3, 손(巽) 4, 잡중 5, 건(乾) 6, 태(兌) 7, 간(艮) 8, 이(離) 9

■ 팔괘(八卦)와 오행(五行)
이화(離火), 감수(坎水), 건금(乾金), 태금(兌金), 진목(震木), 곤토(坤土), 간토(艮土)

■ 방위
남(南), 북(北), 북서(北西), 서(西), 동(東), 동남(東南), 서남(西南), 동북(東北)

■ 소강절(邵康節)은 문왕(文王) 팔괘(八卦)를 다음과 같이 논했다.
제출호진(帝出乎震) 제호손(齊乎巽) 상견호이(相見乎離)
치역호곤(致役乎坤) 설언호태(說言乎兌) 전호건(戰乎乾)

노호감(勞乎坎) 성언호간(成言乎艮)

■ 제출호진(帝出乎震) : 만물은 진(震) 동방에서 나와 생성한다.
■ 제 호 손 (齊 乎 巽) : 손(巽) 동남방에서 가지런하게 한다.
■ 상견호이(相見乎離) : 이(離) 남방에서 만물이 나타나 서로 본다.
■ 치역호곤(致役乎坤) : 곤(坤) 서남방에서는 곤토(坤土)로 만물이
　　　　　　　　　　　　땅에서 자라니 노역이 이를 곳이다.
■ 설언호태(說言乎兌) : 태(兌) 서방에서 만물의 결실을 기뻐한다.
■ 전 호 건 (戰 乎 乾) : 건(乾) 서북방에서는 태방(兌方)에 결실한
　　　　　　　　　　　　후, 만물의 가지와 잎줄기가 마르니 음양
　　　　　　　　　　　　(陰陽)이 부딪혀 다툰다.
■ 노 호 감 (勞 乎 坎) : 감(坎) 북방은 만물이 생(生)하여 가지런히
　　　　　　　　　　　　나타나고, 만물은 여기서 결실하여 기뻐하
　　　　　　　　　　　　며, 건락엽경기(乾落葉莖期)에 들어 음양
　　　　　　　　　　　　(陰陽)이 부딪힌다. 만물은 북방 감(坎)에
　　　　　　　　　　　　서 회귀하니 수고로운 곳이다.
■ 성언호간(成言乎艮) : 간(艮) 동북방에서 만물이 끝과 처음을 이
　　　　　　　　　　　　루니 간방(艮方)을 이루는 곳의 괘(卦)로 정
　　　　　　　　　　　　했다.

1. 나경1층 팔살황천(八殺黃泉)

황천살(黃泉殺)을 보며, 팔살황천(八殺黃泉), 용상팔살(龍上八殺)이

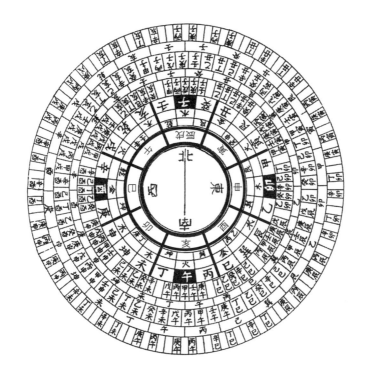

라 한다. 황천살(黃泉殺)은 팔살(八殺)이나 감룡(坎龍)에 진술(辰戌)
의 두 가지 살(殺)로 9방위 9살(殺)이다. 1층의 황천살(黃泉殺)은 좌
향(坐向)의 방위에 조장(造葬), 수묘(修墓), 택일의 년월일시에 팔괘
법(八卦法)상의 자아지극(自我支剋)으로 대흉살이 된다.

감(坎)	간(艮)	진(震)	손(巽)
임자계(壬子癸),	축간인(丑艮寅),	갑묘을(甲卯乙),	진손사(震巽巳).

이(離)	곤(坤)	태(兌)	건(乾)
병오정(丙午丁),	미곤신(未坤申),	경유신(庚酉辛),	술건해(戌乾亥).

後天八卦 方位	24方位	五行
坎	壬子癸	水
艮	丑艮寅	土
震	甲卯乙	木
巽	辰巽巳	木
離	丙午丁	火
坤	未坤申	土
兌	庚酉申	金
乾	戌乾亥	金

五行	子	癸	丑	艮	寅	甲	卯	乙	辰	巽	巳	丙
正五行	水	水	土	土	木	木	木	木	土	木	火	火
洪範五行	水	土	土	木	水	水	木	火	水	水	木	火
雙山五行	水	金	金	火	火	木	木	水	水	金	金	火
眞五行	水	水	水	水	木	木	木	木	木	水	火	火
五行	午	丁	未	坤	申	庚	酉	辛	戌	乾	亥	壬
正五行	火	火	土	土	金	金	金	金	土	金	水	水
洪範五行	火	金	土	土	水	土	金	水	水	金	金	火
雙山五行	火	木	木	水	水	金	金	火	火	木	木	水
眞五行	火	火	火	火	金	金	金	金	金	金	水	水

入首坐山	坎土	艮土	震木	巽木	離火	坤土	兌金	乾金
立向方位黃泉殺	辰戌土	寅木	申金	酉金	亥水	卯木	巳火	午火

方位	壬子	癸丑	艮寅	甲卯	乙辰	巽巳	丙午	丁未	坤申	庚酉	辛戌	乾亥
正五行	水水	水土	土木	木木	木土	木火	火火	火土	土金	金金	金土	金水

五行相生	金生水	水生木	木生火	火生土	土生金
五行相剋	金剋木	木剋土	土剋水	水剋火	火剋金

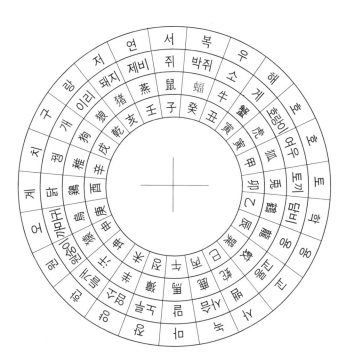

※ 24방위를 물형에 적용하여 방위와 물형이 서로 꺼리는 것을 피한다. 사
물과 형세에서 길함과 흉함을 살핀다.

二十四方位 物形

- 감(坎)이 진술(辰戌)을 만나면, 정오행(正五行)으로 감(坎)은 수(水)요 진술(辰戌)은 토(土)이므로, 토극수(土剋水)가 되어 황천살(黃泉殺)이 된다.

- 간(艮)이 인(寅)을 만나면, 정오행(正五行)으로 간(艮)은 토(土)요 인(寅)은 목(木)이므로, 목극토(木剋土)가 되어 황천살(黃泉殺)이 된다.

- 진(震)이 신(申)을 만나면, 정오행(正五行)으로 진(震)은 목(木)이요 신(申)은 금(金)이므로, 금극목(金剋木)이 되어 황천살(黃泉殺)이 된다.

- 손(巽)이 유(酉)를 만나면, 정오행(正五行)으로 손(巽)은 목(木)이요 유(酉)는 금(金)이므로, 금극목(金剋木)이 되어 황천살(黃泉殺)이 된다.

- 이(離)가 해(亥)를 만나면, 이(離)는 화(火)요 해(亥)는 수(水)이므로, 수극화(水剋火)가 되어 황천살(黃泉殺)이 된다.

- 곤(坤)이 묘(卯)를 만나면, 정오행(正五行)으로 곤(坤)은 토(土)요 묘(卯)는 목(木)이므로, 목극토(木剋土)가 되어 황천살(黃泉殺)이 된다.

- 태(兌)가 사(砂)를 만나면, 정오행(正五行)으로 태(兌)는 금(金)이요 사(巳)는 화(火)이므로, 화극금(火剋金)이 되어 황천살(黃泉殺)이 된다.

- 건(乾)이 오(午)를 만나면, 정오행(正五行)으로 건(乾)은 금(金)이요 오(午)는 화(火)이므로 화극금(火剋金)이 되어 황천살(黃泉殺)이 된다.

2. 나경2층 팔로사로황천살(八路四路黃泉殺)

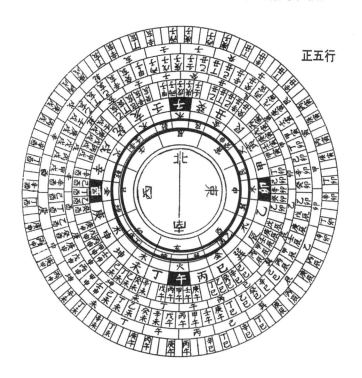

正五行

팔로사로황천살(八路四路黃泉殺)은 혈좌(穴坐)에서 향(向)을 위주
로 나경(羅經)을 보는 것이다. 주로 수래(水來), 개문방수(開門放水),
풍래(風來), 팔요풍(八曜風) 등의 황천살(黃泉殺)을 본다.

사로(四路)는 사유(四維)의 간손곤건(艮巽坤乾)과 십이지지(十二地
支)를 대응하고, 팔로(八路)는 팔간(八干)의 임계갑을병정경신(壬癸
甲乙丙丁庚辛)과 사유(四維)를 대응한다.

向	子丑寅卯	卯辰巳午	午未申酉	酉戌亥子	地支黃泉
四路黃泉風來水來	艮	巽	坤	乾	四維

向	丁庚	坤	辛壬	乾	甲癸	艮	乙丙	巽
八路黃泉風來水來	坤	丁庚	乾	壬辛	艮	甲癸	巽	乙丙

- 계갑좌(癸甲坐)에서 정경향(丁庚向)은 곤방(坤方)의 수(水)와 풍(風)이 황천살(黃泉殺)이 된다.

- 간좌(艮坐)에서 곤향(坤向)은 정경방(丁庚方)의 수(水)와 풍(風)이 황천살(黃泉殺)이 된다.

- 을병좌(乙丙坐)에서 신임향(辛壬向)은 건방(乾方)의 수(水)와 풍(風)이 황천살(黃泉殺)이 된다.

- 손좌(巽坐)에서 건향(乾向)은 임신방(壬辛方)의 수(水)와 풍(風)이 황천살(黃泉殺)이 된다.

- 정경좌(丁庚坐)에서 갑계향(甲癸向)은 간방(艮方)의 수(水)와 풍(風)이 황천살(黃泉殺)이 된다.

- 곤좌(坤坐)에서 간향(艮向)은 갑계방(甲癸方)의 수(水)와 풍(風)이 황천살(黃泉殺)이 된다.

- 임신좌(壬辛坐)에서 을병향(乙丙向)은 손방(巽方)의 수(水)와 풍(風)이 황천살(黃泉殺)이 된다.

- 건좌(乾坐)에서 손향(巽向)은 을병방(乙丙方)의 수(水)와 풍(風)이 황천살(黃泉殺)이 된다.

3. 나경3층 쌍산삼합오행(雙山三合五行)

쌍산오행국(雙山五行局)과 석물·비석 등의 위치의 방위를 상생상극(相生相剋)에 따라 길흉을 판단한다.

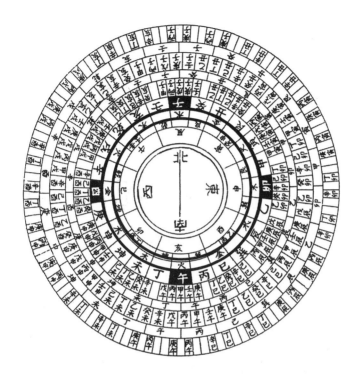

- 건갑정해묘미(乾甲丁亥卯未)는 목국(木局)이다.
- 손경계사유축(巽庚癸巳酉丑)은 금국(金局)이다.
- 곤임을신자진(坤壬乙申子辰)은 수국(水局)이다.
- 간병신인오술(艮丙辛寅午戌)은 화국(火局)이다.

  삼합오행(三合五行)은 24방위에서 삼합(三合)의 동궁(同宮)으로 국
(局)을 이루어, 삼각의 형국으로 용향입수(龍向入首), 현무(玄武), 청
룡(靑龍), 백호(白虎)를 기준으로 보고, 포태법(胞胎法)의 십이운성
(十二運星) 중에 생왕묘(生旺墓)로 형국을 판단한다.

五行四局	雙山 24方位			天干三合局	地支三合局
火局	艮寅	丙午	辛戌	艮丙辛	寅午戌
木局	乾亥	甲卯	丁未	乾甲丁	亥卯未
水局	坤申	壬子	乙辰	坤壬乙	申子辰
金局	巽巳	庚酉	癸丑	巽庚癸	巳酉丑
胞胎運星	生	旺	墓(葬)	生旺墓	生旺墓

4. 나경4층 지반정침(地盤正針) 24방위

지반정침(地盤正針)은 선천(先天)에서 방위를 정할 때, 자축인묘진

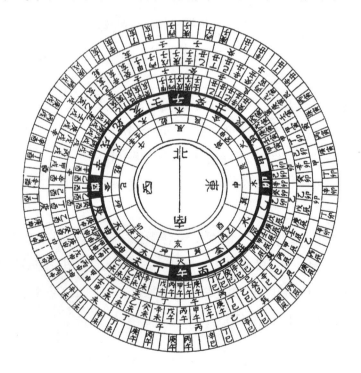

사오미신유술해(子丑寅卯辰巳午未申酉戌亥)의 선천지지(先天地支) 음(陰)의 십이지지(十二地支)를 정했다. 이것이 나경(羅經)의 시초와 근원이 되었다. 그리고 후천(後天)에서 정침(正針)을 정할 때 선천 (先天) 음(陰) 십이지지(十二地支)와 후천(後天) 양(陽)의 사유(四 維)와 팔간(八干)을 더 보태고, 음지(陰支) 가운데 양간(陽干)을 알맞 게 합쳐 24방위가 된 것이다.

- 사유(四維)는 건곤간손(乾坤艮巽)이고, 팔간(八干)은 갑경병임을 신정계(甲庚丙壬乙辛丁癸)이다.
- 지반정침(地盤正針)을 내반정침(內盤正針)이라고도 하고, 6층 인 반중침(人盤中針)과 8층 천반봉침(天盤縫針)의 근본이 된다.
- 지반정침(地盤正針) 24방위는 각 내룡입수(來龍入首)와 혈좌(穴 坐)를 격정(格定)하고, 양택(陽宅)의 좌향(坐向)을 정할 때 이용한 다. 그러나 입향(立向), 내거수(來去水), 수국(水局)에는 이용하지 않는다.

5. 나경5층 천산72롱(穿山七十二龍)

천산룡(穿山龍)은 바로 나오는 용(龍)이 어느 내룡(來龍)에 속하는 가를 본다. 다시 말해, 지반(地盤)에 방위를 정한 다음, 내룡맥(來龍 脈)의 등 위에 나경(羅經)을 놓고, 그 방위 중에 어느 용(龍)에 속하 는가를 측정하여 용맥(龍脈)의 좋고 나쁨을 판단하는 것이다. 내룡 (來龍)의 상생상극(相生相剋)은 납음오행(納音五行)으로 살핀다.

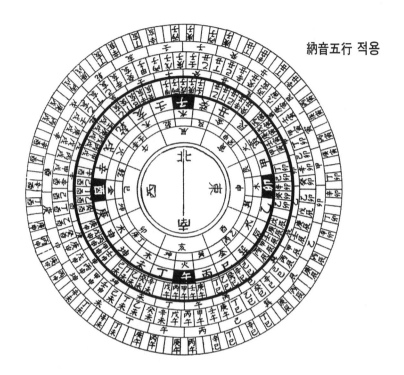

納音五行 적용

천산72룡(穿山七十二龍)은 지반(地盤) 십이지(十二支) 내의의 각
지지(地支) 아래에 5룡(龍)이 있고, 5룡(龍) 사이에 공간이 있어 각
지지(地支)는 6간(間)이 된다. 다시 말해, 십이지지(十二地支)에 각
6간(間)이 있어 72룡이 되는 것이다. 중국 나경(羅經)에는 공간마다
정(正) 자가 있으나 우리나라 나경(羅經)에는 공간이 비어 있다.

천산72룡(穿山七十二龍)의 5룡(龍)이 좌선회하면서 각 지지(地支)
의 방위마다 육십갑자(六十甲子) 순서로 행하고, 고(孤)·허(虛)·왕
(旺)·상(相)·살요(煞曜)로 배속된다. 고(孤)는 산기맥(散氣脈), 허
(虛)는 퇴기맥(退氣脈), 살요(煞曜)는 패기맥(敗氣脈)으로, 용맥(龍
脈)으로 쓸 수 없다. 왕상(旺相) 두 곳은 정기맥(正氣脈)과 상기맥(相
氣脈)으로, 부귀가 발복하는 용맥(龍脈)이 된다.

六十甲子 納音五行

甲子 乙丑	海中金	丙子 丁丑	澗下水	戊子 己丑	霹靂火
丙寅 丁卯	爐中火	戊寅 己卯	城頭土	庚寅 辛卯	松柏木
戊辰 己巳	大林木	庚辰 辛巳	白蠟金	壬辰 癸巳	長流水
庚午 辛未	路傍土	壬午 癸未	楊柳木	甲午 乙未	沙中金
壬申 癸酉	劒鋒金	甲申 乙酉	泉中水	丙申 丁酉	山下火
甲戌 乙亥	山頭火	丙戌 丁亥	屋上土	戊戌 己亥	平地木
庚子 辛丑	壁上土	壬子 癸丑	桑石木		
壬寅 癸卯	金箔金	甲寅 乙卯	大溪水		
甲辰 乙巳	覆燈火	丙辰 丁巳	沙中土		
丙午 丁未	天河水	戊午 己未	天上火		
戊申 己酉	大驛土	庚申 辛酉	石榴木		
庚戌 辛亥	釵釧金	壬戌 癸亥	大海水		

천산72룡(穿山七十二龍)은 납음오행(納音五行)을 사용하며 보는 방법은 다음과 같다.

- 검봉금(劍峰金)과 사중금(沙中金)은 화(火)를 만나야 형체를 이룰 수 있다.
- 천상화(天上火), 벽력화(霹靂火), 산하화(山下火)는 수(水)를 만나야 복록이 있다.
- 평지목(平地木)은 금(金)이 없으면 영화가 없다.
- 천하수(天河水)와 대해수(大海水)는 토(土)를 만나야 형통한다.
- 노방토(路傍土), 대역토(大驛土), 사중토(沙中土)는 목(木)이 없으면 평생 이루지 못한다.

納音五行 적용

6. 나경6층 인반중침(人盤中針)

인반중침(人盤中針)은 지반정침(地盤正針)과 천반봉침(天盤縫針)의 사이에 있는 간유중거(間有中居)로 중침(中針)이라고도 하고, 천반(天盤)과 지반(地盤)으로 삼합(三合)되어 만물의 삼원(三元)이 된다. 지반(地盤)은 자오(子午)에서 정자오(正子午) 정침(正針)이고, 인반(人盤)은 자오(子午)에서 자계(子癸) 사이에 7.5도 선차(先差) 중침

인반중침(人盤中針) 자(子)가 지반정침(地盤正針) 자(子)보다 7.5도 선착되어 있다.

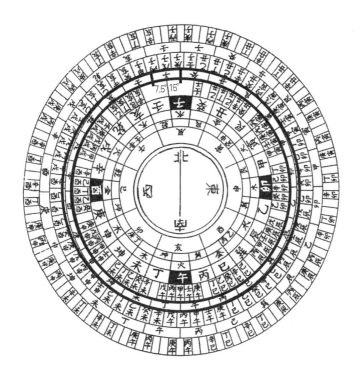

(中針)이고, 천반(天盤)은 자오(子午)에서 자계(子癸) 사이에 7.5도 후차(後差) 봉침(縫針)이다. 인반중침(人盤中針)은 입수혈(入首穴) 좌산(坐山)을 위주로 적침(適針)하고, 주위의 산이나 산봉우리를 대응하여 판단한다.

양뢰이공(楊賴二公)이 발초법(撥砂法)을 전래했는데, 28수 성수오행(星宿五行)과 5종의 생극비설(生剋比泄)에 응용한다. 생극비설(生剋比泄)은 생아(生我) · 비화(比和) · 아극(我剋) · 극아(剋我) · 설아(泄我)를 말하고, 성수오행(星宿五行)을 적용하여 길흉을 판단한다.

- 생아(生我)는 문무관 등용의 기세이다.
- 비화(比和)는 인재등과의 기세이다.
- 아극(我剋)은 재물과 노비를 많이 가질 기세이다.
- 극아(剋我)는 칠살(七殺) 최난의 기세이다.
- 설아(泄我)는 궁중문장공명(窮中文章功名)의 기세이다.

나경투해(羅經透解) 원문에서는 발초법(撥砂法)에 대해 다음과 같이 논했다.

- 생아인수(生我印授)이니 거량방(居兩榜)이다.
- 비화인재(比和人財)이니 발과장(發科場)이다.
- 아극시재(我剋是財)이니 위저노(爲儲奴)이다.
- 극아칠살(剋我七殺)이니 최난당(最難當)이다.
- 설아문장(泄我文章)은 궁도저(窮到底)이다.
- 문변공명(文邊功名)이며 호우강(好又强)이다.

星宿五行

星宿五行	인반중침 24方位
火	子午卯酉
火	甲庚丙壬
土	乙辛丁癸
金	辰戌丑未
水	寅申巳亥
木	乾坤艮巽

28星宿 24方位 五行 物形 별자리

東方守護七星宿(靑龍)				
寅	水	箕豹	기표	표범
甲	火	尾虎	미호	범
卯	火	房兎	방토	토끼
		心狐	심호	여우
乙	土	氐貉	저학	담비
辰	金	亢龍	항룡	금룡
巽	木	角蛟	각교	교룡
方位	五行	七星宿		물형

南方守護七星宿(朱雀)				
巳	水	軫蚓	진인	지렁이
丙	火	翼蛇	익사	뱀
午	火	星馬	성마	말
		張鹿	장록	사슴
丁	土	柳獐	유장	노루
未	金	鬼羊	귀양	염소
坤	木	井扞	정한	들개
方位	五行	七星宿		물형

西方守護七星宿(白虎)				
申	水	參猿	삼원	원숭이
庚	火	觜猴	자후	봉화대
酉	火	昴鷄	묘계	닭
		畢烏	필오	까마귀
辛	土	胃雉	위치	꿩
戌	金	婁狗	누구	개
乾	木	奎狼	규랑	이리
方位	五行	七星宿		물형

北方守護七星宿(玄武)				
亥	水	壁揄	벽수	검은소
壬	火	室猪	실저	돼지
子	火	虛鼠	허서	쥐
		危燕	위연	제비
癸	土	女蝠	여복	박쥐
丑	金	牛牛	우우	소
艮	木	斗蟹	두해	게
方位	五行	七星宿		물형

7. 나경7층 투지60룡(透地六十龍)

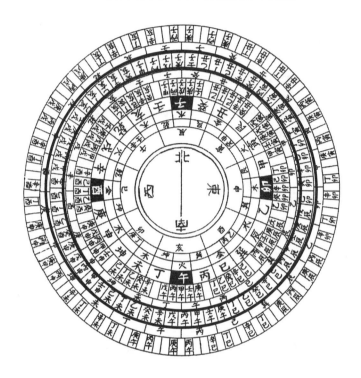

　투지60룡(透地六十龍)은 지반정침(地盤正針) 24방위에서 각 쌍산 방위에 오간(五間)이 배분되어 육십갑자(六十甲子) 순으로 이루어져 60룡(龍)이 된다. 투지(透地)는 기(氣)가 땅 속으로 통한다는 뜻이고, 기(氣)는 지중(地中)에 투과(透過)하여 만물이 생성하며 쇠모하는 것으로, 양공(楊公)의 오기론(五氣論)에 의하면 오기(五氣) 중에 냉기맥(冷氣脈) · 정기맥(正氣脈) · 패기맥(敗氣脈) · 왕기맥(旺氣脈) · 퇴기맥(退氣脈)이 투과(透過)하는 지중통기맥(地中通氣脈)에 의한다고 한다. 따라서 나경(羅經) 제5층 천산72룡(穿山七十二龍)은 내룡(來龍)을 논하는 것으로, 혈후(穴後)의 산봉우리에서 오는 내룡

(來龍)을 살펴 길흉을 격정(格定)한다.

  그러나 투지룡(透地龍)은 기(氣)가 통하는 것을 논하는 것으로 밖에서는 형(形)으로 기복(起伏)과 취속기(聚束氣)의 지형지세(地形地勢)를 살피지만, 지중(地中)으로 기(氣)가 투과(透過)하는 것으로, 이기(理氣)의 양공론(楊公論)의 오기(五氣)를 적용하여 논한다.

  그 이치는 내맥(來脈)의 입수(入首)를 정하고, 용맥(龍脈)과 좌향(坐向)에 납음오행(納音五行)을 적용하여, 생극(生剋)의 오행(五行) 이치로 상생(相生)되는 기(氣)가 투과(透過)되었으면 생혈내룡(生穴來龍)이 되어 승생기(乘生氣)하니 발복을 의미한다. 만일 투과맥(透過脈)이 내룡(來龍)을 극(剋)하는 것을 투득(透得)하면 흉하다.

1. 양공(楊公)의 오기론(五氣論)

■ 갑자순(甲子旬)은 을해(乙亥)까지 냉기맥(冷氣脈)으로 고(孤)가 된다.

■ 병자순(丙子旬)은 정해(丁亥)까지 정기맥(正氣脈)으로 왕(旺)이 된다.

■ 무자순(戊子旬)은 기해(己亥)까지 패기맥(敗氣脈)으로 살(殺)이 된다.

■ 경자순(庚子旬)은 신해(辛亥)까지 왕기맥(旺氣脈)으로 상(相)이 된다.

■ 임자순(壬子旬)은 계해(癸亥)까지 퇴기맥(退氣脈)으로 허(虛)가 된다.

2. 60룡(六十龍) 투지오기(透地五氣) 배속비결

나경투해(羅經透解)에서 오기(五氣)의 배속비결을 인용하여 간단하게 요약하면 다음과 같다.

1. 임자(壬子) 지반정침(地盤正針) 투지룡(透地龍)

■ 갑자기(甲子氣)는 냉기맥(冷氣脈)으로 고(孤)이다. 갑자(甲子) 충관관해(沖棺棺害)가 되어 나병이 된다. 여자는 벙어리가 되고, 남자는 폐질환이 따른다. 만일 사유축(巳酉丑)년에 병상수(丙上水)가 관을 침범하면 관송구설이 따른다.

■ 병자기(丙子氣)는 정기맥(正氣脈)으로 임정룡(壬正龍)이다. 왕(旺)이 되어 부귀쌍전하고, 재산과 식구가 늘어나는 대길창성의 길상이다. 만일 신자진(申子辰)년과 사유축(巳酉丑)년에 곤미수(坤未水)를 만나면 반드시 묘 안팎에 작은 못이 생긴다.

■ 무자기(戊子氣)는 패기맥(敗氣脈)으로 살(殺)이 되어 불구덩가 된다. 패륜과 풍류가 따르고, 나무뿌리가 관을 뚫으며 흰개미가 나타난다. 만일 인오술신자진(寅午戌申子辰)년에 손방수(巽方水)가 들어오면 진흙탕물이 된다.

七層 六十龍의 透地五氣甲子旬

- 경자기(庚子氣)는 왕기맥(旺氣脈)으로 정자룡(丁子龍)이다. 부귀 쌍전하여 인재(人財)와 육축(六畜)이 성하고, 신자진(申子辰)년에 풍성해진다. 만일 손방수(巽方水)를 만나면 진흙이 관을 침범해 말할 수 없이 난감해진다.

- 임자기(壬子氣)는 퇴기맥(退氣脈)으로 허(虛)가 된다. 젊은 사람이 죽고, 적침(適針)을 부르며, 손처극자(損妻剋子)하는 화를 당한다. 만일 신자진(申子辰)년에 경신수(庚辛水)를 만나면 관이 훼손되며 옮겨진다.

2. 계축(癸丑) 지반정침(地盤正針) 투지룡(透地龍)

- 을축기(乙丑氣)는 일할 사람이 많고 의식이 풍족하며 부귀가 따른다. 만일 사유축(巳酉丑)년에 오정수(午丁水)를 만나면 관의 깊은 곳에서 진흙이 넘친다.

- 정축기(丁丑氣)는 계룡(癸龍)의 정룡(正龍)으로 부귀가 오래간다. 총명한 사람이 나오고, 모든 일이 잘된다. 만일 신자진(申子辰)년에 미방수(未方水)를 만나면 관이 작은 못 속에 뜬다.

- 기축기(己丑氣)는 패절흑풍(敗絶黑風)에 화갱(火坑)된다. 여자는 요절하고, 남자는 폐질환이 따른다. 만사가 흉하고, 풍질이 가장 참혹하다. 만일 인오술(寅午戌)년에 해방수(亥方水)를 만나면 우물에 개미와 벌레가 생기고, 물로 인하여 화를 당한다.

- 신축기(辛丑氣)는 축룡(丑龍)의 정룡(正龍)으로 부귀가 대흥하다. 인정(人丁)이 대왕하고, 충효와 우애가 깊고, 만사가 길하다. 그러나 만일 인상수(寅上水)를 만나면 관이 진흙탕 속으로 들어간다.

- 계축기(癸丑氣)는 퇴기맥(退氣脈)으로 고허(孤虛)를 범한다. 관재

가 따르며 만사가 흉하다. 구설과 퇴재하여 패한다. 만일 해묘미(亥卯未)년에 곤방수(坤方水)를 만나면 나무뿌리가 관을 뚫는다.

3. 간인(艮寅) 지반정침(地盤正針) 투지룡(透地龍)

■ 병인기(丙寅氣)는 혈룡(穴龍)이 발복해도 오래가지 못하고, 만사가 보통이다. 만일 인오술(寅午戌)년에 해방수(亥方水)를 만나면 관에 진흙이 들어와 어지럽힌다.

■ 무인기(戊寅氣)는 간룡(艮龍)의 정룡(正龍)으로 대대로 부귀영화를 누린다. 신자진(申子辰)년에 등과하고, 모든 일이 길하다. 그러나 만일 묘수(卯水)가 관으로 들어오면 매우 흉하다.

■ 경인기(庚寅氣)는 고허(孤虛)·화갱(火坑)·흑풍(黑風)·공망(空亡)이다. 풍병이 따르며 사람이 다친다. 만일 신방수(申方水)를 만나면 우물이 진흙탕이 된다.

■ 임인기(壬寅氣)는 인룡(寅龍)의 정룡(正龍)으로 부귀가 따른다. 사람과 재물이 풍족하며 복이 오래간다. 그러나 만일 사유축(巳酉丑)년에 오방수(午方水)를 만나면 관에 진흙물이 침범한다.

■ 갑인기(甲寅氣)는 평안하며 1대는 흥발하나, 후세에는 눈병이 많이 따른다. 만일 곤방수(坤方水)를 만나면 흰개미가 관을 헤친다.

4. 갑묘(甲卯) 지반정침(地盤正針) 투지룡(透地龍)

■ 정묘기(丁卯氣)는 주색과 풍류를 좋아하며 게으르다. 만일 인오술(寅午戌)년에 해수(亥水)를 만나면 관이 진흙탕이 된다.

■ 기묘기(己卯氣)는 갑룡(甲龍)의 정룡(正龍)으로 인정(人丁)과 재물이 왕성하며 만사가 길하다. 그러나 만일 신자진(申子辰)년에

손방수(巽方水)를 만나면 쥐가 관을 뚫고, 자식이 분명하지 못하여 부모를 슬프게 한다.

■ 신묘기(辛卯氣)는 흑풍(黑風)이니 화갱(火坑)으로 패절(敗絶)되며 도둑아비가 나온다. 먼저 세 곳에서 절망한 후 여러 곳에 미쳐 관재흉사가 거듭 일어난다. 만일 경신수(庚辛水)를 만나면 관에 진흙이 넘친다. 이장하지 않으면 사람과 재물이 패하여 종적조차 찾을 수 없게 된다.

■ 계묘기(癸卯氣)는 묘룡(卯龍)의 정룡(正龍)으로 부귀쌍전한다. 출인이 총명하며 만사가 태평하다. 만일 사유축(巳酉丑)년에 손방수(巽方水)를 만나면 반드시 나무뿌리가 관을 뚫는다.

■ 을묘기(乙卯氣)는 과부로 패하며 요절한다. 허리와 다리가 굽은사람이 생기고, 후손을 지키기 어렵다. 만일 손방수(巽方水)를 만나면 우물이 진흙탕이 된다.

5. 을진(乙辰) 지반정침(地盤正針) 투지룡(透地龍)

■ 무진기(戊辰氣)는 부귀장수하며 자손을 유지한다. 그러나 만일 사유축(巳酉丑)년에 신유수(申酉水)를 만나면 관에 벌레와 개미가 나타난다.

■ 경진기(庚辰氣)는 을룡(乙龍)의 정룡(正龍)으로 뛰어난 사람이 나온다. 끊임없이 발복하여 7대에 걸쳐 부귀를 누리고, 세상에서 가장 훌륭한 사람이 나온다. 그러나 해묘미(亥卯未)년에 정수(丁水)를 만나면 대흉하다.

■ 임진기(壬辰氣)는 흑풍(黑風)으로 화갱(火坑)되어 갑자기 패한다. 구설과 관송이 극심하고, 젊은 사람이 죽는다. 그러나 고향을 떠나

면 화를 면할 수 있다. 만일 술방수(戌方水)를 만나면 관이 심하게 진흙탕이 된다.

- 갑진기(甲辰氣)는 진룡(眞龍)의 정룡(正龍)으로 부귀가 풍성하다. 그러나 만일 자계수(子癸水)를 만나면 우물에 진흙물이 들어간다.
- 병진기(丙辰氣)는 의식이 평온하며 외손이 발복한다. 그러나 필요 없는 일을 자초하고, 후대에는 패절(敗絶)한다. 만일 신자진(申子辰)년에 인신수(寅申水)를 만나면 나무뿌리가 관을 뚫는다.

6. 손사(巽巳) 지반정침(地盤正針) 투지룡(透地龍)

- 기사기(己巳氣)는 부귀가 평범하다. 그러나 만일 해묘미(亥卯未)년에 건방수(乾方水)를 만나면 시신이 진흙탕 속으로 들어간다.
- 신사기(辛巳氣)는 손룡(巽龍)의 정룡(正龍)으로 종중에 부귀영화가 꾸준하게 비친다. 사유축(巳酉丑)년에 반드시 복이 나타난다. 그러나 오정수(午丁水)가 깊숙히 들어오면 흉하다.
- 계사기(癸巳氣)는 흑풍(黑風)이니 화갱(火坑)으로 패절(敗絶)하여 만사가 흉하다. 장례 후 5 · 7년에 노인과 젊은이와 가축이 흩어진다. 만일 축방수(丑方水)를 만나면 관에 쥐떼가 집을 짓고 노략질을 한다.
- 을사기(乙巳氣)는 사룡(巳龍)의 정룡(正龍)으로 인오술(寅午戌)년에 부귀영화와 복이 내리며 크게 흥한다. 그러나 만일 계수(癸水)가 깊이 들어오면 진흙이 관을 덮어버린다.
- 정사기(丁巳氣)는 3년과 7년에 구설이 따른다. 만일 묘수(卯水)가 관으로 들어오면 관 안팎에 진흙물이 침범한다.

7. 병오(丙午) 지반정침(地盤正針) 투지룡(透地龍)

■ 경오기(庚午氣)는 사람과 재물이 흥하며 집안에 경사가 많이 생긴다. 신자진(申子辰)과 인오술(寅午戌)년에 나타난다. 그러나 만일 갑인수(甲寅水)를 만나면 관이 진흙탕이 되어 장정이 상한다.

■ 임오기(壬午氣)는 병룡(丙龍)의 정룡(正龍)으로 부귀쌍전하며 영웅이 나온다. 3 · 7대에 인정(人丁)이 왕성하여 상서로우며 경사스런 길이 크게 열린다. 그러나 만일 신방수(申方水)를 만나면 우물이 진흙탕이 되어 흉하다.

■ 갑오기(甲午氣)는 화갱(火坑)으로 사유축(巳酉丑)년에 가운이 기울며 패한다. 만일 오정수(午丁水)를 만나면 관밑이 무너진다.

■ 병오기(壬午氣)는 5룡(龍)의 정룡(正龍)으로 가업이 평탄하게 발전한다. 총명한 사람이 나오며 만사가 순조롭다. 신자진(申子辰)년에 나타난다. 그러나 만일 축간수(丑艮水)를 만나면 관에 진흙물이 침범한다.

■ 무오기(戊午氣)는 관송구설이 분분하나 사람은 평범하다. 그러나 만일 인오술(寅午戌)년에 자계수(子癸水)를 만나면 이롭지 않다.

8. 정미(丁未) 지반정침(地盤正針) 투지룡(透地龍)

■ 신미기(辛未氣)는 준수한 사람이 나오고, 성품이 천둥우뢰와 같이 높이 드러나며 거부가 된다. 그러나 만일 오방수(午方水)를 만나면 나무뿌리가 관을 뚫는다.

■ 계미기(癸未氣)는 정룡(丁龍)의 정룡(正龍)으로 나오는 사람이 부귀장수한다. 그러나 만일 해묘미(亥卯未)년에 경방수(庚方水)를 만나면 흉하다.

- 을미기(乙未氣)는 고허(孤虛)를 범하여 화갱(火坑)이 되어 패절(敗絶)한다. 만일 사유축(巳酉丑)년에 사방수(巳方水)를 만나면 시신이 진흙탕 속으로 들어간다.

- 정미기(丁未氣)는 미룡(未龍)의 정룡(正龍)으로 부귀가 오래간다. 신자진(申子辰)년에 반드시 나타난다. 그러나 만일 인오술(寅午戌)년에 축간수(丑艮水)를 만나면 관이 진흙탕 속으로 들어간다.

- 기미기(己未氣)는 고허(孤虛)가 되어 재앙과 퇴재가 따르고, 인오술(寅午戌)년에 미치광이가 나온다. 만일 해임수(亥壬水)를 만나면 반드시 악인을 만나 자손에게 화액이 따른다.

9. 곤신(坤申) 지반정침(地盤正針) 투지룡(透地龍)

- 임신기(壬申氣)는 사유축(巳酉丑)년에 재물이 망하며 불치병까지 들어 탄식한다. 만일 오방수(午方水)를 만나면 관에 많은 물이 들어간다.

- 갑신기(甲申氣)는 곤룡(坤龍)의 정룡(正龍)으로 준수하며 총명한 사람이 나와 부귀창성한다. 신자진(申子辰)년에 나타나 세세손손 안락하리라. 그러나 만일 간류수(艮流水)를 만나면 관이 갈라져 흉하다.

- 병신기(丙申氣)는 흑풍(黑風) 화갱(火坑)으로 패절(敗絶)하여 말할 수 없이 빈곤해진다. 만일 자계수(子癸水)를 만나면 우물이 진흙탕이 된다.

- 무신기(戊申氣)는 신룡(申龍)의 정룡(正龍)으로 총명한 사람이 나와 부귀와 장수를 누린다. 그러나 만일 갑방수(甲方水)를 만나면 관에 진흙물이 찬다.

■ 경신기(庚申氣)는 고허(孤虛)가 되어 과부의 재란이 많다. 만일 건
방수(乾方水)를 만나면 망인이 재해를 당한다.

10. 경유(庚酉) 지반정침(地盤正針) 투지룡(透地龍)

■ 계유기(癸酉氣)는 사람과 재물이 순조롭고 부귀장수한다. 그러나
만일 오방수(午方水)를 만나면 묘가 작은 못이 되어 흉하다.

■ 을유기(乙酉氣)는 경룡(庚龍)의 정룡(正龍)으로 총명한 사람이 나
오며 부귀가 따른다. 그러나 만일 진방수(辰方水)를 만나면 관이
진흙탕이 되어 흉하다.

■ 정유기(丁酉氣)는 패절(敗絶)·살기(殺氣)·화갱(火坑)으로 만사
가 불성하며 사람의 자취가 끊어진다. 만일 계수(癸水)를 만나면
관에 오래도록 진흙물이 찬다.

■ 기유기(己酉氣)는 유룡(酉龍)의 정룡(正龍)으로 문무관과 삼공(三
公)이 나오거나 삼공(三公)에 가까운 벼슬이 있고, 대대손손 부귀
가 풍성하다. 신자진(申子辰)년에 나타난다. 그러나 만일 묘방수
(卯方水)를 만나면 관이 온전하기 어렵다.

■ 신유기(辛酉氣)는 사람과 재물이 왕성하며 부귀가 오래간다. 해묘
미(亥卯未)년에 나타난다. 그러나 만일 관에 건방수(乾方水)가 미
치면 견디기 어려운 근심이 따른다.

11. 신술(辛戌) 지반정침(地盤正針) 투지룡(透地龍)

■ 갑술기(甲戌氣)는 1대는 부가 발복하나 오래가지 못한다. 나중에
는 승려나 도인 등이 나오고, 인오술(寅午戌)년에 고과패절(孤寡
敗絶)하며 모든 일에 근심이 거듭된다. 만일 임방수(壬方水)를 만

나면 묘에 기괴한 일이 생긴다.

■ 병술기(丙戌氣)는 신룡(辛龍)의 정룡(正龍)으로 사람이 왕성하게 발전하며 소년등과가 나온다. 신자진(申子辰)년에 나타난다. 그러나 만일 갑묘수(甲卯水)를 만나면 나무뿌리가 관을 뚫는다.

■ 무술기(戊戌氣)는 고허(孤虛)를 범한 화갱(火坑)으로 패절(敗絶)한다. 사람마다 질병이 따르고, 젊은 사람이 죽고, 과부가 나오고, 아내를 손상하고, 자식을 극하는 등 흉사가 겹친다. 만일 신방수(申方水)를 만나면 관이 온전하기 어렵다.

■ 경술기(庚戌氣)는 술룡(戌龍)의 정룡(正龍)으로 부귀영화가 따른다. 사유축(巳酉丑)년에 즐거운 일이 많이 생기고, 3·6년간에 총명한 사람이 나온다. 그러나 만일 오방수(午方水)를 만나면 관이 진흙 속으로 들어가 흉하다.

■ 임술기(壬戌氣)는 재물이 없고, 어린아이가 다치고, 고향을 떠나고, 승려나 도인이 나오고, 아내가 손상되고, 자손을 극한다. 신자진(申子辰)년에 나타난다. 만일 진술수(辰戌水)를 만나면 관에 진흙물이 찬다.

12. 건해(乾亥) 지반정침(地盤正針) 투지룡(透地龍)

■ 을해기(乙亥氣)는 냉기로 고(孤)가 된다. 풍질과 과부가 많이 생기고, 젊은 사람이 죽고, 벙어리가 나온다. 인오술(寅午戌)년에 쌍곡소리가 난다. 만일 묘에 물이 있으면 관에 흰개미가 생긴 것이다.

■ 정해기(丁亥氣)는 건룡(乾龍)의 정룡(正龍)으로 부귀대발하여 의식이 풍족하다. 신자진(申子辰)년에는 경사가 많이 생긴다. 그러나 만일 손방수(巽方水)를 만나면 관에 진흙물이 고여 흉하다.

- 기해기(己亥氣)는 흑풍(黑風)으로 화갱(火坑)이 된다. 신자진인오술(申子辰寅午戌)년에 고향을 떠나며 기괴한 일이 생긴다. 만일 경유수(庚酉水)를 만나면 나무뿌리가 관을 뚫어 해롭다.
- 신해기(辛亥氣)는 해룡(亥龍)의 정룡(正龍)으로 사람과 재물이 왕성하며 발복한다. 그러나 만일 오정수(午丁水)를 만나면 관이 불안정하다.
- 계해기(癸亥氣)는 벼슬이 형통하며 인정(人丁)이 창성하고, 발복하면 불길같이 일어난다. 신자진(申子辰)년에 나타난다. 그러나 만일 진방수(辰方水)를 만나면 관이 깨끗하지 못하다.

8. 나경8층 천반봉침(天盤縫針) 내거수(來去水)

8층 천반봉침(天盤縫針)은 구 나경(羅經)에서는 18층 천반봉침(天盤縫針)이므로 나경투해(羅經透解) 18층을 간략하게 풀어본다.

쌍산이 합(合)한 가운데 있는 지반정침(地盤正針)은, 병오침(丙午針)과 임자침(壬子針) 간의 자오(子午)를 정면으로 대응하여 직선상에 있는 자(子)가 정침(正針)이다. 자정침(子正針)이 30도 쌍산 임자(壬子) 지반정침(地盤正針)이다. 천반봉침(天盤縫針)은 자정침(子正針)의 기점 15도에서 7.5도 간격으로 반방위 늦게 왼쪽으로 도는 봉침(縫針)이다. 나경(羅經) 8층의 도표를 참고하기 바란다.

인반중침(人盤中針)은 뇌공(賴公)이 주변의 산을 살피기 위해 정했고, 천반봉침(天盤縫針)은 양공(楊公)이 내거수(來去水)를 살피기 위해 정한 것이다. 다시 말해, 천반봉침(天盤縫針)은 용향(龍向)을 위주

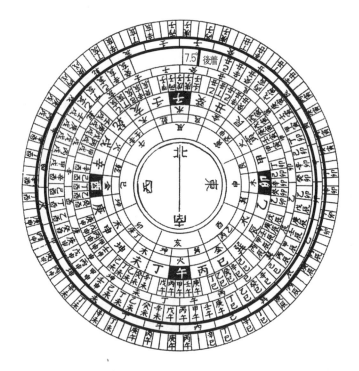

로 했고, 보성수법(輔星水法)으로 길흉을 판단했다. 보성수법(輔星水法)은 음양(陰陽)의 이치와 재천구성법(在天九星法)을 적용하여, 내거수(來去水) 득파(得破)를 살피며 길흉을 판단한다.

1. 천반봉침(天盤縫針)식

보성수법(輔星水法)과 음양(陰陽)의 이치로 내거수(來去水)의 길흉을 판단한다.

1. 사수조래(四水朝來) 보무탐거(輔武貪巨)

시음견음(是陰見陰) 양견양(陽見陽) 합국길(合局吉)

■ 해설 : 음(陰)을 보면 음(陰), 양(陽)을 보면 양(陽)이 합(合)된 국
　　　　(局)이 길하다. 즉 내수(來水)가 음수(陰水)일 때 음(陰)의
　　　　용(龍)으로 입향(立向)하고, 양(陽)의 내수(來水)일 때는
　　　　양(陽)의 용(龍)으로 세워야 합국(合局)으로 길하다.

2. 파록문곡(破祿文曲) 사수조래(四水朝來)

시양견음(是陽見陰) 음견양(陰見陽) 파국흉(破局凶)

■ 해설 : 양(陽)을 보면 음(陰), 음(陰)을 보면 양(陽)의 파국이 흉하
　　　　다. 즉 내수(來水)가 양수(陽水)일 때는 음용(陰龍), 또는
　　　　음수(陰水)일 때 양(陽)의 용(龍)을 입향(立向)하면 파국
　　　　(波局)으로 흉하다.

보성수법 조견표

向 ＼ 九星 ＼ 水宮	輔	武	破	廉	貪	巨	祿	文
乾甲向	乾	離	艮	巽	坎	坤	震	兌
離壬寅戌向	離	乾	巽	艮	坤	坎	兌	震
艮丙向	艮	巽	乾	離	震	兌	坎	坤
巽辛向	巽	艮	離	乾	兌	震	坤	坎
坎癸申辰向	坎	坤	震	兌	乾	離	艮	巽
坤乙向	坤	坎	兌	震	離	乾	巽	艮
震庚亥未向	震	兌	坎	坤	艮	巽	乾	離
兌丁巳丑向	兌	震	坤	坎	巽	艮	離	乾
來水得	福	官	殺	病	昌	榮	退	貧
去水破	亡	凶	吉	富	敗	敗	富	財

2. 천반봉침(天盤縫針) 24방위 음양(陰陽)

1. 12양(陽) 방위
임자계인갑을 진오곤신건술(壬子癸寅甲乙辰午坤申乾戌)

2. 12음(陰) 방위
축간묘손사병정미경유신해(丑干卯巽巳丙丁未庚酉辛亥)
 향(向)을 위주로 음(陰)과 양(陽)의 합국(合局)과 파(破)를 살펴 길흉을 판단한다.

3. 보성수법(輔星水法)과 재천구성법(在天九星法)

1. 보필수(輔弼水)
來水는 最强高이니 房房富貴하고 壽福이 長이라.
去水는 退田莊이니 男夭女亡에 爲孤이니라.

내수(來水)는 최고로 강하여 집집마다 부귀하며 수복이 길다.
거수(去水)는 전답이 물러가고, 남자가 일찍 죽으며 여자는 망하여 과부가 된다.

- 해설 : 보필수(輔弼水)가 들어오거나 비치면 집집마다 발달한다.
  특히 셋째 집이 더욱더 성하고, 망인의 시골이 유난히 깨끗하다.

2. 무곡수(武曲水)

來水는 發中房이니 世代爲官하고 近帝王이라.
去水는 血光死이며 男女離鄕에 走外郱이라.

내수(來水)는 여러 집이 모두 발달한다. 대대로 벼슬을 하며 왕 가까이에 있으리라.
거수(去水)는 피로 인한 죽음이 있다. 남녀가 고향을 떠나고, 외지로 도망갈 것이다.

- 해설 : 무곡수(武曲水)가 흘러들어 오거나 비치면 장손이 왕성하며 자손이 총명하다. 인오술(寅午戌)년과 해묘미(亥卯未)년에는 중손이 왕성하고, 온 집안 자손이 출세하여 고향으로 돌아온다. 망인의 유골은 건정(乾淨)하여 자등(紫騰)이 관을 덮을 징조이다.

3. 파군수(破軍水)

來水는 是凶神이니 先殺長子하고 後殺孫이라.
去水는 大吉昌하니 爲官英雄에 近帝旺이라.

내수(來水)는 흉신이 되어 먼저 장자가 죽은 후 손자가 죽으리라.
거수(去水)는 크게 창성하여 벼슬을 하고, 영웅이 되어 제왕 가까이에서 왕성하리라.

- 해설 : 파군수(破軍水)가 들어오면 장손이 먼저 패하고, 전답과 사람에게 관의 일이 거듭 벌어진다. 나오는 사람이 군인이나 도적이

되고, 여자가 요망하여 남자가 망한다. 사유축인오술(巳酉丑寅午戌)년에 자손에게 질병이 따르고, 벙어리와 미치광이가 나타나고, 자손이 음란하여 젊어서 망한다. 망인의 유골은 흑색이고, 나무뿌리가 관을 얽어매며 개미가 물어뜯는다.

4. 염정수(廉貞水)

來水는 最難當이니 連年瘟瘟에 起禍殃이라.
去水는 最爲良이니 富貴榮華가 定一房이라.

내수(來水)는 큰 어려움을 당하고, 해마다 염병에 재앙이 일어난다.
거수(去水)는 가장 좋으니 부귀영화가 장손에게 전한다.

■ 해설 : 염정수(廉貞水)가 들어오거나 비치면 장손이 크게 패하고, 망인의 유골이 진흙 속으로 들어간다. 나무뿌리가 관을 뚫으며 개미와 벌레가 관바닥에 집을 짓는다. 남자는 죽고 여자는 소녀과부가 되어 피를 토하게 된다. 사유축해묘미(巳酉丑亥卯未)년에는 중손이 크게 패한다. 염정수(廉貞水)는 특히 장손에게 매우 흉하여 고향을 떠나야 하고, 묘를 고치거나 이장해야 한다.

5. 탐랑수(貪狼水)

貪狼水照하고 入穴場)이면 人丁千口에 發衆房이라.
貪狼去水는 好貪花이니 賣盡田地하고 絶了家니라.

탐랑수(貪狼水)가 비치는 곳에 혈(穴)이 들면 많은 자손에서 여러 손이 피어난다.

탐랑수(貪狼水)가 비치면 여자를 지나치게 좋아하여 전답을 팔아 없애고 집안이 끊기리라.

- ■ 해설 : 탐랑수(貪狼水)가 비치거나 들어오면 장손이 먼저 발복한 후 차손 모두 피어나고, 많은 손이 번창한다. 만일 안산(案山) 뒤에 관성(官星)이 있으면 갑과에 급제하고, 밭에 작은 못이나 산골 물이 보이면 부귀가 늦게 오며 망인의 유골이 깨끗하다. 사유축인오술(巳酉丑寅午戌)년에 나타난다.

6. 거문수(巨文水)

來水朝曲塘이면 兒孫世代로 主榮昌이라.

去水는 主離鄕이며 賣了田地하고 走外那이라.

물이 들어오거나 비치고 굽은 못이면 자손대대로 영화가 창성한다.

거수(去水)는 고향을 떠나고, 전답을 팔아 외지로 도망간다.

- ■ 해설 : 거문수(巨文水)가 들어오면 집집마다 발달한다. 귀한 자손을 많이 낳으며 만사가 흥왕한다. 해묘미(亥卯未)년에 나타난다. 물이 나가는 거류수(去流水)는 자손이 아홉 갈래로 흘러다니고, 술사나 승려가 나오고, 백자(白子)를 낳는다. 만일 거문수(巨文水)가 계곡에서 세류로 흐르면 모든 일이 잘되며 복이 무궁하리라.

7. 녹존수(祿存水)

來水는 敗長房이며 長房人口가 定遭殃이라.
去水는 大吉昌이니 富貴榮華가 歸長房이라.

내수(來水)는 장손이 패하고, 장손의 사람이 재앙을 만난다.
거수(去水)는 대길창성으로 부귀영화가 장손에게 돌아온다.

■ 해설 : 녹존수(祿存水)가 들어오거나 비치면 먼저 장손이 패하고,
돌림병 · 화재 · 소(牛) 재난 등으로 패한다. 여자는 요절하며 남자
는 망하고, 자손 중에 귀머거리와 벙어리가 나온다. 인오술해묘미
(寅午戌亥卯未)년에 나타난다. 만일 흐르는 개천이나 못이나 작은
도랑 등이 있으면 망인의 시신이 진흙 속으로 들어간다. 15년이
되면 나무뿌리가 관을 뚫고, 개미와 벌레가 관을 물어뜯는다.

8. 문곡수(文曲水)

來水는 起高峰이면 出人少亡하고 主貧窮이라.
去水는 生雙子하고 田地家財가 次第隆이라.

내수(來水)는 산봉우리가 높이 솟아 있으면 젊은 사람이 죽고, 가난
하여 살기 어렵다.
거수(去水)는 쌍둥이를 낳고, 전답과 재산이 점점 융성해진다.

■ 해설 : 문곡수(文曲水)가 들어오거나 비치면 먼저 작은집 중손이
패하고, 나무뿌리가 시신을 휘감는다.

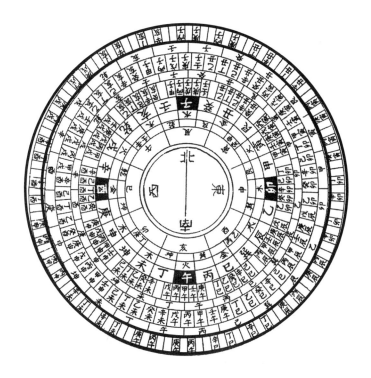

9. 나경9층 지반정침(地盤正針) 분금(分金)

60룡(龍)은 지반정침(地盤正針) 십이지(十二支) 5룡(龍)이 배속되고, 24방위에 5개 분금(分金)이 배속되어 120분금(分金)이 된다. 이 중에서 쓸 수 있는 것은 48분금(分金)으로 나경(羅經) 9층 분금(分金)의 각 방위에 2개씩 배속되어 있다.

다시 말해, 천산72룡(穿山七十二龍)에서 고(孤)·허(虛)·왕(旺)·상(相)·살요(煞曜)가 5룡(龍)의 각 용(龍)에 해당되어 분금(分金)으로 사용할 수 있는 것과 사용할 수 없는 것이 있다.

- 병정(丙丁)은 왕(旺)에 해당하여 쓸 수 있다.
- 경신(庚辛)은 상(相)에 해당하여 쓸 수 있다.
- 갑을(甲乙)은 고(孤)에 해당하여 쓸 수 없다.
- 임계(壬癸)는 허(虛)에 해당하여 쓸 수 없다.
- 무기(戊己)는 살요(煞曜)에 해당하여 쓸 수 없다.

지반정침 24방위 육십갑자순

壬子	癸丑	艮寅	甲卯	乙辰	巽巳	丙午	丁未	坤申	庚酉	辛戌	乾亥
甲子	乙丑	丙寅	丁卯	戊辰	己巳	庚午	辛未	壬申	癸酉	甲戌	乙亥
丙子	丁丑	戊寅	己卯	庚辰	辛巳	壬午	癸未	甲申	乙酉	丙戌	丁亥
戊子	己丑	庚寅	辛卯	壬辰	癸巳	甲午	乙未	丙申	丁酉	戊戌	己亥
庚子	辛丑	壬寅	癸卯	甲辰	乙巳	丙午	丁未	戊申	己酉	庚戌	辛亥
壬子	癸丑	甲寅	乙卯	丙辰	丁巳	戊午	己未	庚申	辛酉	壬戌	癸亥

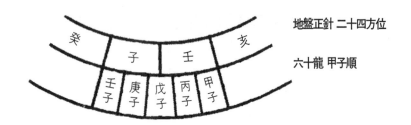

地盤正針 二十四方位

六十龍 甲子順

1. 60룡(龍) 갑자순(甲子順)

9층 나경(羅經)에 천간(天干) 순으로 배열된다. 24방위에 5개 분금(分金)이 배속되어 120분금(分金)으로 되었으나, 불용분금(不用分金)과 가용분금(可用分金)이 있다. 24방위에 각 방위마다 쓸 수 있는 2개 분금(分金)이 병경정신(丙庚丁辛)의 48분금(分金)이 배열된다.

2. 분금(分金)과 망명(亡命)의 생극(生剋)

분금(分金)과 망명(亡命)의 생극(生剋)을 납음오행(納音五行)을 적용하여 판단한다. 즉 망인의 생년(生年) 오행(五行)과 분금(分金) 오행(五行)이 상생(相生)인지 상극(相剋)인지를 판단하는 것이다.

3. 분금(分金) 혈살가(穴殺歌)

■ 「망명속금(亡命屬金)이면 수기화(須忌火)이며 화명우기(火命尤忌) 수생관(水相關)이라.」 망인의 생년(生年)이 금(金)에 속하면 반드시 화(火)를 꺼린다. 화명(火命)은 물과 관련하면 원망하며 꺼린다.

■ 「목명봉금(木命逢金)도 군갱기(君更忌)하며 수명봉토(水命逢土)는 불자안(不自安)이라.」 망인의 생년(生年) 목(木)과 금(金)이 만나면 조상도 꺼리고, 망인의 생년(生年) 수(水)와 토(土)가 만나면 저절로 불안해진다.

■ 「토우수음(土遇水音)은 최가의(最可畏)이니 범지재화(犯之災禍)라 식난당(寔難當)이라.」 토(土)와 수(水)가 만나는 소리가 나면 가장 두려워 재앙이 범하니 참으로 어렵다.

■ 「봉생생처(逢生生處) 수감취(須堪取)하고 수극분금(受剋分金)은 재종전(災終纏)이니라.」 생(生)과 생(生)이 만나는 곳은 반드시 천지의 땅을 취하고, 극(剋)을 받은 분금(分金)은 끝내 재난으로 얼킬 것이다.

壬子入首 子坐分金

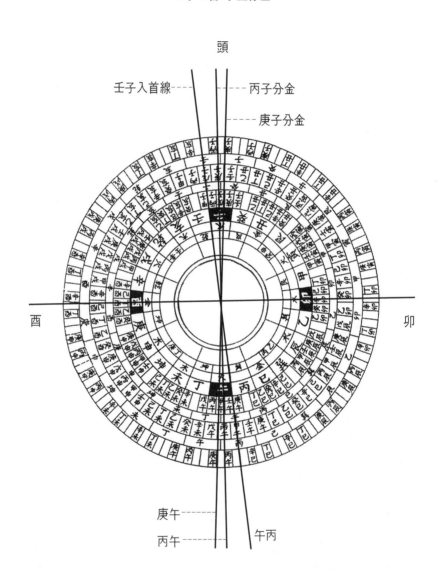

나경9층분금

158

壬子入首 壬坐分金

頭

辛亥分金 - - - - - -

丁亥分金 - - - - -

壬子入首線

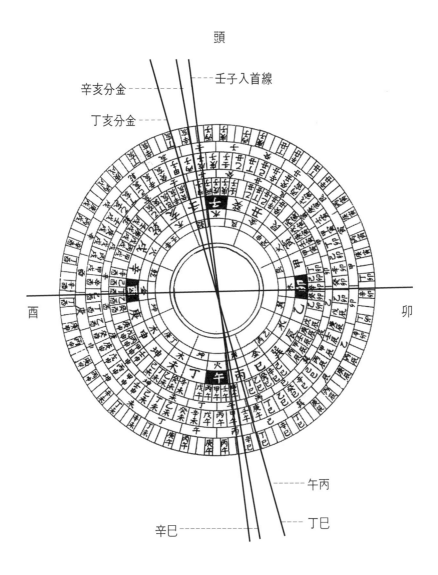

酉

卯

午丙

辛巳 - - - - - - - - - - -

丁巳

나경9층분금

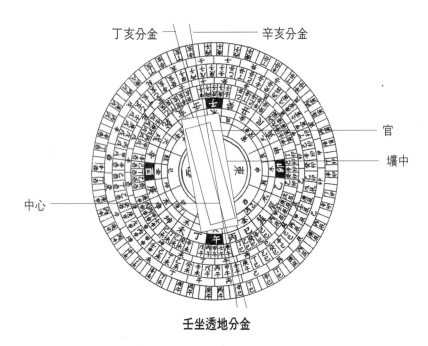

壬坐透地分金

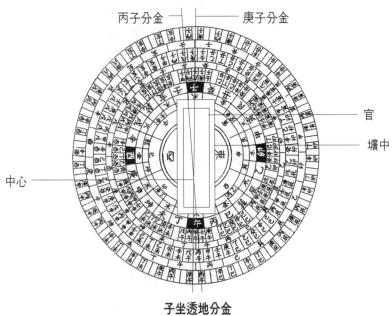

子坐透地分金

160

納音五行 六十甲子

相生	木生火	火生土	土生金	金生水	水生木	吉
相剋	木剋土	土剋水	水剋火	火剋金	金剋木	凶

8장. 용의 형세 · 과협 · 출맥

1. 용(龍)의 형세

용(龍)은 모든 산과 산맥을 뜻하고, 모든 산맥은 협(峽)에 따라 펼쳐진다. 협(峽)은 산을 뜻하며 산과 산을 잇는 산이다. 산의 척맥(脊脈)으로 이어진 것과, 산맥이 산과 산을 이어가면서 재를 넘는 것을 과협(過峽)이라 한다. 크고 긴 행룡(行龍)은 반드시 많은 과협(過峽)으로 형성되고, 과협(過峽)의 용맥(龍脈)이 학슬봉요(鶴膝蜂腰) · 마적도하(馬跡渡河) · 초사재실(草蛇灰線) 등은 진혈(眞穴)을 이룬다.

다시 말해, 과협(過峽)의 맥이 살아움직이면서, 학슬(鶴膝) · 봉요(蜂腰) · 초사(草蛇) · 재선(灰線) 등의 형세를 이루면 좋은 협(峽)이 된다. 협(峽)은 풍수지리에서 가장 중요한 것으로, 어떻게 살피고 판별하느냐에 따라 진혈(眞穴)의 명당(明堂)을 찾느냐 못 찾느냐가 결정된다. 만일 과협(過峽)이 끊어져 깊이 떨어지거나 기울거나 요풍(凹風)이 범하거나 억세거나 굳은 형체의 직맥(直脈)이거나 수겁(水

劫)이 있으면 명당(明堂)을 이룰 수 없다. 맥이 나가는 형세가 주사(蛛絲:거미줄)같아야 하고, 강공(扛拱:곁에서 마주들어 보호하는 것) 해야 하고, 위이(逶迤:비실비실 비틀듯이 나가는 형상) 형세가 되어야 한다.

2. 과협(過峽)의 종류와 성격

1. 양협(陽峽)
양협(陽峽)은 오목한 곳에서 출맥(出脈)한다. 그러나 경우에 따라서는 협(峽)의 두둑한 머리에서 출맥(出脈)하기도 한다.

2. 음협(陰峽)
음협(陰峽)은 협(峽)의 등성이 위 정상에서 출맥(出脈)한다. 그러나 형세에 따라 협(峽)의 솟아오른 곳에서 출맥(出脈)하기도 한다.

양협

음협

3. 장협(長峽)

　장협(長峽)은 긴 협(峽)으로 요풍(凹風)을 받지 않아야 한다. 직장(直長)은 사맥(死脈)이 되고, 주위에 호종산(護從山)이 촘촘하게 있어야 한다. 만일 너무 길어 협맥(峽脈) 중간에서 학슬봉요(鶴膝蜂腰)가 일어나지 못하면 안된다.

4. 단협(短峽)

　단협(短峽)은 짧은 협(峽)으로 요풍(凹風) 등을 받지 않아야 하고, 협맥(峽脈)의 끊어짐과 이어짐이 분명해야 한다. 분명하지 않거나 너무 짧은 것은 협(峽)이라고 할 수 없다. 협(峽)이 너무 뭉뚝하거나 뚝 자른 듯한 형세는 사맥(死脈)이다. 단협(短峽)은 조화를 이루지 못한 맥이지만 중간에 생기(生起)의 흔적이 있어야 한다.

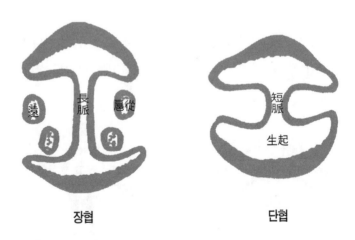

장협　　　　　　　　　　　단협

5. 직협(直峽)

　과협(過峽)은 곡맥(曲脈)이어야 하는데, 만일 직맥(直脈)으로 곧고 억세면 사맥(死脈)에 가깝다. 그러나 직맥(直脈)이라도 포(泡:거품

164

형세)의 형세를 갖추고 있으면 좋을 수도 있다.

6. 고협(高峽)

고협(高峽)은 높은 협(峽)을 말한다. 협맥(峽脈)이 높아 끊어진 맥이
평지에 이르지 못하기 때문에 주위에 호종산(護從山)이 촘촘하게 있
어야 한다.

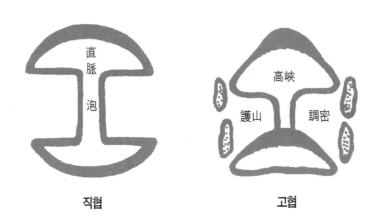

직협   고협

7. 활협(闊峽)

활협(闊峽)은 넓은 협(峽)으로 산세가 흩어지기 쉬우니 협(峽)의 중
간에 초사(草蛇) · 재선(灰線) · 고척(高脊) 등이 있어야 한다. 만일
활협(闊峽)의 양쪽에 수려한 협(峽)이 있으면 부귀가 따른다.

8. 곡협(曲峽)

곡협(曲峽)은 구불거리는 협(峽)으로 생기(生氣)가 활발하다. 마치
뱀이 꿈틀대며 물을 헤치고 건너가는 것 같은 모양으로 귀격의 협
(峽)이다.

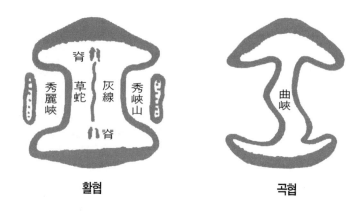

활협   곡협

9. 천전협(穿田峽)

천전협(穿田峽)은 산등성이에 밭을 뚫고 나가는 협(峽)을 말한다. 협(峽) 양쪽의 밭은 낮고, 가운데 밭은 높은 형세가 과맥(過脈)을 이룬다. 특히 홀로 높은 협맥(峽脈)을 이루며 분명하게 나누어져 있는 것이 좋고, 과골(過骨)이 청암(靑岩)에서 나온 것이 가장 좋다.

10. 도수협(渡水峽)

도수협(渡水峽)은 협(峽)이 물을 건너가는 것으로, 반드시 석량(石

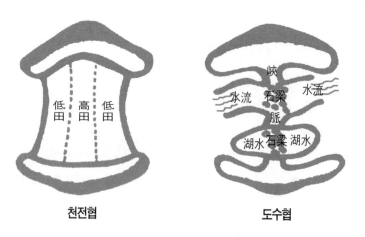

천전협   도수협

梁)이 있어야 한다. 토맥(土脈)은 물이 막으면 멈추나, 석맥(石脈)은 물이 막아도 멈추지 않고 나가기 때문에 반드시 석량(石梁)이 있어야 하는 것이다.

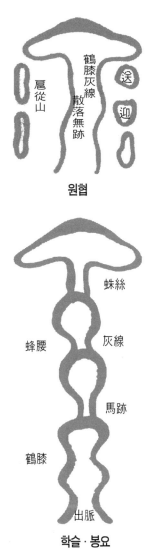

원협

학슬·봉요

11. 원협(遠峽)

원협(遠峽)은 큰 협(峽)이 멀리 지나가는 것으로, 수십 리까지 가는 것도 있다. 협(峽)이 길며 멀리가기 때문에 주위와 양쪽에 호종산(護從山)과 영송하는 산이 있어야 한다. 너무 멀리 경우에는 반드시 학슬(鶴膝)·봉요(蜂腰)·초사(草蛇)·재선(灰線) 등이 있어야 한다. 그렇지 않으면 산락무적(散落無跡:사방으로 흩어져 자취가 없어짐)의 협(峽)이 되기 쉽다.

12. 학슬(鶴膝)·봉요(蜂腰)

학슬(鶴膝)은 학의 무릎과 같은 모양의 협맥(峽脈)이고, 봉요(蜂腰)는 벌의 허리와 같은 모양의 협맥(峽脈)으로, 산맥이 속취(束聚)하여 기(氣)가 왕성하다. 명당(明堂)이 가까이에 생기는 기미가 있는 맥으로 결혈(結穴)된 명당(明堂)이 있다.

13. 석량(石梁)

석량(石梁)은 물이 막아도 멈추지 않는 것으로 협(峽)이 물을 건너갈
때 가장 중요하고, 반드시 있어야 한다.

1. 마적석량(馬蹟石梁)

마적석량(馬蹟石梁)은 말발굽과 같은 모양으로, 수면 바닥 한가운데
깔려 있다.

2. 모석석량(模石石梁)

모석석량(模石石梁)은 흩어져 깔려 있는 모양으로, 손바닥만한 돌이
수면 바닥에 줄을 지어 있다.

3. 단속석량(斷續石梁)

단속석량(斷續石梁)은 돌다리처럼 뛰엄뛰엄 떨어진 돌이 수면 바닥
에 줄지어 있다.

4. 라형석량(螺形石梁)

라형석량(螺形石梁)은 소라나 조개 모양으로, 수면 바닥 가운데 깔
려 있다.

5. 연굴석량(連屈石梁)

연굴석량(連屈石梁)은 돌이나 바위가 굴곡의 모양으로 줄을 이루고
있다.

6. 연조석량(連條石梁)

연조석량(連條石梁)은 세 줄이나 네 줄로 줄을 지어 수면 바닥에 깔려 있다.

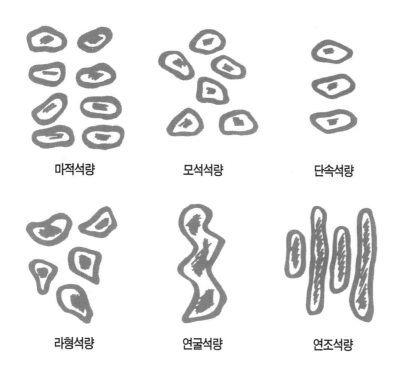

마적석량   모석석량   단속석량

라형석량   연굴석량   연조석량

14. 강협협(扛夾峽)

강협협(扛夾峽)은 용맥(龍脈)이 산맥 가운데로 나가는 것이나, 강협(扛夾)은 맥의 양쪽에서 마주들어주는 협(峽)을 말한다. 강협(扛夾)이 본신룡(本身龍)에서 나와 양쪽에서 마주드는 것을 강(扛)이라 하고, 외산(外山)에서 멀리 호협(護峽)하는 것을 협(夾)이라 하여, 이 모두 합쳐서 강협(扛夾)이라 하는 것이다.

1. 본산강협(本山扛峽)

본산강협(本山扛峽)은 본신(本身)의 산에서 나온 협(峽)으로, 좌우 출맥(出脈)과는 다르다. 본신(本身)의 과협(過峽)을 보호하는 협(峽)으로 길격이다.

2. 외산강협(外山扛峽)

외산강협(外山扛峽)은 본산의 과협(過峽)을 양쪽 외산(外山)이 마주 들어 보호하는 강협(扛峽)으로 길격이다.

3. 외산영강협(外山濚扛峽)

외산영강협(外山濚扛峽)은 양쪽의 협(峽)이 겹쳐서 마주들어 보호하고, 직수(直水)한 물을 막아 돌아가게 하는 매우 좋은 협(峽)이다.

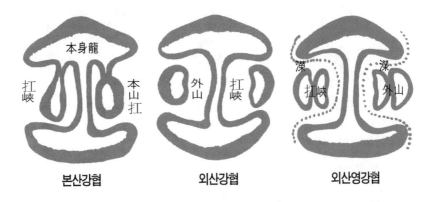

본산강협   외산강협   외산영강협

15. 수주협(垂珠峽)

수주협(垂珠峽)은 마치 구슬을 두 가닥이나 세 가닥으로 내려드리운 것 같은 모양의 협(峽)이다. 만일 협(峽)이 가운데서 출맥(出脈)하면 양쪽에서 보호해야 한다. 양쪽의 길이가 균등하면 길하나, 고르지 못하면 불길하다.

1. 정중출(正中出) 균등(均等) 수주협(垂珠峽)

가운데서 바로 나온 맥의 양쪽에 수주(垂珠)가 고르게 내려져 있는
협(峽)을 말하며 길격이다.

2. 무중출(無中出) 편수주협(偏垂珠峽)

중출맥(中出脈)은 아니라도 중출(中出)이 수주(垂珠)로 이어져 내리
고, 양쪽에 균등하게 수주(垂珠)가 있는 협(峽)을 말한다. 귀격이다.

정중출 균등 수주협   무중출 편수주협

3. 중출(中出) 불균(不均) 수주협(垂珠峽)

중출맥(中出脈)은 있으나, 양쪽의 수주(垂珠)가 고르지 못하고 편출
맥(偏出脈)이 되는 협(峽)이다. 흉격이다.

4. 무중출(無中出) 편변(偏邊) 수주협(垂珠峽)

중출맥(中出脈)이 없는 수주(垂珠)로 협(峽)이 되지 못한다. 흉격이
된다.

중출 불균 수주협   무중출 편변 수주협

16. 천지협(天池峽)

옥지협(玉池峽)이라고도 하고, 양쪽에 호수나 못이 있는 협(峽)을 말한다. 귀격이다.

17. 쌍계협(雙溪峽)

쌍계협(雙溪峽)은 양쪽에서 큰 산이 보호하며 냇물이 양갈래로 있는 협(峽)이다. 영웅호걸이 나오는 대귀격의 협(峽)이다.

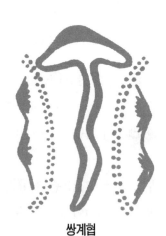

천지협   쌍계협

18. 당절협(幢節峽)

당절협(幢節峽)은 양쪽으로 작은 산이 줄지어 보호하는 협(峽)을 말한다. 고귀한 귀인이 나오는 협(峽)이다.

19. 화개협(華蓋峽)

화개협(華蓋峽)은 확실한 중출맥(中出脈)을 이루고, 양쪽에 삼태봉(三台峰)이 있는 협(峽)을 말한다. 귀격으로 대귀인이 나온다

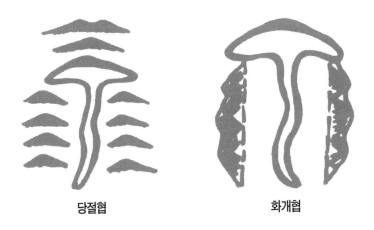

당절협   화개협

20. 호협송영협(護峽送迎峽)

본신(本身)에서 양쪽으로 보내는 맥을 받아들이는 협(峽)으로 귀격이다.

21. 유송무영협(有送無迎峽)

보내오는 맥은 있으나 받아들이는 협(峽)이 없는 형세를 말한다. 이런 곳은 그침이 없기 때문에 명당(明堂)을 이루기 어렵다.

22. 무송유영협(無送有迎峽)

보내는 협(峽)은 없으나 받아들이는 협(峽)이 촘촘한 형세이다. 이처럼 감싸주는 형세는 요풍(凹風) 등을 받지 않아 귀격을 이룬다.

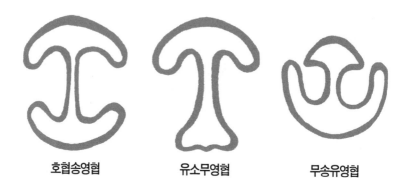

| 호협송영협 | 유소무영협 | 무송유영협 |

3. 출맥(出脈)의 종류와 성격

명당(明堂)이나 결혈처(結穴處)까지 입수(入首)한 용맥(龍脈)을 말한다. 용(龍)의 중앙에서 나온 맥을 중출맥(中出脈), 왼쪽에서 나온 맥을 좌출맥(左出脈), 오른쪽에서 나온 맥을 우출맥(右出脈)이라고 한다. 중출맥(中出脈)이 가장 강하며 길고, 다음은 좌출맥(左出脈), 그 다음은 우출맥(右出脈)이다. 편출맥(偏出脈)은 좌우를 막론하고 쓸 수 없다.

1. 중출맥(中出脈)

중출맥(中出脈)은 조산(祖山)에서 나올 때부터 내룡(來龍)과 과협(過峽)이 위이(逶迤)를 이룬다. 부모산(父母山)을 거쳐 선익(蟬翼)에 이르는 천심맥(穿心脈)이다. 주위에 호종산(護從山)이 있고, 장맥(長

脈)의 기복(起伏)과 절(節)을 일으킨다. 출맥(出脈) 중의 으뜸으로 명당(明堂)을 이룬다.

2. 좌출맥(左出脈)

좌출맥(左出脈)은 과협(過峽)을 거쳐 왼쪽으로 오는 용맥(龍脈)으로, 왼쪽 맥이 짧고 오른쪽 맥이 길다. 외청룡(外靑龍)과 내청룡(靑龍)이 짧은 결점이 있으나, 주위의 산이 촘촘하며 보호하는 협(峽)이 있으면 명당(明堂)과 결혈처(結穴處)를 이룬다.

3. 우출맥(右出脈)

우출맥(右出脈)은 내룡(來龍)이 짧으면서 왼쪽에 용(龍)이 있는 형세를 말한다. 오른쪽에 맥이 없는 경우가 많고, 좌출맥(左出脈)보다 약하다. 그러나 오른쪽에 큰 강이나 호수가 있어 백호(白虎)의 역할을 해주면 명당(明堂)과 결혈처(結穴處)를 이룬다.

중출맥   좌출맥   우출맥

4. 출맥(出脈)의 변화

1. 중출연내맥(中出連來脈)

중출맥(中出脈)이 연이어져 있는 것으로 가장 좋은 출맥(出脈)이다.

2. 좌편연출맥(左偏連出脈)

처음에는 중출맥(中出脈)으로 나오다 연이어 편출맥(偏出脈)이 되는 것으로 흉맥이다.

3. 교형중출맥(交形中出脈)·1

처음에는 중출맥(中出脈)으로 나오다 우출맥(右出脈)으로 이어지고, 다시 중출맥(中出脈)이 되는 것으로 길격이다.

4. 교형중출맥(交形中出脈)·2

우출맥(右出脈)과 좌출맥(左出脈)으로 이어지다, 중출맥(中出脈)이 되어 균형을 이루는 것으로 차길격이다.

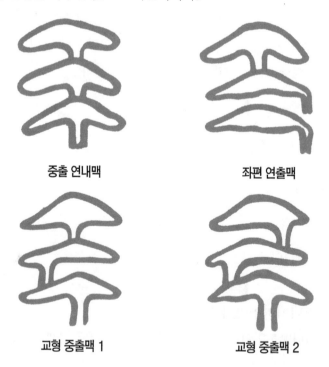

중출 연내맥

좌편 연출맥

교형 중출맥 1

교형 중출맥 2

4. 맥의 종류와 성격

1. 정맥(正脈)

정맥(正脈)은 편벽(偏僻)되지 않고, 바르게 중심으로 천심(穿心)을 이루고, 협(峽)이 고르고, 좌우에 호종산(護從山)이 있는 중출맥(中出脈)을 말한다. 가장 좋은 용맥(龍脈)이다.

2. 변맥(邊脈)

변맥(邊脈)은 좌우에서 나온 맥으로, 명당(明堂)이나 결혈(結穴)을 이루기도 하고 이루지 못하기도 한다.

3. 편맥(偏脈)

편맥(偏脈)은 본신룡(本身龍)의 좌우 양끝에서 나오는 맥이다. 소맥(小脈)이나 쇠맥(衰脈)으로 맥의 구실을 하지 못하기 때문에 결혈처(結穴處)와 명당(明堂)을 찾을 수 없다.

4. 대맥(大脈)

대맥(大脈)은 크고 강하며 곧게 뻗어 억세기 때문에 지각(枝脚)과 지맥(枝脈)이 끊어져 쓸 수 없는 경우가 많다. 그러나 행룡(行龍) 중에 초사(草蛇) · 재선(灰線) · 선대(仙帶) 등의 형세가 있으면 좋은 지맥(枝脈)을 기대할 수 있다.

5. 장맥(長脈)

장맥(長脈)에는 생기(生氣)가 있고 기복(起伏)과 절(節)을 이루며 길게 가는 용맥(龍脈)과, 생기(生氣) 없이 밋밋하게 뻗는 사맥(死脈)이 있다. 장맥(長脈)은 길게 나가기 때문에 바람이 범하여 쇠약해지기 쉽다. 따라서 반드시 주위에 호종산(護從山)과 호협산(護峽山)이 있어야 한다.

6. 곡맥(曲脈)

곡맥(曲脈)은 생맥(生脈)으로 구불거리며 선대(仙帶) 형세의 맥을 말한다. 명당(明堂)을 이룬다.

7. 직맥(直脈)

직맥(直脈)은 곡맥(曲脈)과 반대로 구불거림이 전혀 없이 곧게 나가는 맥으로, 길면 사맥(死脈)이 된다. 짧으면 무방하다고 하나 명당(明堂)을 기대하기는 어렵다.

8. 단맥(短脈)

단맥(短脈)은 눈룡(嫩龍)과 같이 유연한 맥이다. 생기(生氣)가 있으니 속기(束氣)되어 결혈(結穴)된 곳을 구할 수 있다. 그러나 너무 짧으면서 뭉툭하고 크기만 하면 토막난 나무뭉치처럼 생기(生氣)가 없어 결혈처(結穴處)를 구하기 어렵다.

9. 고맥(高脈)

고맥(高脈)은 높은 맥으로, 너무 높으면 거칠고 억누르는 맥이 되어 명당(明堂)을 이루지 못한다. 그러나 산의 형세가 관주형(串珠形)이면 명당(明堂)을 기대할 수 있다.

10. 소맥(小脈)

소맥(小脈)은 본룡(本龍)에서 지맥(枝脈)으로 나온 것으로 결혈처(結穴處)를 기대할 수 있다.

11. 저맥(低脈)

저맥(低脈)은 낮게 내려가는 맥을 말한다. 양쪽으로 물이 분명하게 나누어져 있으면 생맥(生脈)이 되어 좋고, 물이 상분하합(上分下合)되어 있으면 명당(明堂)을 기대할 수 있다. 그렇지 않으면 끊어진 맥으로 쓸 수 없다.

12. 속맥(續脈)

속맥(續脈)은 겉으로는 끊어진 것 같으나, 본신(本身)의 내룡(來龍)이 강하여 여기(餘氣)가 내재되어 있어 다시 이어져 나가는 것을 말한다.

13. 단맥(斷脈)

단맥(斷脈)은 산 자체가 툭 끊어졌거나, 뭉툭하게 끊어진 맥을 말한다. 그러나 끊어진 부분에 가늘게 이어진 맥이 있으면 속맥(續脈)을 기대할 수는 있다. 속맥(續脈)과 단맥(短脈)은 자세하게 살펴서 판단해야 한다. 이어진 부분에 기복(起伏)이 일어날 징조가 있거나 척석골(脊石骨)이 있으면 틀림없는 속맥(續脈)이다.

9장. 진혈과 십이룡

　산은 혈전(穴前)에는 조산(朝山)과 안산(案山)이 호응(護應)하고,
소명당(小明堂)과 내명당(內明堂)이 바르며 밝고, 수류(水流)가 이합
(二合)이나 삼합(三合)을 이루어야 한다. 혈후(穴後)에는 주산(主山)
이 조산(祖山)의 기운을 받아 수려하고, 조산(祖山)이나 횡룡(橫龍)
의 공허한 곳을 귀산(鬼山)과 락산(樂山)이 융취(融聚)하고, 내맥(來
脈)이 기복(起伏)과 절(節)의 생기룡(生氣龍)이 되고, 취기(聚氣)와
속기(束氣)를 이루어야 한다.
　그리고 요도(橈棹)가 확실하여 좋은 과협(過峽)을 이루고, 행룡(行
龍)·지맥(枝脈)·청룡(靑龍)·백호(白虎)가 유정(有情)하고, 주위
의 산이 전호(纏護)를 이루고, 혈전(穴前)의 순전(脣氈)이 바르며 밝
고, 요성(曜星)이 확실하게 받쳐주어야 진혈(眞穴)을 이룬다. 흉룡
(凶龍)에서는 진혈(眞穴)을 구할 수 없으니 내룡(來龍)을 잘 살펴보
아야 한다.

1. 순룡(順龍)

순룡(順龍)은 행룡(行龍)과 내룡(來龍)이 조산(祖山)을 떠나 순하게 지각(枝脚)을 이루며 순서와 질서가 있고, 좌우 양쪽으로 호종산(護從山)이 있는 형세를 말한다. 매우 길한 곳에 융결(融結)되어 명당(明堂)을 이루면 부귀가 오래도록 창성한다.

2. 생룡(生龍)

생룡(生龍)은 활발하게 기복(起伏)을 일으키며 생사도수(生蛇渡水)하고, 좌출우주(左出右走)하는 용맥(龍脈)이 위이(逶迤)하여 좌우에 지각(枝脚)이 있고, 내룡(來龍)이 비출하강(飛出下降)하는 형세를 말한다. 부귀를 이루는 곳으로 많은 사람이 왕성한다.

순룡   생룡

3. 강룡(强龍)

강룡(强龍)은 출맥(出脈)한 지각(枝脚)의 기세가 웅장하며 두터운 것을 말한다. 왕성하여 지각(枝脚)이 서로 당겨 세력이 강하므로 좌우에 큰 호종산(護從山)이 있어야 한다. 강룡(强龍)에 명당(明堂)이 있으면 위력이 강하여 부귀와 명성을 떨친다.

4. 약룡(弱龍)

약룡(弱龍)은 패룡(敗龍)으로 본신룡(本身龍)이 약하고, 단맥(短脈)으로 걷어들임도 없고 뻗어나감도 없으니 흩어져 생기(生氣)가 없다. 산이 험준하여 의지할 곳이 없으니 초목이 살 수 없다. 약룡(弱龍)은 물이 범하며 바람이 치는 곳으로 결혈(結穴)할 수 없다.

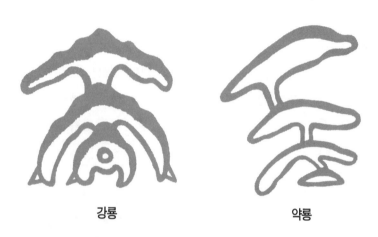

강룡   약룡

5. 퇴룡(退龍)

퇴룡(退龍)은 정맥(正脈)을 이루지 못하고 뒤로 물러나는 형세를 말한다. 끝이 크며 높고, 끝 바로 뒤의 절(節)이 작으며 얕고, 높고 낮음과 크고 작음이 고르지 못한 곳으로 매우 불길하다.

6. 복룡(福龍)

복룡(福龍)은 산의 형세가 수려하고, 주위에 호종산(護從山)이 촘촘하게 있고, 전후의 산이 상응하며 지각(枝脚)이 단정하고, 산봉우리가 고르면서 단정하게 모여 있고, 뻗어나가는 지맥(枝脈)은 적으나 험악하지 않은 형세를 말한다. 길한 곳으로 평안과 복을 누린다.

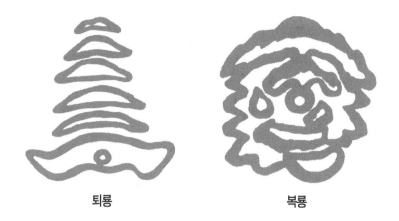

퇴룡   복룡

7. 겁룡(劫龍)

겁룡(劫龍)은 분벽(分擘)의 맥이 많고, 조산(祖山)에서 출발한 맥이
이리저리 뻗어 있어 기(氣)가 흩어지는 형세를 말한다. 분벽(分擘)이
많으면 겁(劫)이라 하고, 적으면 귀(鬼)라 한다. 겁(劫)은 관송(官訟)
을 주관하고, 귀(鬼)는 질병을 주관한다. 가장 흉한 곳이다.

8. 살룡(殺龍)

살룡(殺龍)은 암석산의 험준한 분벽(分擘)으로, 조산(祖山)에서 출

겁룡   살룡

맥(出脈)하면서부터 살(殺)을 갖고 있으나 벗어나지 못하고, 첨예한 지각(枝脚)의 악산 지형으로 과협(過峽)이 전혀 없는 형세를 말한다. 참형이 따르는 곳이다.

9. 진룡(眞龍)

진룡(眞龍)은 절(節)마다 높고 예리한 기상으로 봉황새나 기러기가 깃드는 형세를 말한다. 만일 명당(明堂)을 이루면 가장 좋은 곳이다.

10. 역룡(逆龍)

역룡(逆龍)은 용(龍)이 어그러지며 휘어지고, 절(節)마다 양각(兩脚)이 거꾸로 서고, 지각(枝脚)이 거꾸로 뻗고, 물도 거꾸로 흐르는 곳을 말한다. 도적이나 반역자가 나오는 흉폭한 곳으로 명당(明堂)이 없다.

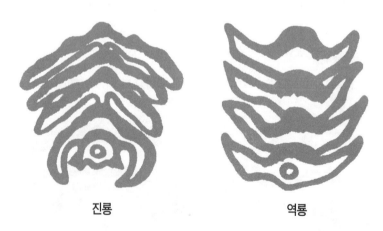

진룡   역룡

11. 병룡(病龍)

병룡(病龍)은 병든 산을 말한다. 조산(祖山)에서 정맥(正脈)으로 나

오다 점점 결함이 나타난다. 지맥(枝脈)이 온전하지 못하고, 한쪽만 촘촘하며 왕성하다. 생기맥(生氣脈)이 좋으면 다른 한쪽이 흩어지고, 지각(枝脚)이 고르지 못하다.

12. 사룡(死龍)

사룡(死龍)은 조산(祖山)에서 출맥(出脈)하면서 기복(起伏)과 절(節)이 없이 굳어 뻣뻣하고, 산봉우리의 요도(橈悼)가 분명하지 않고, 지맥(枝脈)이 퍼지면서 겹쳐 뭉뚱해져 마치 동물의 시체같고, 생기(生氣)가 전혀 없는 사절(死絶)의 흉맥을 말한다. 신령도 꺼린다는 산이다.

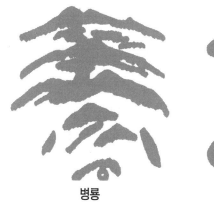

병룡

사룡

10장. 박환·태식잉육·입수·현무·선익·융결·취기

1. 박환(剝換)

 양공(楊公)은 인자수지(人子須知)에서 박환(剝換)에 대해 다음과 같이 논했다. 용(龍)의 묘한 조화로 형체가 늙고, 굳은 맥이 연하고, 눈연(嫩軟)으로 변하고, 엉성하며 거친 것이 가늘며 부드럽게 된다. 일박일환(一剝一換)하면 큰 것이 작아지는 것이 마치 누에가 껍질을 벗고 나비가 되는 격이라고 했다. 요씨(廖氏)는 탈사박환(脫卸剝換)하면 흥성이 길해지고, 거친 것이 부드러워 진다고 했다. 복씨(卜氏)는 오행(五行)의 상생상극(相生相剋)으로 수성(水城)이 목성(木星)으로 변하고, 목성(木星)이 화성(火星)으로 생(生)하고, 화성(火星)이 토성(土星)으로 변한다면서 산봉우리의 변화로 길흉을 논했다.

 행맥(行脈)이 긴 용(龍)은 반드시 박환(剝換)되면서 좋은 형세로 변해야 하나, 좋은 용맥(龍脈)이 나쁘게 박환(剝換)되면 안된다. 따라서 과협(過峽)을 잘 살펴 행룡(行龍)인지 내룡(來龍)인지를 판별한다.

만일 나쁜 산맥이더라도 바로 포기하지 말고 박환(剝換)되어 가는지, 순룡(順龍)이나 눈룡(嫩龍)이 나타나는지를 살펴야 한다. 왜냐하면 노룡(老龍)은 쇠하는 듯하다 순룡(順龍)이나 눈룡(嫩龍)으로 박환(剝換)되는 분기점이 있기 때문이다. 그러나 사룡(死龍)·살룡(殺龍)·겁룡(劫龍)·퇴룡(退龍)·역룡(逆龍)에서는 기대하기 어렵다.

2. 태식잉육(胎息孕育)

1. 태식잉육(胎息孕育)의 맥 형성

현무정(玄武頂) 1절(節) 위에 부모산(父母山)이 있고, 부모산(父母山) 1절(節) 뒤에 소조산(少祖山)이 있고, 소조산(少祖山) 1절(節) 뒤에 태조산(太祖山)이 있다. 태조산(太祖山)부터 종조산(宗祖山)과 소조산(少祖山) 아래 두둑한 부모산(父母山)이 있다. 여기서 락맥(落脈)되어 태(胎)가 된다. 태(胎)에서 속맥(續脈)으로 나가는 것이 식(息)이고, 식(息)은 맥이 콧날같이 가늘게 나가야 한다.

식(息)에서 다시 일어나 잉(孕)이 되어 현무정(玄武頂)이 된다. 현무정(玄武頂)은 산이 솟아 있어야 하고, 잉(孕)에서 입수(入首)해 속기(束氣)되어 결혈(結穴)된 곳이 육(育)이다. 혈장(穴場)은 반듯하며 단단해야 한다. 좌우에 청룡(靑龍) 백호(白虎)가 있고, 앞에 안산(案山) 조산(朝山)이 호응(護應)해야 명당(明堂)이 된다. 위에서 형성된 용맥(龍脈)은 소조산(少祖山)과 부모산(父母山)에서 태식잉육(胎息孕育)이 혈(穴)까지 입수(入首)하는 과정이다. 태(胎) 중에 잉태되어 생육되는 것에 비유하여 행룡(行龍)과 내룡(來龍)의 변화를 논한다.

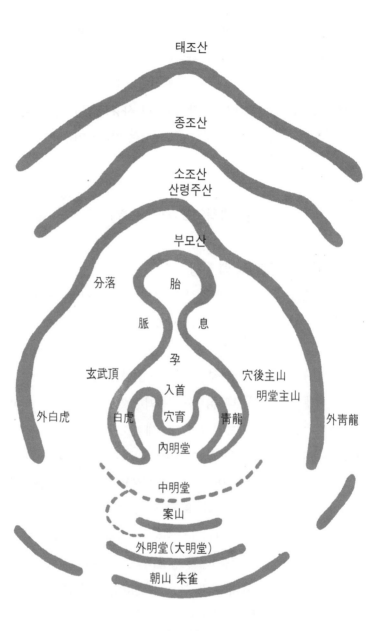

태조산

종조산

소조산
산령주산

부모산

分落　胎

脈　　息

孕

玄武頂　　　　穴後主山

入首　　　明堂主山

外白虎　白虎　穴育　靑龍　　外靑龍

內明堂

中明堂

案山

外明堂(大明堂)

朝山　朱雀

胎息孕育圖

188

2. 태식잉육(胎息孕育)과 물의 분합(分合)

태(胎)와 식(息)에서는 혈(穴)을 맺기 위해 행룡(行龍)이 현무정(玄武頂)을 이루고, 물의 분합(分合)이 생긴다. 삼분삼합(三分三合)으로 대팔자(大八字)는 외명당(外明堂)에서 이루어지고, 소팔자(小八字)는 소명당(小明堂)에서 이루어진다. 다시 말해, 용(龍)의 초락(初落)·중락(中落)·말락(末落)·분락(分落)이 태식잉육(胎息孕育)을 융결(融結)하는 것이다.

태(胎)는 부모산(父母山) 아래에 떨어지는 시분락(始分落)이고, 식(息)은 태맥(胎脈) 아래에 속기맥(束氣脈)의 기복이 이어져 생긴 좁고 긴 곡선과 같은 용(龍)이고, 잉(孕)은 식(息) 아래에 떨어진 맥으로 현무정(玄武頂)의 성진(星辰)으로 혈(穴) 뒤의 높은 산에 입수(入首)한다. 육(育)은 잉(孕) 아래에서 융결(融結)되어 결혈(結穴)된 혈장(穴場)을 말한다.

진결혈지(眞結穴地)는 삼분삼합(三分三合)과 계맥(界脈)의 분계가 뚜렷하게 형성된 곳이어야 한다. 그렇지 못하면 가혈(假穴)에 지나지 않는다. 수계(水界)는 혈(穴) 뒤에서 나온 물이 혈(穴) 아래에서 합치는 삼분삼합(三分三合)을 뜻한다. 그러나 간혹 혈(穴)의 좌우에서 합수(合水)가 이루어지기도 한다.

3. 입수(入首)

입수(入首)는 큰 범위로 보면 소조산(少祖山)으로부터 행룡(行龍)과 내룡(來龍)이 출맥(出脈)하여 과협(過峽)을 이루어 장협(長峽)·곡협(曲峽) · 고협(高峽) · 활협(闊峽) 등을 지나며 박환(剝換)으로 흉한 용(龍)이 좋은 형세로 바뀐다. 용맥(龍脈)이 기복(起伏)을 이루며 부모산(父母山) 아래 솟은 산봉우리를 지나, 태(胎) 다음에 잘룩한 가는 맥인 식(息)을 지나, 산맥에 이어진 주성(主星)의 정상인 잉(孕)을 지나, 명당(明堂)과 혈(穴)이 융결(融結)되는 육(育)까지를 말한다. 그러나 멀리 돌거나 지나가는 용(龍)은 입수(入首)로 보지 않는다.

소조산(少祖山)의 입수(入首)도 중요하지만, 명당(明堂)과 혈(穴)에서 가까운 현무정(玄武頂)과 선익(蟬翼)의 입수(入首)가 더 중요하다. 만일 소조산(少祖山)부터 부모산(父母山)까지 좋은 용맥(龍脈)으로 입수(入首)를 이루다, 현무정(玄武頂)부터 좋지 않으면 명당(明堂)과 혈(穴)이 융결(融結)되지 않는다. 따라서 현무정(玄武頂)부터의 입수(入首)가 가장 중요하다.

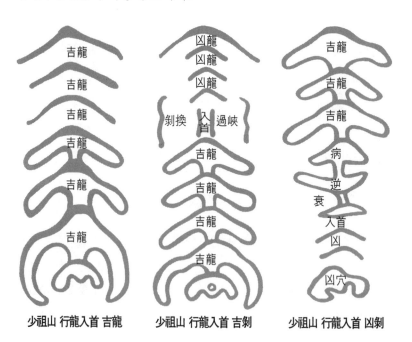

少祖山 行龍入首 吉龍　　少祖山 行龍入首 吉剝　　少祖山 行龍入首 凶剝

1. 입수좌(入首坐)가 자손에게 미치는 영향의 이기(理氣)

건곤간손인신사해좌(乾坤艮巽寅申巳亥坐)는 장손(長孫), 자오묘유좌(子午卯酉坐)는 이손(二孫)과 중손(仲孫), 갑경병임좌(甲庚丙壬坐)는 삼손(三孫)과 중손(仲孫), 진술축미좌(辰戌丑未坐)는 사손(四孫)과 계손(季孫), 을신정계좌(乙辛丁癸坐)는 오손(五孫)과 계손(季孫)에 해당한다.

계손법(季孫法)은 내룡(來龍)·입수(入首)·봉만(峰巒)·사수(砂水)·좌(坐)의 방위 등으로 어느 자손에게 해당하는가를 보는 것이다. 해당되는 자리나 용(龍)이 길하거나 흉하면 다른 자손에 비해 길흉작용이 강하다. 산의 왼쪽은 장손과 직계 자손, 오른쪽은 차손과 외손에 해당한다.

4. 현무정(玄武頂)

현무정(玄武頂) 입수(入首)는 혈(穴)과 명당(明堂)에서 가장 가까이 있는 높은 산봉우리로, 잉(孕)과 두뇌를 거쳐 선익(蟬翼)으로 입수(入首)하여 융결(融結)된 혈(穴)에 미친다. 이를 현무입수(玄武入首) 또는 선익입수(蟬翼入首)라 한다. 현무정(玄武頂)은 결혈(結穴)하는 중추의 산봉우리이고, 현무(玄武)는 북쪽을 의미한다. 따라서 현무정(玄武頂)이 반듯한 산봉우리가 되어 입수(入首)의 힘을 일으킨다. 만일 현무정(玄武頂)이 바르지 않고 쇠퇴하면 바른 입수(入首)를 이룰 수 없다.

5. 선익(蟬翼)

선익(蟬翼)은 매미가 날개를 펴고 있는 것 같은 형세를 말한다. 현무정(玄武頂)에서 나온 입수맥(入首脈)이 선익(蟬翼)으로 들어와 기(氣)가 융결(融結)된 혈(穴)이나 명당(明堂)에 이른다. 선익(蟬翼)이 있느냐 없느냐에 따라 속기(束氣)된 진혈(眞穴)이 되는가 못되는가가 결정된다. 선익(蟬翼)은 입수맥(入首脈)과 기(氣)가 흩어지지 못하게

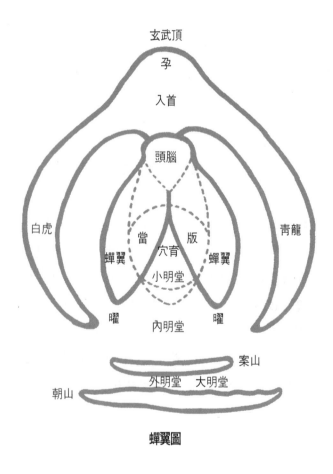

蟬翼圖

혈(穴) 위에서 덮어주는 중요한 역활을 하는 것으로, 결혈(結穴)에는 반드시 있어야 한다. 선익(蟬翼)은 크고 긴 형세, 둥근 형세, 작고 가는 형세, 서 있는 형세, 반듯한 형세, 엎드린 형세, 반만 엎드린 형세 등이 있다. 입수(入首)되는 형세에 따라 적합한 선익(蟬翼)이 있어야 하고, 선익(蟬翼)의 방향과 위치에 따라 혈(穴)의 당판(當版), 혈심(穴心), 소명당(小明堂) 등을 정한다.

6. 융결(融結)

융결(融結)은 용맥(龍脈)이 취기(聚氣)·속기(束氣)되어 기(氣)가 한 곳으로 모여 맺는 것을 말한다. 융결(融結)은 음택(陰宅)의 명당(明堂)을 이루는데 가장 중요하고, 장자승생기(葬者乘生氣)의 이치에 의한 것이다.

7. 취기(聚氣)와 속기(束氣)

속기(束氣)는 음택(陰宅)에서 입수(入首)하는 기맥(氣脈)이 한 곳으로 모여 혈(穴)에 이르는 것을 말한다. 속기(束氣)는 기(氣)가 매우 강하여 사람이 살 수 없다. 다시 말해, 음택(陰宅)은 산맥 등성이를 보나, 양택(陽宅)은 산맥 옆부분의 취기(聚氣)된 곳을 취한다. 취기(聚氣)는 기(氣)가 여러 곳에서 모여 정기(精氣)를 이룬다.

11장. 청룡·백호·주작·4대 혈장혈형·재혈요감법

1. 청룡(靑龍)과 백호(白虎)

■ 청룡(靑龍)과 백호(白虎)가 높으면 천혈(天穴)에 정혈(定穴)하고, 청룡(靑龍)과 백호(白虎)가 얕으면 지혈(地穴)에 정혈(定穴)한다.

■ 청룡(靑龍)이 짧거나 없으면 우측으로 당겨서 정혈(定穴)하고, 물의 흐름을 잡아서 청룡(靑龍)에 대치한다.

■ 백호(白虎)가 없거나 짧으면 좌측으로 밀어서 정혈(定穴)하고, 물을 백호(白虎)의 대역이 될 수 있게 한다.

■ 청룡(靑龍)이 수려하고 유정(有情)하면 좌측으로 정혈(定穴)하고, 백호(白虎)가 수려하고 유정(有情)하면 우측으로 정혈(定穴)한다.

■ 청룡(靑龍)이 밀어내는 기운이 많으면 백호(白虎)에 의탁하여 정혈(定穴)하고, 백호(白虎)가 압세하는 기운이 많으면 청룡(靑龍)에 의지하여 정혈(定穴)하고, 청룡(靑龍)과 백호(白虎)가 모두 유정(有情)하면 중앙에 정혈(定穴)한다.

■ 청룡(靑龍)은 있으나 백호(白虎)가 없으면 우궁수세(右宮水勢)로 당겨서 정혈(定穴)하고, 백호(白虎)는 있으나 청룡(靑龍)이 없으면 좌궁수세(左宮水勢)에 대치해서 정혈(定穴)하고, 청룡(靑龍)과 백호(白虎)는 없는데 기복과 속기(束氣)가 있으면 괴혈(怪穴)이니 세심히 살펴 결혈(結穴)된 곳을 찾는다.

행룡(行龍)의 강약(强弱)과 기복, 절(節), 언덕의 용맥(龍脈)은 행룡(行龍)의 변화가 있으니 국궁(局宮)의 세를 잘 살펴서 응용하고, 대치하여 결혈(結穴)된 곳을 찾아야 한다.

결혈(結穴)은 정혈(正穴) · 기혈(奇穴) · 괴혈(怪穴)에서 이루어진다는 것을 명심해야 하고, 청룡(靑龍)과 백호(白虎)의 영향에 따라 혈좌(穴坐)를 밀고 당기며 요감법(饒減法)으로 정혈(定穴)한다.

1. 청룡(靑龍) 백호(白虎)와 내룡맥(來龍脈)과 길흉결(吉凶訣)

좌청룡(左靑龍)과 우백호(右白虎)는 본룡(本龍)의 본신형격(本身形格)으로 혈(穴) 뒤에서 용(龍)이 분맥으로 떨어져 나와 내청룡(內靑龍) 내백호(內白虎)를 이룬다.

객산(客山)의 좌우 산은 청룡(靑龍)과 백호(白虎)를 대신하는 형이며, 청룡(靑龍)과 백호(白虎)와 같이 혈(穴)을 보호하는 노복사(奴僕砂)이다.

바른 청룡(靑龍)과 백호(白虎)는 수계(水界)가 유정만형(有情灣形)을 이룬다. 다시 말해, 물구비가 잘 이루어지고, 유정환형(有情環形) 즉, 환포(環抱)가 잘 이루어져 수려해야 하고, 우각형(牛角形)이 뚜렷해야 된다. 청룡(靑龍)과 백호(白虎)는 장풍(藏風)을 안아드려오는 작용으로 진혈(眞穴)의 기본이다.

- 청룡(靑龍)과 백호(白虎)가 혈(穴)을 향하여 충사(沖射)하면 큰 해를 입는다.
- 청룡(靑龍)과 백호(白虎)의 끝 머리가 크면 좋지 않다.
- 청룡(靑龍)과 백호(白虎)가 요형(凹形)이면 요풍(凹風)을 받아 나쁘다.
- 청룡(靑龍)과 백호(白虎)가 내려오다 역행(逆行)하면 반역이 일어난다.
- 청룡(靑龍)과 백호(白虎)가 파손되면 불길하다.
- 청룡(靑龍)과 백호(白虎)가 지나치게 높으면 주산(主山)을 억압하므로 해롭다.

정혈(定穴)의 기본은 혈(穴) 뒤에 주산(主山) 현무정(玄武頂)이 있고, 혈(穴) 앞의 조산(朝山)·안산(案山)·소명당(小明堂)·내명당(內明堂)·중명당(中明堂)·외명당(外明堂)·주작(朱雀)과 좌우의 청룡(靑龍)과 백호(白虎), 수계(水界) 수구(水口)의 분합(分合), 용(龍)의 입수맥(入首脈)의 기복·절(節)·속기(束氣)·선익(蟬翼)·장풍(藏風)이 잘 이루어져야 정혈(定穴)할 수 있다. 이런 국세(局勢)가 진혈명당(眞穴明堂)이다. 따라서 행룡(行龍)의 국세(局勢)가 어느 방향에서 이루어지고 있는가를 잘 살펴야 한다.

2. 내룡맥(來龍脈)의 형세
- 내룡맥(來龍脈)이 왕성하면 기세가 좋은 자손을 둔다.

- 내룡맥(來龍脈)이 후부(厚富)하면 부자 자손을 둔다.
- 내룡맥(來龍脈)이 가지가 많으면 자손이 만당(滿堂)한다.
- 내룡맥(來龍脈)이 광채가 나면 귀한 자손을 둔다.
- 내룡맥(來龍脈)이 보룡(保龍)이면 후원자가 있다.
- 내룡맥(來龍脈)이 순룡(順龍)이면 자손이 충효한다.
- 내룡맥(來龍脈)이 장룡(長龍)이면 자손이 오래도록 복을 받는다.
- 내룡맥(來龍脈)이 우뚝하면 독선적인 자손을 둔다.
- 내룡맥(來龍脈)이 주왕(主旺)하면 주손집이 왕성하다.
- 내룡맥(來龍脈)이 지왕(枝旺)하면 지손의 집이 잘 된다.
- 내룡맥(來龍脈)이 미약하면 자손이 세력이 없다.
- 내룡맥(來龍脈)이 빈약하면 자손들이 곤궁하다.
- 내룡맥(來龍脈)이 무기(無氣)하면 자손들이 빈천하다.
- 내룡맥(來龍脈)이 흩어지면 자손들이 거지가 된다.
- 내룡맥(來龍脈)이 산만하면 첩을 두는 자손이 있다.
- 내룡맥(來龍脈)이 험난하면 방탕한 자손을 둔다.
- 내룡맥(來龍脈)이 병합(倂合)하면 자손들이 골육상쟁을 벌인다.
- 내룡맥(來龍脈)이 편룡(片龍)이면 불구 자손을 둔다.
- 내룡맥(來龍脈)이 끊어지면 자손이 없다.

3. 청룡(靑龍)과 백호(白虎)의 길흉결(吉凶訣)

- 청룡(靑龍)과 백호(白虎)가 왕성하면 본손·외손 모두에게 경사가 난다.
- 청룡(靑龍)과 백호(白虎)가 감싸돌면 일문단취(一門團聚)한다.
- 청룡(靑龍)과 백호(白虎)가 희미하면 본손·외손 모두 불길하다.

- 청룡(靑龍)과 백호(白虎)가 상충(相冲)하면 본손·외손 모두 싸움이 많다.

- 청룡(靑龍)과 백호(白虎)가 산거(散去)하면 본손·외손 모두 분주하다.

- 청룡(靑龍)과 백호(白虎)가 치마자락 모양이면 본손·외손 모두 음란하다.

- 청룡(靑龍)과 백호(白虎)가 파국(破局)이면 본손·외손 모두 가난하다.

- 청룡산(靑龍山)이 수려하면 본손들이 기세가 좋고, 백호산(白虎山)이 수려하면 외손들이 발전한다.

- 청룡상부(靑龍上部)가 왕기(旺氣)하면 큰 자손이 흥왕하고, 백호상부(白虎上部)가 왕기(旺氣)하면 큰 딸의 자손이 발복한다.

- 청룡중부(靑龍中部)가 서기(瑞氣)하면 중간 자손이 제일이고, 백룡중부(白龍中部)가 서기(瑞氣)하면 중간 외손이 제일이다.

- 청룡하부(靑龍下部)가 윤기(潤氣)하면 끝 자손이 복을 받고, 백호하부(白虎下部)가 윤기(潤氣)하면 큰 딸의 자손이 발복한다.

- 청룡산(靑龍山)이 배반하면 본손들이 배신하고, 백호산(白虎山)이 배반하면 외손들이 불응한다.

- 청룡산(靑龍山)이 역(逆)하면 본손들이 불효하고, 백호산(白虎山)이 역(逆)하면 외손들이 불효한다.

2. 조산(朝山) 안산(案山)과 혈(穴)

조산(朝山)은 혈(穴) 앞 좌우에 있는 높고 낮은 산봉우리를 말하고, 안산(案山)은 혈(穴) 앞에 있는 조산(朝山)의 앞산을 말한다. 조산(朝山)과 안산(案山)이 수려하며 혈(穴)을 조응(朝應)하면 좋은 산이고, 조산(朝山)과 안산(案山)이 멀리 있으면 기가 흩어져 실기(失氣)되는 형세이다.

안산(案山)은 혈(穴)을 억압하지 않으며 가까이 있는 것이 가장 좋다. 좌우에 청룡(靑龍)과 백호(白虎)가 없고 평지이면 안산(案山)의 관성(官星)에 혈(穴)과 대하는 것이 분명하고, 수계(水界)가 바르면 정혈(定穴)해도 된다. 안산(案山) 방향을 주작(朱雀)이라 하며 남쪽을 뜻한다. 안산(案山)을 새에 비유하면 혈(穴)과 명당(明堂)을 향해 날개를 펴고 있는 듯한 형세이다. 만일 반대 방향으로 날아가는 형세이면 명당국(明堂局)을 이루지 못한다.

- 조산(朝山)이 높으면 혈(穴)도 상취(上聚)하여 천혈(天穴)로 정혈(定穴)하고, 조산(朝山)이 얕으면 혈(穴)도 하취(下聚)하여 지혈(地穴)로 정혈(定穴)한다.
- 조산(朝山)의 왼쪽이 수려하면 혈(穴)도 왼쪽으로 당겨 정하고, 조산(朝山)의 오른쪽이 수려하면 혈(穴)도 오른쪽으로 당겨 정한다.
- 조산(朝山)이 밋밋하고 무정(無情)하면 가혈(假穴)이다. 조산(朝山)은 높은데 안산(案山)이 얕으면 균형이 맞아 조응(朝應)된 국(局)이고, 조산(朝山)은 얕은데 안산(案山)이 높으면 균형이 맞지 않으니 가혈(假穴)에 지나지 않는다.

- 조산(朝山)이 금목성(金木星)이고, 안산(案山)이 토수산(土水山)이면 정격(正格)이다.
- 조산(朝山)이 없으면 큰 강물을 대치하여 작혈(作穴)하고, 안산(案山)이 없고 내명당(內明堂) 물이 모여 환포(環抱)를 이루면 결혈(結穴)로 본다.
- 조산(朝山)이 높으면 천혈(天穴)에 정하는 것처럼, 조산(朝山)과 안산(案山)의 형세에 따라 결혈(結穴)을 왼쪽과 오른쪽 높은 곳과 낮은 곳에서 찾고, 가혈(假穴)인지 진혈(眞穴)인지를 살핀다.

3. 혈형(穴形)과 재혈삼세요감법(載穴三勢饒減法)

삼세(三勢)에는 입세(立勢)·좌세(坐勢)·면세(眠勢)가 있다. 입세(立勢)는 천혈(天穴)이요, 좌세(坐勢)는 인혈(人穴)이요, 면세(眠勢)는 지혈(地穴)이다. 입세천혈(立勢天穴)에는 앙고혈(仰高穴)과 기형혈(騎形穴)이 있다.

- 앙고혈(仰高穴)은 높은 산 정상에 결혈(結穴)된 혈장(穴場)이다.
- 기형혈(騎形穴)은 높은 산 등성이에 있으며 당법(撞法)을 사용한다. 다시 말해, 다지듯이 정혈(定穴)한다.
- 빙고혈(凭高穴)은 높은 산의 머리 아래에 의지하듯이 있는 혈(穴)로 개법(蓋法)을 사용하여 덮은듯이 정혈(定穴)한다. 따라서 높은 산에서 높은 혈을 정혈(定穴)할 때는 수계(水界)와 수구(水口)를 따지거나 논할 필요는 없다.

- 천혈(天穴)은 높은 곳의 평평한 혈(穴)이다. 청룡(靑龍) · 백호(白虎) · 조산(朝山) · 안산(案山) 등이 고대(高大)한 형세에 결혈(結穴)한다.

- 좌세인혈(坐勢人穴)은 장살혈(藏殺穴)의 산세(山勢)로 청룡(靑龍) · 백호(白虎) · 안산(案山) · 조산(朝山)의 높고 낮은 중간지대에 있는 혈(穴)로 급하지도 완만하지도 않은 용맥(龍脈)이 결혈(結穴)한 곳이다. 당법(撞法)을 사용하여 정혈(定穴)한다.

- 면세지혈(眠勢地穴)은 산 아래에 결혈(結穴)한다. 3격으로 나누어 유두혈(乳頭穴) · 탈살혈(脫殺穴) · 장귀혈(藏龜穴)이 있다.이 3격은 산기슭에 있는 혈(穴)이며, 정혈(定穴)할 때는 붙이듯이 하는 점법(粘法)을 사용한다.

- 유두혈(乳頭穴)은 산기슭에 누워있는 듯한 와혈형(臥穴形)로 현유혈(懸乳穴)이라고도 한다.

- 탈살혈(脫殺穴)은 산 몸체의 산맥 아래에 결혈(結穴)되며, 점법(粘法)으로 정혈(定穴)한다.

- 장귀혈(藏龜穴)은 평지에 있는 작은 겸(鉗)의 돌혈(突穴)로 당법(撞法)을 사용한다.

- 자웅(雌雄) 작용은 자(雌)는 음(陰)으로 음기(陰氣)의 요(凹)이고, 웅(雄)은 양(陽)으로 양기(陽氣)의 철(凸)이다. 음기(陰氣)가 오면 양기(陽氣)가 받고, 양기(陽氣)가 오면 음기(陰氣)가 받는 생룡(生龍)을 뜻한다. 혈장(穴場)에서 자혈(雌穴)은 얕은 곳의 지혈(地穴)이고, 웅혈(雄穴)은 높은 곳의 천혈(天穴)이다. 자웅(雌雄)은 형(形)이며 산의 형세이고, 음양(陰陽)은 기(氣)를 뜻한다.

4. 혈(穴)과 요감법(饒減法)

혈(穴)은 사상증혈(四象證穴)·태극(太極)·양의(兩儀)·원운증혈(圓暈證穴)·천심십도(穿心十導) 등에서 혈(穴)의 성국(成局)이 이루어진 결혈처(結穴處)를 요감(饒減)으로 정하고 재혈(裁穴)한다.

혈(穴)의 전후좌우에 조응(朝應)·전호(纏護)·환포(環抱)·조산(朝山)·안산(案山)·명당(明堂)·순전(脣氈)·수계(水界)·수세(水勢)·수구(水口)·개산(蓋山)·락산(樂山)·귀산(鬼山)·청룡(靑龍)·백호(白虎) 등의 성국(成局)이 이뤄지는 형세를 모두 살펴보는 것이다. 그러나 청룡(靑龍)과 백호(白虎)가 한쪽이 길거나 짧거나 많거나 적으면 요감법(饒減法)을 이용하여 잘 살핀다.

요감법(饒減法)이란 용(龍)이 요(饒)하면 감하고, 한쪽 용(龍)이 부족하면 더하는 방법으로 혈장(穴場)에서 밀고 당기듯이 조정한다. 즉 청룡(靑龍)이 많으면 요호감룡(饒虎減龍)을 하고, 백호(白虎)가 많으면 요룡감호(饒龍減虎)로서 백호(白虎)에서 감한다.

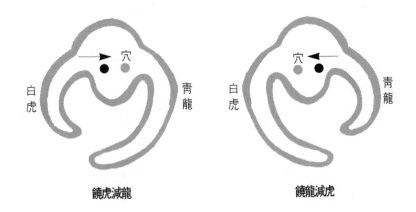

饒虎減龍   饒龍減虎

12장. 4대혈형(穴形)

용혈(龍穴)의 4대혈형(穴形)은 와겸유돌(窩鉗乳突)이 음양(陰陽)으로는 실상의 유형이 변하는 본질에 가깝다.

태극(太極)은 장자(葬者)가 승생기(乘生氣) 즉, 기(氣)를 얻는다는 뜻이다. 양의(兩儀)는 음(陰)이 오면 양(陽)이 받아들이고, 양(陽)이 오면 음(陰)이 받아들여, 사상(四象)이 발생하므로 태양(太陽)·소양(小陽)·태음(太陰)·소음(小陰)의 형체가 나타난다. 이러한 형혈(形穴)로 와겸유돌(窩鉗乳突)이 생긴다.

와겸(窩鉗)은 양혈(陽穴)이고, 유돌(乳突)은 음혈(陰穴)이다. 와겸유돌(窩鉗乳突)의 발생은 음맥(陰脈) 밑에는 양혈(陽穴)의 와겸(窩鉗)이 있고, 양맥(陽脈) 밑에는 음혈(陰穴)의 유돌(乳突)이 있다. 다시 말해, 혈(穴) 뒤가 양(陽)이면 와겸(窩鉗)이 발생하고, 혈(穴) 뒤가 평평하거나 요산(凹山)이면 유돌(乳突)이 생긴다.

1. 와혈(窩穴)

와(窩)는 좌우의 균형이 맞아야 되고, 현능(弦稜)이 원형(圓形)으로
명백해야 한다. 와혈(窩穴)은 사와혈(四窩穴)로 구분한다.

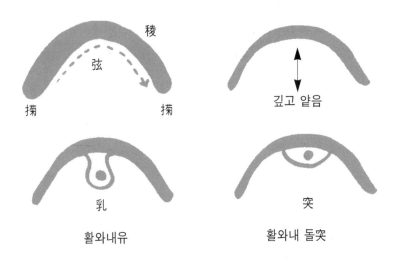

활와내유   활와내 돌突

- 심와혈(深窩穴)은 좌우의 능(稜)이 명백하고 활발한 돌혈(突穴)에
  정혈(定穴)한다. 그러나 너무 깊거나 좌우 균형이 맞지 않거나 현
  능(弦稜)이 원형(圓形)을 이루지 못하면 허와(虛窩)이다.
- 천와혈(淺窩穴)은 얕고 평평한 곳에 이루는 낮은 와(窩)로, 좌우

심와   천와

가 활발하면 유돌(乳突)을 보아서 정혈(定穴)한다. 그러나 지나치게 얕거나 유돌(乳突)이 없으면 허와(虛窩)이다.

■ 협와(峽窩)는 좁은 와(窩)로, 지나치게 좁거나 능(稜)이 균형을 이루지 못하면 결혈(結穴)하지 못한다.

■ 활와(闊窩)는 넓은 혈(穴)이나, 지나치게 넓거나 공허하면 허와(虛窩)이다.

협와   활와

■ 계소혈(鷄巢穴)은 높은 산과 평평한 곳에 이루는데, 그 속에서 지형의 높낮이에 따라 돌요(突凹)에 정혈(定穴)한다.

■ 장구와(藏口窩)는 와(窩)의 양국이 끌어당기거나 늘이고, 와(窩)의 양국을 끌어안은 형세로 밖에서는 잘 보이지 않는다.

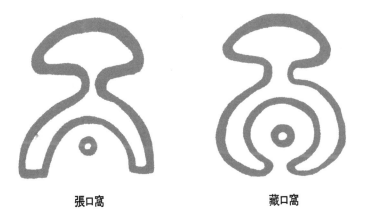

張口窩   藏口窩

2. 겸혈(鉗穴)

겸혈(鉗穴)은 개각혈(開脚穴)로 두 다리를 벌린 것 같은 삼태기형이
다. 와혈(窩穴)과 같으나 좌우 현능(弦稜)과 국(掬)이 길다. 직겸(直
鉗)·곡겸(曲鉗)·장겸(長鉗)·단겸(短鉗)·쌍겸(雙鉗)이 있고, 5격
이라 한다.

- 직겸(直鉗)은 좌우 양각이 직각으로 수려하며 단정하면 정혈(定
  穴)한다. 그러나 지나치게 길거나 무정(無情)하면 허혈(虛穴)되어
  결혈(結穴)하지 못한다.
- 곡겸(曲鉗)은 좌우 양각이 내당(內堂)의 중앙을 향하여 온듯한 혈
  (穴)이다. 양각이 대응(對應)하고 단정하면 정혈(定穴)한다.

직겸   곡겸

- 장겸(長鉗)은 좌우 양각이 싸안은듯 하면서 길고, 안산(案山)이 응
  접(應接)하여 결혈(結穴)된 곳이다.
- 단겸(短鉗)은 좌우 양각이 짧으나 환포(環抱)가 잘 이루어지고, 조
  산(朝山)과 안산(案山)이 조응(朝應)이 잘되어 있으면 정혈(定穴)
  한다. 그러나 각이 너무 짧으면 정혈(定穴)하지 못한다.

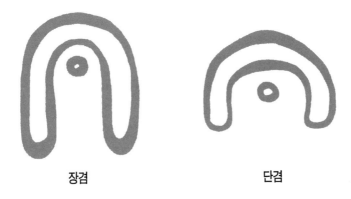

장겸   단겸

■ 쌍겸(雙鉗)은 좌우 양각이 삼지각(三枝脚) 등으로 이루어진 곳으로, 세 갈래의 지각(枝脚)이 있는 혈(穴)이다. 양각이 조화를 잘 이루어 수려하고, 유돌혈(乳突穴)이 있어야 정혈(定穴)할 수 있다. 만일 지각(枝脚)이 혼잡하거나 부정하거나 상충(相沖)되면 정혈(定穴)하지 못한다.

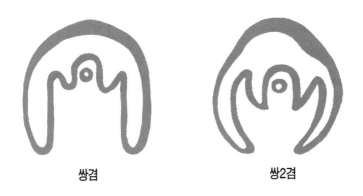

쌍겸   쌍2겸

3. 유혈(乳穴)

유혈(乳穴)은 여자의 유방과 같은 모양으로 유방혈이라고도 하며,

유두혈(乳頭穴)과 수유혈(垂乳穴)이 있다. 좌우 양각이 바르며 수려하고, 유정(有情)하며 환포(環抱)의 양각이 응접(應接)하고, 반드시 혈(穴)이 원형(圓形)이어야 한다. 그러나 수충(水沖)이나 요풍(凹風)을 맞거나, 양각이 균형을 이루지 못하거나, 역행(逆行)하면 정혈(定穴) 할 수 없다. 유혈(乳穴)의 사형혈(四形穴)에는 장유혈(長乳穴) · 단유혈(短乳穴) · 대유혈(大乳穴) · 소유혈(小乳穴)과 변격(變格)으로 쌍수유혈(雙垂乳穴) · 삼수유혈(三垂穴)이 있다.

■ 장유혈(長乳穴)은 유혈(乳穴)이 길고 전호(纏護)와 환포(環抱)가 잘된 곳을 말한다. 그러나 지나치게 길거나 돌(突)이 지나치게 크면 흉하다.

■ 단유혈(短乳穴)은 좌우 양각이 짧으면서 좌우에 환포(環抱)를 이루고, 양각 내에 유혈(乳穴)이 있는 곳을 말한다. 그러나 지나치게 짧으면 기(氣)가 약하여 적합하지 않다.

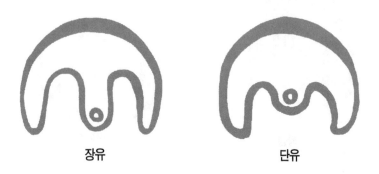

장유   단유

■ 대유혈(大乳穴)과 소유혈(小乳穴)은 좌우 양각이 명확하며 단정하고, 기(氣)가 내포되어 있는 곳을 말한다. 원형(圓形)에 정혈(定穴)한다.

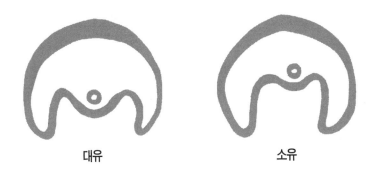

대유   소유

■ 쌍수유혈(雙垂乳穴)과 삼수유혈(三垂乳穴)은 삼수유(三垂乳) 중
  한곳의 수유(垂乳)가 유정(有情)하며 기(氣)가 내포된 곳이다. 그
  러나 지나치게 크거나 길거나 짧거나 작으면 혈(穴)을 이루지 못
  한다.

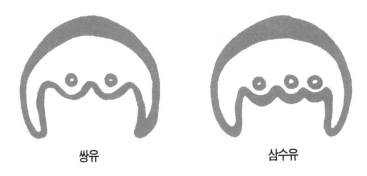

쌍유   삼수유

5. 돌혈(突穴)

 돌혈(突穴)은 산골짜기에서 기(氣)가 일어나 우뚝솟은 듯한 혈(穴)
이다. 좌우의 현능(弦稜)이 전호(纏護)·환포(環抱)·장풍(藏風)이
이루어진 곳에 결혈(結穴)되며, 돌혈(突穴) 주위에 행룡(行龍)의 산
세(山勢)가 서로 조응(朝應)하며 응접(應接)해야 한다.

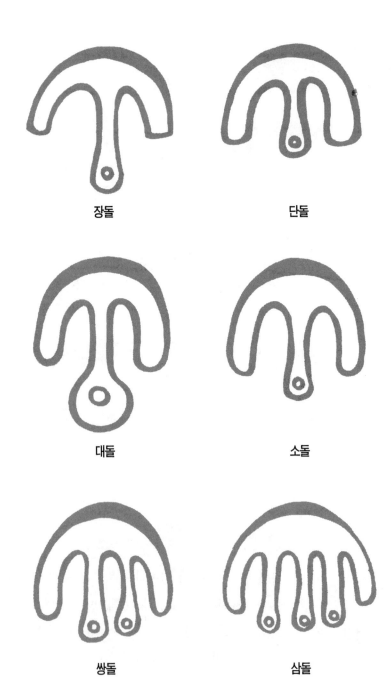

장돌

단돌

대돌

소돌

쌍돌

삼돌

평산의 돌혈(突穴)은 주위가 평평한 곳에 전호(纏護)·환포(環抱)·수계(水界)가 명확한 곳에 돌(突)이 일어나 혈(穴)을 이룬다.

돌혈(突穴)은 지나치게 크거나 작지 않고 뚜렷해야 하며, 혈(穴)이 너무 드러나지 않아야 한다. 독산(獨山)의 돌혈(突穴)은 기가 흩어지며 환포(環抱)가 이루어지지 않아 결혈(結穴)할 수 없다.

돌혈(突穴)의 종류에는 대돌(大突)·소돌(小突)·장돌(長突)·단돌(短突)·쌍돌(雙突)·삼돌(三突)이 있다. 돌혈(突穴)은 돌 양국의 밖으로 나가 속기(束氣)된 혈(穴)이므로 좌우에서 바람을 받을 수 있다. 따라서 좌우의 내청룡(青龍)과 내백호(白虎), 외청룡(外青龍) 외백호(外白虎)가 환포(環抱)를 잘 이루어야 한다.

13장. 태극혈·양의혈·자웅혈·천심십도

1. 태극혈(太極穴)

혈(穴)에는 와(窩)·겸(鉗)·유(乳)·돌(突) 이외에 태극혈(太極穴)·양의혈(兩儀穴)·괴혈(怪穴)·기형혈(奇形穴)·기룡혈(騎龍穴)·석산혈(石山穴)·수중혈(水中穴)이 있다.

태극혈(太極穴)은 원운(圓暈)에 혈(穴)이 형성된 것을 말한다. 원운(圓暈) 내의 혈(穴)은 대지에 있는 용(龍)의 조화로 인하여 결혈(結穴)된 것으로, 귀한 진혈(眞穴)을 찾기 어렵다.

원운(圓暈)은 달무리나 해무리 모양으로 둥근 것을 말한다. 원운(圓暈) 내의 결혈지(結穴地)는 먼 곳에서 보면 옆으로 보이지만, 가까이서는 잘 보이지 않으므로 자세하게 살피지 않으면 구분하기 힘들다.

원운(圓暈)은 하나의 기(氣) 가운데 이원(二元)의 음양(陰陽)이 있다. 원운(圓暈) 내에서 은미(隱微)하게 돌(突)과 함(陷)이 상교(相交)하고, 음양(陰陽)이 발생하여 포굴작용(泡窟作用)을 한다. 다시 말해,

물이 동화를 일으켜 양(陽)이 조용한 가운데 음기(陰氣)를 발생하고, 수계분합(水界分合)이 일어나 흔적이 생긴다. 그러므로 태극혈(太極穴)이라고 생각되면 먼저 수계(水界) 흔적을 찾아야 한다.

태극혈(太極穴)의 흔적에는 구담형(球膽形)·합금형(合襟形)·나문형(羅紋形)·토축형(土縮形)·앙부형(仰俯形) 등이 있다.

- 구담형(球膽形)은 둥근 모양으로 쓸개와 같은 원운(圓暈) 내의 혈(穴)이다.
- 합금형(合襟形)은 나뉘어진 윗물이 아래에서 합치는 형상이다. 옷을 여미는 듯한 작용의 조화로 상분하합(上分下合)하는 형세이다.
- 나문형(羅紋形)은 평평한 지면에 돌기복굴(突起伏屈)의 현상은 없어도 새그물 모양의 흔적이 있는 혈(穴)이다. 나문형(羅紋形)은 원운(圓暈) 내에 돌(突)의 흔적이 전혀 없이 결한다.
- 토축형(土縮形)은 흙무늬 흔적으로 토문형(土紋形)이라고도 한다. 좌우상하가 결합된 원운(圓暈)이다.
- 앙부형(仰俯形)은 음양(陰陽)이 작용한 흔적이 있는 원운(圓暈)에서 이루어지고, 작은 구멍과 같은 현상으로 결혈(結穴)된 것이다.

혈운(穴暈)의 원운(圓暈)이 마치 불꽃처럼 뾰죽한 형태는 태극혈(太極穴)인 것 같아도, 취기(聚氣)를 이루지 못한 살충혈지(殺沖穴地)로 가혈(假穴)이다.

2. 양의혈(兩儀穴)

 양의혈(兩儀穴)은 혈성(穴星)이 이기(二氣)로 되어 있고, 양기(陽氣)와 음기(陰氣)의 혈(穴)을 말한다. 양(陽) 가운데 음기(陰氣)가 생결(生結)하고, 음(陰) 가운데 양기(陽氣)가 생결(生結)하니, 소음(小陰)과 소양(小陽)이 대등하게 혈운(穴暈)에 있는 형세를 말한다.
 양의혈(兩儀穴) 용(龍)에 순행(順行)한 혈(穴)은 위가 수세(瘦勢)하면 아래가 비후(肥厚)하고, 위가 비후(肥厚)하면 아래가 수세(瘦勢)하여, 좌수우비(左瘦右肥) · 우수좌비(右瘦左肥) · 좌양우음(左陽右陰) · 우양좌음(右陽左陰) 격이다. 그러므로 혈(穴)이 함하며 밝고, 어두우며 파리하고, 높고 낮음이 모두 대등하게 이루어지는 것이 양의혈(兩儀穴)이다. 양의혈(兩儀穴)은 높은 산에 있는 것이 아니라 평지 산에 있는 형혈(形穴)로, 모양은 태극혈(太極穴)과 같다. 혈운(穴暈)에 따라 요감법(饒减法)을 사용하여, 부족한 곳은 가하고 지나친 곳은 감하여 균형을 맞추어 정혈(定穴)한다.

3. 자웅혈(雌雄穴)

 자웅혈(雌雄穴)은 음양(陰陽)의 이치로 본 것이다. 자혈(雌穴)은 암혈에 속하고, 웅혈(雄穴)은 수혈에 속한다. 요(凹)는 음(陰)이고, 철(凸)은 양(陽)이다. 음래양수(陰來陽水) · 양래음수(陽來陰水)는 생룡(生龍)과 생기(生氣)를 이루게 된다.
 양공(楊公)은 자웅혈법(雌雄穴法)에 대해 자웅(雌雄)의 기운이 모이고 흩어지는 것에 따라 혈(穴)을 맺는다고 했다. 웅혈(雄穴)은 기가 위에 모인 혈(穴)이고, 자혈(雌穴)은 기가 아래에 모인 혈(穴)이다. 따라서 위에서 기(氣)가 흩어지면 아래에서 혈(穴)을 맺고, 아래에서 기(氣)가 흩어지면 위에서 결혈(結穴)한다. 위에서 취한 혈(穴)을 웅혈천혈(雄穴天穴)이라 하고, 아래에서 취한 혈(穴)을 자혈지혈(雌穴地穴)이라 한다. 이것은 높은 곳과 낮은 곳을 암수로 논한 것이다.

4. 천심십도(天心十道)

천심십도(天心十道)는 혈(穴)을 중심으로 주산(主山)·현무정(玄武頂)·청룡(靑龍)·백호(白虎)·안산(案山)이 열십(十) 자로 바르게 이루어진 것을 말한다. 대대로 부귀가 빨리와 발복하는 매우 귀한 혈(穴)이다.

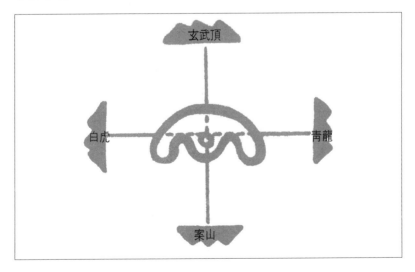

14장. 바람 · 토질 · 돌바위 · 산의 심층

　바람의 영향으로 진혈(眞穴)의 성국(成局)을 일으키는 것은 현무정(玄武頂)과 주작(朱雀), 조산(朝山), 안산(案山), 좌청룡(左靑龍), 우백호(右白虎), 성산(星山)이 혈(穴)을 조응(朝應)하여 혈장(穴場)이 성국(成局)되는 곳을 순풍혈내회도(順風穴來回到)라 하여 장풍(藏風)과 진혈(眞穴)이 이루어진다. 그러나 살충풍(殺沖風)이 충사(沖射)하면 결혈(結穴)되지 못한다.

　양풍(陽風)은 순풍(順風), 장풍(藏風), 온풍(溫風)을 말하고 넓은 평지에서 사방으로 왕래하는 바람이다. 음풍(陰風)은 혈(穴) 앞이 공허하여 요풍(凹風)으로 변하여 불어오는 바람으로 살풍(殺風)이며, 혈(穴) 뒤가 공허해도 요살풍(凹殺風)이 분다.

　청룡(靑龍)과 백호(白虎)가 요(凹)하고 공허하면 요음풍(凹陰風)이다. 음협직내풍(陰陜直來風)은 불어오는 바람이 변하여 살풍(殺風)이 된다. 좁은 협산(陜山)을 큰 산이 가로막아 행룡(行龍)과 바람을 막아 생긴 바람을 냉한음풍(冷寒陰風)이라 하며 대흉하다.

바람을 오행(五行)으로 보면 동풍(東風) 목(木)은 온풍(溫風), 서풍(西風) 금(金)은 냉풍(冷風), 남풍(南風) 화(火)는 열풍(熱風), 북풍(北風) 수(水)는 한풍(寒風), 중앙풍(中央風) 토(土)는 중토풍(中土風)이라 한다.

1. 요풍(凹風)

- 혈(穴) 뒤에 요풍(凹風)이 있으면 자손이 성하지 못하다.
- 혈(穴) 앞에 요풍(凹風)이 있으면 자손이 빈곤하다.
- 혈(穴) 왼쪽에 요풍(凹風)이 있으면 장손이 홀아비나 과부가 된다.
- 혈(穴) 오른쪽에 요풍(凹風)이 있으면 계손(季孫)이 요사한다.
- 혈(穴) 양족(兩足)에 요풍(凹風)이 있으면 재산이 파산한다.
- 혈(穴) 양 어깨에 요풍(凹風)이 있으면 패절하여 대대손손 흉하다.
- 혈(穴) 주위에 간방(艮方) 요풍(凹風)이 있으면 최악풍으로 자손에게 병이 많이 따르고, 포악하거나 정신질환을 앓는다.

2. 살풍

強干風之 乙辛丁癸 四方 殺風
강간풍지 을신정계 요방 살풍
絶門風之 雙山 凹入來 殺風
절문풍지 쌍산 요입래 살풍

拱手風之 相互拱回風 殺風

공수풍지 상호공회풍 살풍

- 강간풍(强干風)은 을신정계방(乙辛丁癸方) 요풍(凹風)이다.
- 절문풍(絶門風)은 쌍산(雙山)에서 불어오는 요풍(凹風)이다.
- 공수풍(拱手風)은 맞부딪쳐 도는 바람이다.

3. 바람과 물의 길한 방위

壬坎坐 庚酉方 風水 吉

임감좌 경유방 풍수 길

癸坎坐 辛酉方 風水 吉

계감좌 신유방 풍수 길

艮寅坐 辛戌方 風水 吉

간인좌 신술방 풍수 길

巽巳坐 坤申方 風水 吉

손사좌 곤신방 풍수 길

坤申下 巽巳方 風水 吉

곤신하 손사방 풍수 길

乾亥坐 乙辰方 風水 吉

건해좌 을진방 풍수 길

- 임자좌(壬子坐)는 경유방(庚酉方)의 물과 바람이 길하다.

- 계자좌(癸子坐)는 신유방(辛酉方)의 물과 바람이 길하다.
- 간인좌(艮寅坐)는 신술방(辛戌方)의 물과 바람이 길하다.
- 손사좌(巽巳坐)는 곤신방(坤申方)의 물과 바람이 길하다.
- 건해좌(乾亥坐)는 을진방(乙辰方)의 물과 바람이 길하다.

4. 토질·바위·돌의 징조

- 조산(祖山)에 입석(立石)이 있으면 혈(穴)에도 입석(立石)이 있다.
- 조산(祖山)에 광석(廣石)이 있으면 혈장(穴場)에는 은석(隱石)이 있다.
- 간인맥(艮寅脈)에는 반드시 돌이 있다.
- 을신정계맥(乙辛丁癸脈)에는 지중석(地中石)이 많다.
- 건술임해맥(乾戌壬亥脈) 아래에는 돌이 있다.
- 건해맥(乾亥脈) 위로 간인맥(艮寅脈)이 지나가면 겉이 돌이면 속은 흙이다.
- 간인맥(艮寅脈) 위로 건해맥(乾亥脈)이 지나가면 겉이 흙이면 속은 돌이다.
- 손사맥(巽巳脈) 위로 곤신맥(坤申脈)이 지나가면 겉이 돌이면 속은 흙이고, 속이 돌이면 겉은 흙이다.
- 곤신맥(坤申脈) 등 위로 손사맥(巽巳脈)이 지나가면 겉과 속이 모두 돌이다.

1. 토질 · 바위 · 용맥(龍脈)

- 인신사해(寅申巳亥)의 사포(四胞)는 흙의 색이 묘하다.
- 진술축미(辰戌丑未)의 사금(四金)은 황토색이다.
- 태감(兌坎)은 백비석(白批石)이다.
- 을신정계(乙辛丁癸)의 사강(四强)은 호석(虎石)이 많다.
- 임병경신(壬丙庚申)의 사순(四順)은 백석(白石)이다.
- 사금국(四金局) 사포(四胞)의 운포(暈抱) 아래 있는 땅은 오색토 (五色土)로 단단하며 윤택하다.
- 술맥(戌脈)에서 온 건맥(乾脈)은 황색이고, 해맥(亥脈)에서 오면 백사(白沙)이다.
- 미맥(未脈)에서 온 곤맥(坤脈)은 청비석이고, 신맥(申脈)에서 오 면 백사(白沙)이다.
- 진맥(辰脈)에서 온 손맥(巽脈)은 황토(黃土)이고, 미맥(未脈)에서 오면 자색토이다.
- 축맥(丑脈)에서 온 간맥(艮脈)은 흑색이고, 인맥(寅脈)에서 오면 청색이다.

5. 벌레와 짐승이 있을 징조

- 인룡(寅龍)이 술입수(戌入首)하고 술룡(戌龍)이 인입수(寅入首) 하는 곳에 오방(午方) 물이 비치고, 인오술룡(寅午戌龍)이 왕성하 면 그곳에는 짐승이 많다.
- 사룡(巳龍)이 축입수(丑入首)하고 축룡(丑龍)이 사입수(巳入首)

하는 곳에 유방(酉方)의 물이 비치고, 사유축삼합(巳酉丑三合)으로 왕성하면 매미과 곤충이 산다.

■ 신룡(申龍)이 진입수(辰入首)하고 진룡(辰龍)이 신입수(申入首)한 곳에 자방(子方)의 물이 비치고, 신진(申辰)이 왕성하면 어류가 산다.

■ 해룡(亥龍)이 미입수(未入首)하고 미룡(未龍)이 해입수(亥入首)하면 묘방(卯方) 물이 비치고, 해묘미(亥卯未)가 삼합(三合)하여 왕성하면 조류가 많이 산다.

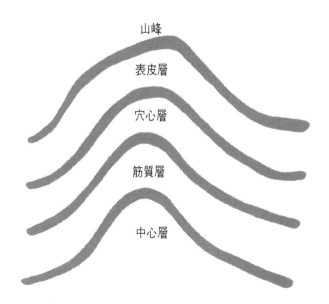

표피층(表皮層)은 모래나 진흙 땅이고, 혈심층(穴心層)은 기류교감파(氣流交感波) 비석비토(非石非土)이고, 근질층(筋質層)은 석산질(石山質)이고, 중심층(中心層)은 암석(岩石)이고, 혈심층(穴心層)이 없는 지형은 사룡(死龍)이다.

山의 心層

15장. 기혈과 교혈

  기형혈(奇形穴)은 교혈(巧穴)과 괴혈(怪穴)에 비장(秘藏)한 명혈(名
穴)이며, 정법국세(正法局勢)가 아닌 충형지대(沖形地帶)에 진룡(眞
龍)이 결혈(結穴)된 것을 말한다.

  이 혈(穴)은 기묘하여 도안(道眼)이나 신안(神眼)만이 볼 수 있으며,
선행선덕을 행한 사람만이 얻을 수 있다. 만일 악하고 선을 행하지 않
은 사람이 얻으면 천지가 대노하여 자손에게까지 무서운 재앙을 받게
된다는 혈(穴)로, 혈법(穴法)을 논할 수 없다. 다만 지형지세(地形地
勢)에 따라 결혈(結穴)하는 진귀한 혈(穴)로, 천교혈(天巧穴)과 천풍
교혈(天風巧穴)이 있다.

■ 천교혈(天巧穴)은 만인산(萬仞山) 위의 고산봉(高山峰) 장맥(長
  脈)에 결혈(結穴)한다. 높은 곳에 있어도 높다고 느끼지 못하는 평
  지와 같은 혈장(穴場)이다. 청룡(靑龍)과 백호(白虎)가 분명하고,

조산(朝山)과 안산(案山)의 전호(纏護)와 환포(環抱)가 이루어지고, 유정(有情)하면 최고의 귀혈(貴穴)이다.

■ 천풍교혈(天風巧穴)은 멀리서 보면 흉한 팔풍충(八風沖)을 받은 지대로 보이나, 가까이서 보면 지형지세(地形地勢)가 변한 것 같아 팔풍충(八風沖)이 범하지 못하는 곳이라는 것을 알 수 있다. 만일 높은 정상인데도 평지로 느껴지면 전호유정(纏護有情)이 되어 있는지, 온난순풍(順風) 지대인지, 천심십도(天心十導)가 이루어졌는지를 살펴, 해당하면 천풍교혈(天風巧穴)로 보면 틀림없다.

1. 괴혈(怪穴)

괴혈(怪穴)은 겉으로는 흉룡(凶龍)으로 보이지만 응결된 형세의 국(局)으로 귀혈(貴穴)이다.

■ 장유괴혈(長乳怪穴)은 중간 지세(地勢)에서 발생한 혈(穴)로, 청룡(靑龍)과 백호(白虎)가 있어야 된다. 독출된 괴혈(怪穴)로 국세(局勢)가 왕성하고, 본룡(本龍)에서 시작되어 생성되는 혈(穴)이다. 본신룡(本身龍)에서 와겸혈(窩鉗穴)을 이루고, 청룡(靑龍)과 백호(白虎)는 없으나 대치할 수 있는 국(局)이 있는 것을 말한다.

■ 급완앙고혈(急緩仰高穴)은 급한 곳에서는 완만하고, 평행평양지에서는 돌양극음(突陽極陰)이 생기는 묘한 결혈지(結穴地)로, 반드시 조산(朝山)과 안산(案山)이 있어야 한다. 조산(朝山)과 안산(案山)이 없으면 명당(明堂)에 모인 수류(水流) 주위에 환포(環

抱)가 이루어지면 취기(聚氣)가 합국(合局)되어 결혈(結穴)한다.
■ 편뇌혈(偏腦穴)은 한쪽 머리가 얕은 곳으로 쏠려 기(氣)가 결속되어 생기는 혈(穴)이다. 반드시 락산(樂山)이나 귀산(鬼山)이 있어야 취기(聚氣)가 합국(合局)을 이루어 결혈(結穴)된다.

2. 기룡혈(騎龍穴)

기룡혈(騎龍穴)은 대룡(大龍)의 기(氣)가 왕성해 행룡(行龍)의 등에 올라탄 듯한 형세로 결혈(結穴)된 괴혈(怪穴)이다. 청룡(靑龍) 백호(白虎)와 대소명당(大小明堂)이 없어도 주변에 수계(水界)가 분명하고, 조응(朝應)과 환포(環抱), 천심십도(天心十導)가 있으면 정혈(定穴)한다. 높은 산과 높은 산 위의 평지에 결혈(結穴)한다.

기룡혈(騎龍穴)에는 구배형(龜背形), 우배형(牛背形) 등이 있다. 즉 거북이나 소의 등마루에 올라탄 듯한 형상의 교혈(巧穴)이며, 기맥(氣脈)이 맺고 멈추는 곳에 결혈(結穴)된다. 즉 용맥(龍脈)이 진행하다 멈춘 곳이다.

3. 석산혈(石山穴)

석산혈(石山穴)은 석중(石中)에 결혈(結穴)된 혈(穴)로, 행룡맥(行龍脈)이 석중(石中)의 토맥(土脈)에 결혈(結穴)되는 혈(穴)이다. 석하토(石下土)에 결혈(結穴)되니 혈심(穴深)이 얕을 수밖에 없다. 석중토(石中土)나 토피석하토(土皮石下土)에 결혈(結穴)되기도 하고, 양석(兩石) 사이의 흙에 결혈(結穴)되는 경우도 있다.

- 몰니혈(沒泥穴)은 깊은 산의 얕은 곳에 와혈(窩穴)이 있어 결혈(結穴)되는 혈(穴)이다. 원래 얕은 지대의 혈(穴)은 요철(凹凸) 형국에 결혈(結穴)되나 몰니혈(沒泥穴)은 요(凹)한 곳에 결혈(結穴)한다. 혈(穴)의 행적은 척석골(脊石骨)이 크고 작은 돌이 간간이 묻힌 것 같은 맥을 따라가 보면, 평전지(平田地)에 있는 와혈(窩穴)을 발견할 수 있다.
- 충수혈(沖水穴)은 혈 앞의 직류수(直流水)가 쏘는 듯한 수세(水勢)로 결혈(結穴)된 혈(穴)이다. 직류(直流)로 오는 충수(沖水)를 석요(石曜)가 막아주므로 청룡(靑龍) 백호(白虎)의 끝머리가 돌아앉아 변류되어 결혈(結穴)된 것이다.
- 원진수혈(元辰水穴)은 앞에서 역수되어 올라가는 큰 물이 강룡(强龍)이며, 환포(環抱)가 유정(有情)하고, 횡산맥이 겹겹이 둘러있는 산세(山勢)에 결혈(結穴)된다. 물이 혈(穴) 앞에서 바로 빠져나가면 흉하다.

4. 수중혈(水中穴)

수중혈(水中穴)은 호수에 있는 작은 섬과 같은 곳에 결혈(結穴)된 것을 말한다. 내룡(來龍)의 맥이 물 속으로 들어가 작은 섬 가운데 속결(束結)되므로 세심하게 살피지 않으면 알 수 없다.

- 수변혈(水邊穴)은 행룡(行龍)이 수류변(水流邊)에 결혈(結穴)된 것으로 천지조화로 이루어진다. 교묘하게도 물의 흐름이 충(沖)을 받아 다른 곳으로 옮겨가서 결혈(結穴)한다.

- 용루혈(龍漏穴)은 깊은 물 속의 바닥이나 깊은 샘의 바닥에 결혈(結穴)된다. 이 교혈(巧穴)에 장사(葬事)를 지내면 자연히 물이 말라 없어진다. 물이 다시 생기거나 마르지 않으면 가혈(假穴)이다. 이 혈(穴)은 전해오는 이야기일 뿐 실제로 본 사람은 없다.

- 토피혈(土皮穴)은 행룡(行龍)이 표토(表土)에 입혈(入穴)한 것이다. 장사(葬事)를 지낼 때 땅을 파지 않고 배토(培土)와 부토(浮土)를 해야 하는 혈(穴)이다.

16장. 수류 · 수세 · 수구

1. 수류 · 수세 · 수구

■ 수류(水流)는 진룡(眞龍)이 들어와 떨어지는 곳에 요포(繞抱)를 이룬 수국(水局)이 진혈(眞穴)이다. 반드시 요포(繞抱)가 취합(聚合)되어 나가고, 궁포(弓抱)를 이룬다. 다시 말해, 휘감아온다는 뜻이다.

■ 수세(水勢)가 우측 명당(明堂)에 있거나 우변을 돌아 합류하는 물이 궁포(弓抱)를 이루면 혈(穴)도 우측에 있고, 좌측 명당(明堂)이나 좌변 수류(水流)에 궁포(弓抱)가 있으면 혈(穴)도 좌측에 있다.

■ 수세(水勢)가 멀리서 흘러들어오면 높은 곳에 결혈(結穴)되고, 원진수(元辰水)가 본룡(本龍)에 접하여 흐르는 물이면 얕은 곳에 결혈(結穴)된다.

■ 용(龍)이 크면 물도 크고, 용(龍)이 작으면 물도 작은 것은 자연의 이치이다. 용(龍)이 큰데 물이 작으면 관대격(寬大格)으로 관대

(寬大)한 곳에 정혈(定穴)해야 되고, 용(龍)이 작은데 물이 크면
종조산(宗祖山) 높은 곳의 큰 혈장(穴場)에 결혈(結穴)된다. 양공
선생의 말처럼 수세(水勢)는 먼 곳에서부터 더듬어 살펴야 한다.
■ 직류(直流)·강류(强流)·충살류(沖殺流)와 물 흐르는 소리가 강
하고 높으면 흉수(凶水)이다. 용(龍)의 세(勢)를 탐구할 때는 먼저
물을 살펴야 한다.

2. 관(關)·한문(悍門)·쇄(鎖)

■ 혈(穴) 앞의 물이 여러 곳에서 곡류(曲流)로 흘러오면 대길수(大
吉水)이고, 직류(直流)로 오고가는 급수(急水)는 흉수(凶水)이다.
■ 혈(穴) 앞에 내명당(內明堂)과 중명당(中明堂) 사이에 여러 곳의
물이 들어와 못을 이루면 담호천심수(潭湖天心水) 또는 융취명당
(融聚明堂)이라 하여 부귀해지는 대길수(大吉水)이다.
■ 혈(穴) 앞으로 나가는 물이 작은 골을 이루면 부귀수(富貴水)이며,
관(關)·한문(悍門)·쇄(鎖)가 있다.
■ 관(關)은 수구(水口) 양측에 있는 작은 산 사이로 흐르는 물을 말
하고, 한문(悍門)은 수구(水口) 양측에 섬같은 산이 있어 좁게 흐
르면 대길하고, 쇄(鎖)는 혈(穴) 앞에 있는 작은 산이나 바위가 직
류(直流)하는 물을 막아 옆으로 돌아 흐르게 하는 길수(吉水)이다.
■ 혈(穴) 앞으로 들어오고 나가는 물을 혈(穴)에서 처음 보이는 곳을
득(得)이라 하고, 물의 끝이 보이는 곳을 파(破)라고 하며 수구(水
口)이다.

1. 살수 : 흉수

桃花水, 骨頭水, 及朝水, 衝心水, 射脇水之犯 卽 殺水

도화수, 골두수, 급조수, 충심수, 사협수지범 즉 살수

大凶水

대흉수

■ 해설 : 도화수(桃花水)는 초봄이나 늦가을에 고드름 모양의 얼음
이 땅에 촘촘이 세로 박혀 있는 것처럼 하얗게 보이는 물이고, 골
두수(骨頭水)는 혈(穴) 바로 위에 있는 물이고, 급조수(及朝水)는
혈(穴)을 향하여 밀려오는 물이고, 사협수(射脇水)는 혈(穴)을 위
협하듯이 사선으로 흘러오는 물이며, 충심수(衝心水)는 혈(穴) 앞
으로 찌를 듯이 급히 오는 물이다.

大會明堂水吉

寬暢明堂吉水

明堂

案山

倉板吉水

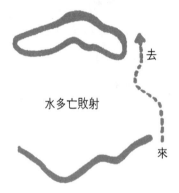

去

水多亡敗射

來

反身水凶

穴

朝水

衛身水奇穴貴吉

明堂

廻

案山

廻流水大吉

次房害　沖射　長房害

射脇水凶

去　去

傾到明堂凶水

水

穴後頭廻流沖水

三角直水

火城水流形凶

土城流水吉富貴

金城流水吉人才

폭포수

瀑面對水凶大

澤

旋淸水流吉澤有大吉

木城水流橫直水吉

九曲流水吉

交鎖明堂水流吉

交鎖明堂水流吉

232

天心水流吉

反背水凶

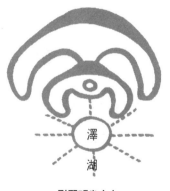

元辰水平

融聚明堂水吉

衝心水凶　元辰水凶

直流沖水凶貧賤

17장. 길파수구론과 구빈진신수법

1. 길파수구론(吉破水口論)

■ 감계신진좌(坎癸申辰坐)는 건갑간손진경해미파(乾甲艮巽震庚亥未破)가 길하다.

■ 이임인술좌(離壬寅戌坐)는 태정사축곤을간병손신파(兌丁巳丑坤乙艮丙巽辛破)가 길하다.

■ 곤을좌(坤乙坐)는 태정사축리임인술신감계신진파(兌丁巳丑離壬寅戌乾甲艮丙破)가 길하다.

■ 손신좌(巽辛坐)는 진경해미리임인술건갑감계신진파(震庚亥未離壬寅戌乾甲坎癸申辰破)가 길하다.

■ 진경해미좌(震庚亥未坐)는 손신건갑곤을계신진파(巽辛乾甲坤乙癸申辰破)가 길하다.

■ 태정사축좌(兌丁巳丑破)는 간병이임인술곤을진해미파(艮丙離壬寅戌坤乙辰亥未破)가 길하다.

■ 건갑좌(乾甲坐)는 곤을태정사축갑계신진진경해미파(坤乙兌丁巳
丑坎癸申辰震庚亥未破)가 길하다.

2. 양공(楊公) 구빈진신수법(救貧進伸水法)

이 수법(水法)은 양공(楊公) 선생이 수구(水口)의 방향과 혈좌(穴
坐)의 방위에 따라 왕쇠살(旺衰殺)의 길흉을 해석한 비결이다. 24좌
(坐)의 24향(向) 수구(水口)를 각 좌(坐)의 수구단법(水口斷法)을
24수구(水口)에 의해 길흉을 설명한다.

1. 임자좌수류(壬子坐水流)
■ 갑묘수구(甲卯水口) : 우류수(右流水)는 장수하나 묘방(卯方)을
범하면 안되고, 좌류수(左流水)는 부귀가 쌍전한다.
■ 정미수구(丁未水口) : 우류수(右流水)는 대부대귀를 누리며 장수
하나, 좌류수(左流水)는 흉하여 정혈(定穴)하면 안된다.
■ 신술수구(辛戌水口) : 우류수(右流水)는 대부대귀를 누리며 장수
하고, 좌류수(左流水)는 오방(午方)을 범하지 않으면 부귀하다.
■ 임자수구(壬子水口) : 재물은 없으나 우류수(右流水)는 장수한다.
■ 계축수구(癸丑水口) : 어린아이를 키우기 어렵고, 자녀에게 실패
가 따른다.
■ 간인수구(艮寅水口) : 재산은 있으나 요절하는 자손이 많다.
■ 을진수구(乙辰水口) : 단명 · 패가 등이 따르고 불구자가 많다.
■ 손사수구(巽巳水口) : 집안에 환자가 많고 두 집이 먼저 패한다.

- 병오수구(丙午水口) : 우류수(右流水)는 부부가 장수하나 재물이 없고, 좌류수(左流水)는 흉하다.
- 곤신수구(坤申水口) : 단명하며 과부가 많다.
- 경유수구(庚酉水口) : 단명과 재물실패가 따른다.
- 건해수구(乾亥水口) : 재물이 있으면 단명하고, 재물이 없으면 장수한다.

2. 계축좌수류(癸丑坐水流)

- 임자수구(壬子水口) : 우류수(右流水)는 국(局)이 좋으면 반길하고, 좌류수(左流水)는 부귀가 따르며 자손이 창성한다.
- 손사수구(巽巳水口) : 우류수(右流水)는 만사대길하나 사방(巳方)을 범하면 안되고, 좌류수(左流水)는 재물과 자손이 번성한다.
- 곤신수구(坤申水口) : 우류수(右流水)는 만사대길하여 장수하며 큰 재물을 모으고, 좌류수(左流水)는 만사대길하나 신방(申方)을 범하면 안된다.
- 계축수구(癸丑水口) : 패가망신 · 요절 등이 많이 따른다.
- 간인수구(艮寅水口) : 장자에게는 사망이 따르고, 차자에게는 부부이별 · 재물손실 등이 따른다.
- 갑묘수구(甲卯水口) : 초년에는 길하나 단명 · 재물손실이 따른다.
- 을진수구(乙辰水口) : 우류수(右流水)는 초년에는 길하나 말년에 흉하고, 좌류수(左流水)는 진방(辰方)을 범하지 않으면 무방하다.
- 병오수구(丙午水口) : 집안에 폭군이 생기며 혈육분쟁이 따른다.
- 정미수구(丁未水口) : 우류수(右流水)는 크게 실패하며 불효자가 생기고, 좌류수(左流水)는 미방(未方)을 범하지 않으면 반길하다.

- 경유수구(庚酉水口) : 반길반흉으로 재물이 있으면 단명하고, 빈곤하면 장수한다.
- 신술수구(辛戌水口) : 만사불성이며 재물이 없으니 평생 빈곤을 면하기 어렵다.
- 건해수구(乾亥水口) : 만사불성이며 재산을 크게 잃는다.

3. 간인좌수류(艮寅坐水流)

- 을진수구(乙辰水口) : 부귀쌍전하며 공명창성한다.
- 정미수구(丁未水口) : 차손이 먼저 성공한 후 장손이 부귀해진다.
- 곤신수구(坤申水口) : 대부대길하며 우류수(右流水)는 높은 관직에 오른다.
- 경유수구(庚酉水口) : 부귀창성하며 좌류수(左流水)는 장손이 성공한다.
- 임자수구(壬子水口) : 우류수(右流水)는 초년에 크게 실패하고, 장수하면 아들이 없다. 좌류수(左流水)는 단명과 빈곤이 따른다.
- 계축수구(癸丑水口) : 장례 직후에 요절하며 재물손실·빈곤 등이 따르고 자손이 없다.
- 간인수구(艮寅水口) : 우류수(右流水)는 집안에 병자가 많으며 재물이 크게 패하고, 좌류수(左流水)는 무병하나 빈곤하다.
- 갑묘수구(甲卯水口) : 우류수(右流水)는 단명·재물손실·불효 등이 따르고, 좌류수(左流水)는 반길반흉이다.
- 손사수구(巽巳水口) : 우류수(右流水)는 재물은 있으나 말년에 패하고, 좌류수(左流水)는 평생 가난을 면하지 못한다.
- 병오수구(丙午水口) : 초년에는 잘사나 말년에는 흉하고, 단명이

따르지만 가난하면 장수하는 경우도 있다.

- 신술수구(辛戌水口) : 요절이나 불구가 따르고 재물이 없다.
- 건해수구(乾亥水口) : 명예가 있으면 사망, 혈토병 등이 따른다.

4. 갑묘좌수류(甲卯坐水流)

- 계축수구(癸丑水口) : 우류수(右流水)는 대부대귀를 누리며 장수하나 좌류수(左流水)가 축류수(丑流水)이면 흉하다.
- 병오수구(丙午水口) : 우류오방수(右流午方水)는 재물을 크게 잃지만 좌류수(左流水)는 부귀쌍전하며 가문이 번창한다.
- 신술수구(辛戌水口) : 재능이 많고 부귀하며 가문이 번창한다.
- 임자수구(壬子水口) : 삼가(三家) 장손이 급사하거나 멸손하고, 과부가 많이 생긴다.
- 간인수구(艮寅水口) : 우류수(右流水)는 초년은 길하나 말년이 흉하고, 좌류수(左流水)는 평생 가난을 면하지 못하나 장수한다.
- 갑묘수구(甲卯水口) : 우류수(右流水)는 유산·단명·재물손실 등이 따르고, 좌류수(左流水)는 재물이 없으면 장수하기도 한다.
- 을진수구(乙辰水口) : 부부이별·재물손실·상해 등이 따른다.
- 손사수구(巽巳水口) : 반길반흉하나 자손이 빈한하다.
- 정미수구(丁未水口) : 우류수(右流水)는 유아기 때 상해를 입고, 좌류수(左流水)는 부부의 사망으로 패가하게 된다.
- 곤신수구(坤申水口) : 장자가 상해를 당한다.
- 경유수구(庚酉水口) : 장손은 단명하여 자손이 없고, 차손은 부부 간에 화목하지 못하다.
- 건해수구(乾亥水口) : 단명·패가가 따르나 가난하면 장수한다.

5. 을진좌수류(乙辰坐水流)

- 갑묘수구(甲卯水口) : 대부대귀를 누리나 우류수(右流水)는 묘방 (卯方)을 범하면 안된다.
- 곤신수구(坤申水口) : 삼자(三者)가 명진사해하고, 재산이 왕성하 며 장수한다.
- 신술수구(辛戌水口) : 부유하나 술방(戌方)을 범하면 재물손실이 따른다.
- 건해수구(乾亥水口) : 대부대귀하나 묘방(卯方)을 범하면 안된다.
- 임자수구(壬子水口) : 초년에는 부유하나 단명·재물손실 등이 따 른다.
- 계축수구(癸丑水口) : 자손이 불행하며 패가한다.
- 간인수구(艮寅水口) : 재물을 잃으며 패가한다.
- 을진수구(乙辰水口) : 요절이나 재물손실 등으로 크게 패한다.
- 손사수구(巽巳水口) : 재물손실·생사이별 등이 따르고, 장자가 망한다.
- 병오수구(丙午水口) : 재물손실·단명 등이 따르나 가난하면 장수 한다.
- 정미수구(丁未水口) : 우류수(右流水)는 반길반흉이고, 좌류수(左 流水)는 초년에는 길하나 말년에 대흉하다.
- 경유수구(庚酉水口) : 빈한하며 술방(戌方)에 악석(惡石)이 있으 면 난폭한 사람이 나온다.

6. 손사좌수류(巽巳坐水流)

- 임자수구(壬子水口) : 대부대귀하며 장수하고, 자손이 창성한다.

- 정미수구(丁未水口) : 우류수(右流水)는 미방(未方)을 범하지 않으면 길하고, 좌류수(左流水)는 부귀를 누리며 현명한 아내와 효자를 둔다.
- 신술수구(辛戌水口) : 대부대귀를 누리며 장수한다.
- 건해수구(乾亥水口) : 해방(亥方)을 범하지 않으면 재물이 많으며 자손이 창성한다.
- 계축수구(癸丑水口) : 명석한 자손이 단명하는 등 집안에 사망하는 사람이 많다.
- 간인수구(艮寅水口) : 재물손실·단명·불구 등이 따르며 만사가 이루어지지 않는다.
- 갑묘수구(甲卯水口) : 초년에는 길하나 말년에는 대흉하다.
- 을진수구(乙辰水口) : 재물손실이 많이 따른다.
- 손사수구(巽巳水口) : 우류수(右流水)는 갑자기 패하고, 좌류수(左流水)는 빈곤하며 고독하다.
- 병오수구(丙午水口) : 재물손실·단명 등이 따른다.
- 곤신수구(坤申水口) : 우류수(右流水)는 재물이 많으면 단명하며 공명이 불리하고, 좌류수(左流水)는 평생 가난을 면하기 어렵다.
- 경유수구(庚酉水口) : 우류수(右流水)는 초년에는 부유하나 재물손실이나 단명 등이 따르고, 좌류수(左流水)는 반길반흉하다.

7. 병오좌수류(丙午坐水流)

- 임자수구(壬子水口) : 우류수(右流水)와 좌류수(左流水)가 합류하면 대부대귀하나 자방(子方)을 범하면 안된다.
- 계축수구(癸丑水口) : 부귀·공명·장수 등이 따르고, 자손이 창

성한다.

■ 을진수구(乙辰水口) : 만사형통하며 대부대귀를 누린다.

■ 경유수구(庚酉水口) : 부귀쌍전하나 신방(申方)과 같은 파구(破口)는 대흉하다.

■ 간인수구(艮寅水口) : 병사나 단명 등으로 과부가 많다.

■ 갑묘수구(甲卯水口) : 우류수(右流水)는 장자나 차손이 요절하나, 좌류수(左流水)는 묘방(卯方)을 범하지 않으면 무방하다.

■ 손사수구(巽巳水口) : 반길반흉으로 재물이 많으면 단명하고, 재물이 없으면 장수한다.

■ 병오수구(丙午水口) : 초년에는 길하나 말년에는 흉하다. 특히 여자에게 나쁘다.

■ 정미수구(丁未水口) : 단명이 따르니 자손이 귀하다.

■ 곤신수구(坤申水口) : 만사가 이루어지지 않는다.

■ 신술수구(辛戌水口) : 자녀 사망·불구·자부의 가출 등이 있다.

■ 건해수구(乾亥水口) : 사망이 많이 따른다.

8. 정미좌수류(丁未坐水流)

■ 간인수구(艮寅水口) : 장수하며 자손이 창성하나 인방(寅方)을 범하면 안된다.

■ 계축수구(癸丑水口) : 우류수(右流水)는 대부대귀하나 축방(丑方)을 범하면 안되고, 좌류수(左流水)는 평범하다.

■ 병오수구(丙午水口) : 우류수(右流水)는 부귀를 누리며 장수하나 오방(午方)을 범하면 안되고, 좌류수(左流水)는 파란이 많다.

■ 건해수구(乾亥水口) : 재물이 많이 따르며 자손이 가문을 세운다.

- 임자수구(壬子水口) : 단명 · 재물손실 등이 따르고, 난폭한 사람이 나온다.
- 갑묘수구(甲卯水口) : 단명이 따르나 재물이 없으면 장수한다.
- 을진수구(乙辰水口) : 재물손실이 따르며 고독하다.
- 손사수구(巽巳水口) : 요절이나 단명 등이 따른다.
- 정미수구(丁未水口) : 장손에게 요절이 따르고 가문이 멸한다.
- 곤신수구(坤申水口) 재물손실이 따르고 장손이 요절하며 아내를 잃는다.
- 경유수구(庚酉水口) : 재물손실 · 단명 등이 따른다.
- 신술수구(辛戌水口) : 우류수(右流水)는 장수하나 좌류수(左流水)는 파직이나 빈곤 등이 따른다.

9. 곤신좌수류(坤申坐水流)

- 계축수구(癸丑水口) : 부귀하며 장수하고 차손이 먼저 성공한다.
- 갑묘수구(甲卯水口) : 부귀공명이 따른다.
- 신술수구(辛戌水口) : 오복과 가문의 덕이 있고 만사형통한다.
- 임자수구(壬子水口) : 우류수(右流水)는 흉하나 좌류수(左流水)는 장류수(長流水)이면 더욱 대길하다.
- 간인수구(艮寅水口) : 만사불성하며 질병으로 단명한다.
- 을진수구(乙辰水口) : 음란하며 자손이 단명하고 패가한다.
- 손사수구(巽巳水口) : 급사를 당한다.
- 병오수구(丙午水口) : 빈곤을 면하지 못한다.
- 정미수구(丁未水口) : 재물을 크게 잃고 단명한다.
- 곤신수구(坤申水口) : 만사불성하며 패가망신한다.

- 경유수구(庚酉水口) : 질병으로 요절하며 항상 빈곤하다.
- 건해수구(乾亥水口) : 만사불성하며 단명 · 재물손실 등이 따른다.

10. 경유좌수류(庚酉坐水流)

- 임자수구(壬子水口) : 부귀쌍전하나 자방(子方)을 범하면 안된다.
- 을진수구(乙辰水口) : 대부대귀를 누리며 장수한다.
- 정미수구(丁未水口) : 대부대귀를 누리며 장수하고, 자손이 창성하며 아내덕이 있다.
- 갑묘수구(甲卯水口) : 만사대길하고 묘방(卯方)을 범하지 않으면 큰 부자가 된다.
- 계축수구(癸丑水口) : 불구 · 패가 등이 따른다.
- 간인수구(艮寅水口) : 장차자 순으로 패하며 자손들이 요절한다.
- 손사수구(巽巳水口) : 혈토병 · 단명 등이 따르고, 과부가 생기며 삼가(三家)가 패한다.
- 병오수구(丙午水口) : 급사(急死)와 조사(早死)가 순서대로 따르고 과부가 생긴다.
- 곤신수구(坤申水口) : 공명이 흉으로 변하며 항상 빈곤하다.
- 경유수구(庚酉水口) : 유산이 잘되고 상해를 입는 일이 많다. 그러나 재물이 없으면 장수한다.
- 신술수구(辛戌水口) : 재물손실로 집안이 패한다.
- 건해수구(乾亥水口) : 장손에게 재물손실이 크게 있고 어린아이가 자라지 못한다. 자손이 망하는 대흉수이다.

11. 신술좌수류(辛戌坐水流)

- 간인수구(艮寅水口) : 재물·공명·장수 등이 따르며 자손이 창성한다.
- 을진수구(乙辰水口) : 대부대귀를 누리며 장수하나 유방(酉方)을 범하면 안된다.
- 손사수구(巽巳水口) : 부귀를 누리며 장수하고 만사대길하다.
- 경유수구(庚酉水口) : 양지(陽地)는 대길하나 유방(酉方)을 범하면 대흉하다.
- 임자수구(壬子水口) : 재물이 있으면 단명한다.
- 계축수구(癸丑水口) : 재물복이 없어져 점점 빈곤해진다.
- 갑묘수구(甲卯水口) : 장손은 단명하며 차손도 대흉하다.
- 병오수구(丙午水口) : 가난하나 반길반흉하다.
- 정미수구(丁未水口) : 점점 패하는 운으로 변하여 자손이 망한다.
- 곤신수구(坤申水口) : 만사불성이며 재물손실이 따른다.
- 신술수구(辛戌水口) : 형제가 갑자기 사망하며 크게 패한다.
- 건해수구(乾亥水口) : 재물손실·급사 등이 따른다.

12. 건해좌수류(乾亥坐水流)

- 계축수구(癸丑水口) : 오복이 따르며 효자를 둔다.
- 을진수구(乙辰水口) : 부귀를 누리며 장수하고 만사대길이다.
- 병오수구(丙午水口) : 부귀를 누리며 장수하고 만사대길이다.
- 임자수구(壬子水口) : 덕이 없고 빈곤·단명 등이 따른다.
- 간인수구(艮寅水口) : 재물복이 없고 단명한다.
- 갑묘수구(甲卯水口) : 매우 빈곤하고 단명한다.

- 손사수구(巽巳水口) : 매사가 불길하고 부부불화 · 재물손실 등이 따른다.
- 정미수구(丁未水口) : 사별이 따르고 가문이 패한다.
- 곤신수구(坤申水口) : 장손이 단명하고 가문이 망한다.
- 경유수구(庚酉水口) : 빈곤을 면하지 못한다.
- 신술수구(辛戌水口) : 패가망신 · 단명 등이 따르고 재물이 없다.
- 건해수구(乾亥水口) : 만사불성이고 빈곤 · 패가 등이 따른다.

18장. 가장지와 불장지

　묘를 쓸 수 있는 곳은 양기와혈(陽氣窩穴) · 합기겸혈(合氣鉗穴) · 순기유혈(順氣乳穴) · 취기돌혈(聚氣突穴) · 윤기잉혈(潤氣孕穴) · 돌맥요혈(突脈凹穴) · 양맥합혈(兩脈合穴) · 은맥원혈(隱脈圓穴) · 왕맥은혈(旺脈隱穴) · 동맥괴혈(童脈怪穴) 등이다.

　묘를 쓸 수 없는 곳은 악기흉산(惡氣凶山) · 쇠기산산(衰氣散山) · 고봉첨산(高峰尖山) · 음습심산(陰濕深山) · 고룡배산(孤龍背山) · 급기광산(急氣狂山) · 설기주산(洩氣主山) · 무연독산(無連獨山) · 무토석산(無土石山) · 무맥평지(無脈平地) 등이다.

1. 묘를 쓸 수 없는 곳

　물이나 바람소리가 비명처럼 들리거나, 산이 험준하며 공포감을 느끼는 곳은 대흉하므로 묘를 쓰지 않는다. 만일 이런 곳에 묘를 잡으면 지관까지도 해를 당한다.

- 무혈지(無穴地)는 동네 · 동산 · 년월일시가 나쁘면 불가하다.
- 단산(斷山)은 암석산으로 흙이 보이지 않으니 불가하다.
- 과산(過山)은 섬처럼 홀로 있는 산으로, 행맥(行脈)과 기(氣)가 없으므로 불가하다.
- 고산준령지형(高山峻嶺地形)은 정천(井泉)과 전호(纏護)가 없으면 혈(穴)도 없으니 불가하다.
- 조두형혈(鳥頭形穴)은 혈성(穴星)의 머리가 새머리 모양이고, 입이 바늘끝처럼 뾰죽하므로 불가하다.
- 서미세침장혈(鼠尾細針長形)은 혈형(穴形)이 쥐꼬리 모양으로 길고 뾰죽하므로 불가하다.
- 수세(水勢)가 날뛰며 흩어진 것 같으면 위험하므로 불가하다.
- 탄항근처지(炭抗近處地)는 땅 속에 구멍이 사방으로 많이 있어 결혈(結穴)하지 못하니 불가하다.
- 혈(穴) 뒤로 물이 흐르면 수충(水沖)되어 불가하다.
- 혈(穴) 뒤 양 어깨쪽에 도로가 있으면 혈(穴)을 충(沖)하므로 불가하다.

1. 기혈지

기혈(忌穴)의 천격(賤格) · 흉격(凶格) · 산급(山急) · 수급(水急) · 살급(殺急) · 험악(險惡) 등은 불길한 혈(穴)로 진기(眞氣)가 없으니 재혈(裁穴)할 수 없는 나쁜 땅이다. 기혈지(忌穴地)는 다음과 같다.

- 참암(巉岩)은 높고 험악한 암벽석산으로 불길한 땅이다.
- 산만(散漫)은 광활하며 평탄한 곳으로 기(氣)가 흩어진다.
- 완경(頑硬)은 산세(山勢)가 완강직급하여 용(龍)의 활동이 불가능하므로 흉하다.
- 첨세(尖細)는 바늘끝처럼 날카롭고 뾰죽한 산으로 불길하다.
- 탕연(蕩軟)은 혈장(穴場)이 너무 넓어 기(氣)가 속결(束結)하지 못하는 흉한 땅으로 불길하다.
- 산의(散衣)는 산세(山勢)가 흩어지며 끊어지고 떨어지는 땅으로 불길하다.
- 용두(龍頭)는 머리에 부스럼이 있는 것 같은 모양으로 생기가 없어 초목이 살지 못하는 쓸데 없는 땅이다.
- 반시(反時)는 청룡(靑龍)과 백호(白虎)가 역행(逆行)하여 쓸 수 없는 땅이다.
- 호입명당(虎入明堂)은 백호(白虎)가 바늘같이 뾰죽하여 혈(穴)을 찌를 듯한 땅으로 자손이 성하지 못하며 매우 흉하다.
- 홀두(惚頭)는 머리에 부스럼이나 종창이 생긴 모양과 같아 용신(龍身)이 건조하고 허약하다. 검고 흰 돌, 모래와 굵은 모래가 혼합된 땅으로 초목이 말라죽는 불장지(不葬地)이다. 자손이 끊어지며 재산이 없어지는 불길한 땅이다.
- 허모(虛耗)는 구멍이 많아 벌레·뱀·쥐 등이 사는 땅이다. 진기(眞氣)와 윤기가 없고, 기맥(氣脈)이 손상된 죽은 땅으로 흉하다.
- 요결(凹缺)은 움푹패여 기복이 많은 요지(凹地)로 속기(束氣)가 없는 쓸데 없는 땅이다.
- 파면(破面)은 홀두(惚頭)처럼 나쁜 모래흙으로 이루어진 땅이다.

■ 조악(粗惡)은 석산봉(石山峰)이 어수선하게 많아 수려하지 못하며 크기만 한 쓸데 없는 땅이다.

■ 단한(單寒)은 사방에 산이 없어 고독하고, 조응(朝應)되지 못하여 땅도 차고 바람도 냉하다. 혈(穴)이 들어나 있으니 불길하다.

■ 옹종(臃腫)은 산세(山勢)가 지나치게 넓으며 종창이 생긴 것 같고, 열리지 못한 와겸(窩鉗) 형체를 가진 땅으로 불길하다.

■ 유냉(幽冷)은 사방에 높은 산이 있으니 바람이 없다. 음한냉하여 시신이 썩지 않는 흉한 땅으로 불길하다.

■ 수삭(瘦削)은 깍인 듯한 산으로 기력이 없으며 쇠퇴하여 약하다. 그러나 절이나 사당터로는 무방하다.

■ 준급(峻急)은 행룡(行龍)이 아래로 급히 떨어지며 능선이 험악하여 오르기 어렵다. 재산손실과 송사가 일어나는 땅으로 불길하다.

2. 기가 끊어진 형세

■ 성문절(城門絶)은 청룡(靑龍)과 백호(白虎)가 요(凹)하여 바람을 맞은 요함지혈(凹陷地穴)로 흉하다.

■ 이취절(犂嘴絶)은 부리같이 생긴 뾰죽한 산이 급히 내려와 쏘는 듯한 형세로 흉하다.

■ 용두절(龍頭絶)은 겉으로는 전호(纏護)와 환포(環抱)가 되어 있는 듯하나 혈장(穴場)의 혈룡(穴龍)이 모두 떨어지고 갈라져 생기가 없는 형세로 흉하다.

■ 건류절(乾流絶)은 횡룡(橫龍)의 와혈(窩穴)에 원진수(元辰水)가 혈(穴)의 건방(乾方) 뒤로 빠져나가는 형세로 흉하다.

■ 마안절(馬眼絶)은 혈(穴) 뒤로 현무정(玄武頂)이 너무 높이 솟아

있으니 내룡(內龍)이 급하여 고독하고, 혈(穴)이 드러나 바람을 받은 형세로 불길하다.

■ 노두절(鷺頭絶)은 죽은 용(龍)의 산세(山勢)로 바늘처럼 뾰죽하고, 전호(纏護)와 환포(環抱)가 이어지지 않아 결혈(結穴)되지 못하니 불길하다.

■ 복종절(覆鍾絶)은 종이 겹쳐 있는 형상으로 산세(山勢)가 매우 급하여 결혈(結穴)되지 못하는 땅으로 불길하다.

■ 건과절(乾寡絶)은 청룡(靑龍)·백호(白虎)·순전(脣氈)이 모두 없으니 기(氣)가 없는 허혈지(虛穴地)이다. 지나가는 산으로 가혈(假穴)이니 불길하다.

■ 대파절(大坡絶)은 평평한 땅으로 용맥(龍脈)이 끊어져 없고, 돌기(突起)와 속기(束氣)도 없으니 불길하다.

■ 초룡절(初龍絶)은 혈(穴)이 전혀 보이지 않고, 물도 끊어진 흉룡(凶龍)으로 대흉하다.

19장. 풍수지리의 이기조견표

動塚表

舊墓坐	壬子癸丑丙午丁未	艮寅甲卯坤申庚酉	乙辰巽巳辛戌乾亥	吉凶
大吉	辰戌丑未年	子午卯酉年	寅申巳亥年	吉
平吉	子午卯酉年	寅申巳亥年	辰戌丑未年	平
重喪	寅申巳亥年	辰戌丑未年	子午卯酉年	凶

※ 동총(動塚)이란 이장(移葬)이나 합장(合葬), 사초(沙草)를 할 때 중상(重喪)을 피하는 방법이다. 당년과 좌(坐)가 중상일 때는 흉하므로 피해야 한다.

龍天八穴表

길흉 ＼ 망인의생년	申子辰生	巳酉丑生	寅午戌生	亥卯未生	坐
旺人	申子辰坐	巳酉丑坐	寅午戌坐	亥卯未坐	龍
權勢	艮丙辛坐	乾甲丁坐	坤壬乙坐	巽庚癸坐	人
憂患多侵	寅午戌坐	坤壬乙坐	申子辰坐	巳酉丑坐	鬼
亡墳墓	坤壬乙坐	巽丁癸坐	艮丙辛坐	乾甲丁坐	絶
長壽	亥卯未坐	申子辰坐	巳酉丑坐	寅午戌坐	生
子孫多	巽庚癸坐	艮丙辛坐	乾甲丁坐	坤壬乙坐	天
子孫有害	巳酉丑坐	寅午戌坐	亥卯未坐	申子辰坐	敗
富貴多福	乾甲丁坐	亥卯未坐	巽庚癸坐	艮丙辛坐	地

※ 용천팔현(龍天八穴)은 망인의 생년과 혈좌(穴坐)로 길흉을 판별하는 것이다.

추운표

壬入首	1대	1년	丙入首	7	7
子入首	1	1	午入首	7	7
癸入首	6	6	丁入首	2	2
丑入首	10	10	未入首	10	10
艮入首	5	5	坤入首	10	10
寅入首	3	3	申入首	9	9
甲入首	3	3	庚入首	9	9
卯入首	8	8	酉入首	4	4
乙入首	8	8	辛入首	4	4
辰入首	5	5	戌入首	5	5
巽入首	8	8	乾入首	9	9
巳入首	2	2	亥入首	6	6

생왕방표

方位\舊墓		乾甲丁	艮丙辛	巽庚癸	坤壬乙	申子辰	寅午戌	巳酉丑	亥卯未
一式	生方	巽巳	丙午	壬子	乾亥	坤申	艮寅	甲卯	甲卯
	旺方	庚酉	艮寅	坤申	甲卯	壬子	丙午	乾亥	乾亥
二式	生方	巽巳	乾亥	巽巳	乾亥	艮寅	艮寅	坤申	坤申
	旺方	庚酉	甲卯	庚酉	甲卯	丙午	丙午	壬子	壬子
三式	生方	巽巳	乾亥	乾亥	乾亥	坤申	艮寅	甲卯	甲卯
	旺方	庚酉	甲卯	庚酉	甲卯	壬子	丙午	乾亥	乾亥

※ 추운(推運)이란 입수(入首)를 기준으로 년수(年數)와 대수(代數)를 보는 것이다. 예를 들면 임입수(壬入首) 임좌(壬坐)는 1대 1년이고, 해입수(亥入首) 해좌(亥坐)는 6대 6년에 혈(穴)에 따라 길흉이 나타난다.

※ 생왕방(生旺方)에 묘를 쓰면 해롭다.

망자의 생년과 대살기좌표

生年	山三災	前調不入	大害	黃泉	滅門坐	得凶孫
子	子方	子	未	巽	巽巳乾亥	제주나 장자 사망
丑	甲方	丑寅甲	丙	艮	壬子丙午巽巳丑艮	장례 후 3년 내 3인 사망
寅	癸方	癸	巳	乾	坤申巽	가문 멸망
卯	酉方	酉	辰	坤	甲卯庚酉坤申巽	申年 풍병, 3인 사망
辰	甲方	甲	卯	巽	巽巳丑艮	장례 후 3년 내 초상
巳	丑方	丑艮	寅	艮	乾亥未坤	장자에게 자손이 없음.
午	艮方	艮	丑	乾	乾亥未坤	자손의 도망, 감옥살이
未	巽方	巽	乙	坤	癸丑丁未巽巳艮	절손
申	艮酉方	艮丙辰	亥	巽	艮寅戌亥	장례 후 3년 내 자손패망
酉	子方	子酉戌	戌	艮	艮寅戌亥	제주 상처, 자손패망
戌	卯方	酉	酉	乾	艮寅坤申巽巳丑	酉年에 5·6인 사망
亥	丑方	壬丑	申	坤	乙辰辛戌	장자의 단명, 무자

4대국포태법(四大局胞胎法)

破 十二星 　穴坐得	金局破 (癸丑艮寅坎卯)	木局破 (丁未坤申庚酉)	水局破 (乙辰巽巳丙午)	火局破 (辛戌乾亥壬子)
胞	寅	申	巳	亥
胎	卯	酉	午	子
養	辰	戌	未	丑
生	巳	亥	申	寅
浴	午	子	酉	卯
帶	未	丑	戌	辰
冠	申	寅	亥	巳
旺	酉	卯	子	午
衰	戌	辰	丑	未
病	亥	巳	寅	申
死	子	午	卯	酉
藏	丑	未	辰	戌
方	北東	南西	東南	北西

※ 길성(吉星) : 생(生), 대(帶), 관(冠), 왕(旺).

　포태법(抱胎法) 구성으로 득수파구(得水破口)을 배속하여 단좌형식으로 혈장(穴場)을 구하는 법으로 인용한다.

득파포태표(得破胞胎表)

坐 得破 十二星	金局 (巽庚癸巳酉丑)	木局 (乾甲丁亥卯未)	水局 (坤乙壬申子辰)	火局 (艮丙辛寅午戌)
胞	寅	申	巳	亥
胎	卯	酉	午	子
養	辰	戌	未	丑
生	巳	亥	申	寅
浴	午	子	酉	卯
帶	未	丑	戌	辰
冠	申	寅	亥	巳
旺	酉	卯	子	午
衰	戌	辰	丑	未
病	亥	巳	寅	申
死	子	午	卯	酉
藏	丑	未	辰	戌

※ 길성(吉星) : 생(生), 대(帶), 관(冠), 왕(旺).

득파구성표(得破九星表)

九星 / 穴坐 得破	破軍	祿存	巨門	貪狼	文曲	廉貞	武曲	伏吟
坤乙	艮丙	巽辛	午壬寅戌	乾甲	卯庚亥未	酉丁巳丑	子癸申辰	坤乙
子癸申辰	巽辛	艮丙	乾甲	午壬寅戌	酉丁巳丑	卯庚亥未	坤乙	子癸申辰
乾甲	酉丁巳丑	卯庚亥未	子癸申辰	坤乙	巽辛	艮丙	午壬寅戌	乾甲
卯庚亥未	午壬寅戌	乾甲	艮丙	巽辛	坤乙	子癸申辰	酉丁巳丑	卯庚亥未
艮丙	坤乙	子癸申辰	卯庚亥未	酉丁巳丑	午壬寅戌	乾甲	巽申	艮丙
午壬寅戌	卯庚亥未	酉丁巳丑	坤乙	子癸申辰	艮丙	巽辛	乾甲	午壬寅戌
巽辛	子癸申辰	坤乙	酉丁巳丑	卯庚亥未	乾甲	午壬寅戌	艮丙	巽辛
酉丁巳丑	乾甲	午壬寅戌	巽辛	艮丙	子癸申辰	坤乙	卯庚亥未	酉丁巳丑

※ 길성(吉星) : 거문(巨門), 탐랑(貪狼), 무곡(武曲).

20장. 청오경

1. 계감룡(癸坎龍)

癸坎龍, 壬坎入首, 癸坐則以商致富.
계감룡, 임감입수, 계좌즉이상치부.
以商致富者, 失祖之龍也, 而以癸丑在子故也.
이상치부자, 실조지룡야, 이이계축재자고야.

■ 해설 : 임감입수(壬坎入首) 계좌(癸坐)이면 자손이 상업으로 부를
   이룬다. 계감룡(癸坎龍)은 계자룡(癸子龍)과 같다. 감(坎)은 자
   (子)와 같고, 태(兑)는 유(酉)와 같다.

癸坎龍, 癸丑入首坐, 累累古塚, 百葬百亡.
계감룡, 계축입수좌, 누누고종, 백장백망.
此, 戊己故也, 或外孫奉祀, 子丑合故然.
차, 무기고야, 혹외손봉사, 자축합고연.

■ 해설 : 계축입수좌(癸丑入首坐)는 오래된 묘가 겹겹이 엉켜 자손이 없는 자리로 외손이 제사를 모신다.

癸坎龍, 艮寅入首坐, 外孫奉祀之地.
계감룡, 간인입수좌, 외손봉사지지.
寅, 庚寅也, 無子孫香火者, 庚金寅火子水,
인, 경인야, 무자손향화자, 경금인화자수,
水剋火 火剋金故也.
수극화 화극금고야.

■ 해설 : 간인입수좌(艮寅入首坐)는 향불이 없는 자리로 대가 끊어진다.

癸坎龍, 乙卯入首, 曲背人出, 或以火致死.
계감룡, 을묘입수, 곡배인출, 혹이화치사.
卯, 辛卯也, 曲背者, 四正屬腰而子刑卯故也, 以火致死者,
묘, 신묘야, 곡배자, 사정속요이자형묘고야, 이화치사자,
癸坎納音, 屬霹靂火, 乙卯納音, 屬爐中火, 極盛之理.
계감납음, 속벽력화, 을묘납음, 속노중화, 극성지리.

■ 해설 : 을묘입수좌(乙卯入首坐)는 곱추가 생기고, 간혹 불에 타 죽는 사람도 있다.

癸坎龍, 巽巳入首, 或出官奴.
계감룡, 손사입수, 혹출관노.

巳, 癸巳也, 官奴者, 癸故賤也, 而癸之於巳, 貴人故然.

사, 계사야, 관노자, 계고천야, 이계지어사, 귀인고연.

■ 해설 : 손사입수좌(巽巳入首坐)는 관노가 나온다.

癸坎龍, 乙辰入首, 賤則官奴, 貴則當代佩符.

계감룡, 을진입수, 천즉관노, 귀즉당대패부.

辰, 壬辰也, 賤官奴者, 癸坎乙辰, 皆賤故也, 貴當代佩符者,

진, 임진야, 천관노자, 계감을진, 개천고야, 귀당대패부자,

壬爲一而子之巽壬, 雙德, 辰之壬, 雙德故也,

임위일이자지손임, 쌍덕, 진지임, 쌍덕고야,

此乃賤中入貴之穴.

차내천중입귀지혈.

■ 해설 : 을진입수좌(乙辰入首坐)는 천하면 노비가 되고, 귀하면
　　　　 원님의 지위에 오른다.

癸坎龍, 丁未入首, 三代則亡.

계감룡, 정미입수, 삼대즉망.

未, 乙未也, 甲申旬中, 午未入於龜甲空亡故, 三代亡.

미, 을미야, 갑신순중, 오미입어귀갑공망고, 삼대망.

■ 해설 : 정미입수좌(丁未入首坐)는 3대에 가서 망한다.

癸坎龍, 坤申入首坐, 主喪爲奴, 驚基奴而得病.
계감룡, 곤신입수좌, 주상위노, 경기노이득병.
子, 之戊子, 申之甲申也, 驚基奴而得基病者, 癸故賤也,
자, 지무자, 신지갑신야, 경기노이득기병자, 계고천야,
申子屬水故, 以毒藥害基主人.
신자속주고, 이독약해기주인.

■ 해설 : 곤신입수좌(坤申入首坐)는 크게 놀라며 병들어 죽는다.

癸坎龍, 坤申庚兌入首, 前後娶, 代代二三兄弟, 或出巫女.
계감룡, 곤신경태입수, 전후취, 대대이삼형제, 혹출무녀.
申子, 甲申, 酉者乙酉也, 前後娶者, 癸坎庚酉雙媒故也,
신자, 갑신, 유자을유야, 전후취자, 계감경유쌍매고야,
二三兄弟者, 甲三乙二也.
이삼형제자, 갑삼을이야.
巫女者, 庚兌屬巫, 癸坎賤也.
무녀자, 경태속무, 계감천야.

■ 해설 : 경유입수좌(庚酉入首坐)는 전 · 후처에서 2 · 3형제를 두
   고, 간혹 무녀가 나오기도 한다.

癸坎龍, 辛戌入首坐, 五代五兄弟, 武科連出, 又出紅牌.
계감룡, 신술입수좌, 오대오형제, 무과연출, 우출홍패.
戌, 丙戌也, 五代五兄弟, 戌屬丙五數也, 武科連出者,
술, 병술야, 오대오형제, 술속병오수야, 무과연출자,

丙爲戌之雙德, 出紅牌者, 癸坎辛戌皆賤而賤中入貴故也.
병위술지쌍덕, 출홍패자, 계감신술개천이천중입귀고야.

■ 해설 : 신술입수좌(辛戌入首坐)는 5대 5형제가 무과나 과거에 급
　제한다.

癸坎龍, 乾亥入首, 案有走吏砂則, 代代兄弟出吏役.
계감룡, 건해입수, 안유주리사즉, 대대형제출리역.
亥, 丁亥也, 代代兄弟者, 丁數二也, 出吏役者, 亥貴丁賤,
해, 정해야, 대대형제자, 정수이야, 출리역자, 해귀정천,
賤人, 以筆從事者吏也.
천인, 이필종사자리야.

■ 해설 : 건해입수좌(乾亥入首坐)는 안산(案山)에 주리사(走吏砂)가
　있으면 대대로 아전이나 관리가 나온다.

2. 축간룡(丑艮龍)

丑艮龍, 壬坎入首, 當代速發速盡.
축간룡, 임감입수, 당대속발속진.
子, 戊子然, 有壬故壬子速發速盡者, 壬爲一數故也.
자, 무자연, 유임고임자속발속진자, 임위일수고야.

■ 해설 : 임감입수좌(壬坎入首坐)는 속발속진으로 당대에 발복한다.

丑艮龍, 癸丑入首, 有財無子之地.
축간룡, 계축입수, 유재무자지지.
有在子, 有藏也, 無子者, 丑藏無寅胞.
유재자, 유장야, 무자자, 축장무인포.

■ 해설 : 계축입수좌(癸丑入首坐)는 재물이 있으면 자손이 없고, 자
  손이 있으면 재물이 없다.

丑艮龍, 艮寅入首, 先文後武.
축간룡, 간인입수, 선문후무.
寅, 庚寅也, 文武者, 丑艮艮寅, 雙奇之穴也.
인, 경인야, 문무자, 축간간인, 쌍기지혈야.

■ 해설 : 간인입수좌(艮寅入首坐)는 문과가 나오고 후에 무과가 나
  온다.

丑艮龍, 甲卯入首, 一目病人出.
축간룡, 갑묘입수, 일목병인출.
卯, 辛卯也, 一目病人者, 卯目屬目,
묘, 신묘야, 일목병인자, 묘목속목,
丑金相剋而艮火而卯目相生, 半生半死之理.
축금상극이간화이묘목상생, 반생반사지리.

■ 해설 : 갑묘입수좌(甲卯入首坐)는 애꾸가 나온다.

丑艮龍, 乙辰入首, 當代進士, 四代成富, 長孫溺水死.
축간룡, 을진입수, 당대진사, 사대성부, 장손익수사.
辰, 壬辰也, 當代者, 壬一數也, 進士者, 壬爲雙德,
진, 임진야, 당대자, 임일수야, 진사자, 임위쌍덕,
四代者自丑至辰爲四, 巨富者, 辰丑雙藏也, 長孫溺水死,
사대자자축지진위사, 거부자, 진축쌍장야, 장손익수자,
辰局無巳胞而乙辰屬溺水, 納音屬長孫流水故也.
진국무사포이을진손익수, 납음속장손류수고야.

■ 해설 : 을진입수좌(乙辰入首坐)는 당대에 진사가 나오며 4대에서
   부를 이루나 장손이 물에 빠져 죽는다.

丑艮龍, 乙辰局, 巽巳入首, 賤室生貴子, 當代印信佩符.
축간룡, 을진국, 손사입수, 천실생귀자, 당대인신패부.
辰, 壬辰, 巳癸巳也, 賤生貴子者, 乙辰賤也,
진, 임진, 사계사야, 천생귀자자, 을진천야,
而壬爲辰之雙德, 故貴也, 當代佩符者, 壬數一也,
이임위진지쌍덕, 고귀야, 당대패부자, 임수일야,
而辰之壬雙德癸爲巳之貴人也,
이진지임쌍덕계위사지귀인야,
此, 貴人乘龍馬格, 辰爲龍巳爲馬.
차, 귀인승룡마격, 진위룡사위마.

■ 해설 : 손사입수좌(巽巳入首坐)는 첩에게서 귀한 자손이 나오고,
   당대에 원님의 지위에 오르는 사람이 있다.

丑艮龍, 丙午入首, 後有巽巳發源則四代武科大職,

축간룡, 병오입수, 후유손사발원즉사대무과대직,

九處居官.

구처거관.

干者, 甲午空亡然, 而巽巳更起符頭則, 丑是乙丑,

간자, 갑오공망연, 이손사경기부두즉, 축시을축,

午是庚午也, 丑之庚雙德故, 庚辛四運, 出武科,

오시경오야, 축지경쌍덕고, 경신사운, 출무과,

巳之庚辛雙德, 午之丙雙德, 丑之庚雙德故, 庚金九運,

사지경신쌍덕, 오지병쌍덕, 축지경쌍덕고, 경금구운,

九處居官者, 脫空亡穴也.

구처거관자, 탈공망혈야.

■ 해설 : 병오입수좌(丙午入首坐)는 뒤에 손사발원맥(巽巳發源脈)
이 있으면 4대 자손이 무과대직에 오르고, 아홉 곳에서 대단한 벼
슬을 한다.

丑艮龍, 坤申入首, 三代出孝烈.

축간룡, 곤신입수, 삼대출효열.

丑, 己丑然, 有艮故丑艮也, 申子, 前後雙甲申也,

축, 기축연, 유간고축간야, 신자, 전후쌍갑신야,

三代者甲爲三數也, 孝烈者, 丑生申, 顧本之理也.

삼대자갑위삼수야, 효열자, 축생신, 고본지리야.

■ 해설 : 곤신입수좌(坤申入首坐)는 3대에 걸쳐 열녀와 효자가 나온다.

丑艮龍, 庚兌入首, 四代孫出武科, 或出冶匠.

축간룡, 경태입수, 사대손출무과, 혹출야장.

酉, 乙酉也, 四代孫, 酉丑金數四也, 武科者, 酉之艮庚雙德,

유, 을유야, 사대손, 유축금수사야, 무과자, 유지간경쌍덕,

冶匠者, 丑艮屬工也.

야장자, 축간속공야.

■ 해설 : 경태입수좌(庚兌入首坐)는 경유입수(庚酉入首)와 같다. 4
   대 자손이 무과에 급제하고, 간혹 기능인이 나오기도 한다.

丑艮龍, 辛戌入首, 四代成富, 五代文科出, 長孫絶祀,

축간룡, 신술입수, 사대성부, 오대문과출, 장손절사,

以火災咳嗽亡.

이화재해수망.

戌, 丙戌也, 四代者, 自戌至戌四也, 成富者,

술, 병술야, 사대자, 자축지술사야, 성부자,

丑戌雙藏幷入也, 五代者, 丙爲五數也, 文科者,

축술쌍장병입야, 오대자, 병위오수야, 문과자,

丙爲戌之雙德, 丑金逢戌火而金得火益精也, 長孫絶祀者,

병위술지쌍덕, 축금봉술화이금득화익정야, 장손절사자,

戌藏無亥, 胞也火災者, 丑艮納音, 屬火而戌亦火之藏也,

술장무해, 포야화재자, 축간납음, 속화이술역화지장야,

咳嗽者, 四金屬肺腑而丑刑戌故然.

해수자, 사금속폐부이축형술고연.

■ 해설 : 신술입수좌(辛戌入首坐)는 4대에서 부를 이루며 5대 자손
이 문과에 급제하나, 화재나 해수병 등으로 망하며 대가 끊긴다.

3. 간인룡(艮寅龍)

艮寅龍, 壬坎入首坐, 聰明才士者早死.
간인룡, 임감입수좌, 총명재사자조사.
寅則戌寅, 子則丙子也, 聰明者, 丙丁屬南方文明之像也,
인즉술인, 자즉병자야, 총명자, 병정속남방문명지상야,
早死者, 丙火寅火子水, 相剋故也.
조사자, 병화인화자수, 상극고야.

■ 해설 : 임감입수좌(壬坎入首坐)는 총명하고 재능이 있으면 일찍
죽는다.

艮寅龍, 癸丑入首坐, 寡之家連寡, 繼之家蓮繼,
간인룡, 계축입수좌, 과지가연과, 계지가연계,
或出千石君, 天壽老職, 寅者, 戌寅, 丑者, 丁丑然, 己丑也,
혹출천석군, 천수노직, 인자, 술인, 축자, 정축연, 기축야,
寡者, 艮寅癸丑, 皆爲天, 巨富者, 後有戌巳太, 旺故也,
과자, 간인계축, 개위요, 거부자, 후유무사태, 왕고야,
天壽老職者, 南極老人星, 見於丁方.
천수노직자, 남극노인성, 견어정방.

■ 해설 : 계축입수좌(癸丑入首坐)는 정축·기축에 연이어 과부가 생
기고, 양자가 대를 잇는다. 간혹 천석군이 나오거나 늙도록 벼슬을
하는 사람이 있다.

艮寅龍, 甲卯入首坐, 外孫奉祀一代.

간인룡, 갑묘입수좌, 외손봉사일대.

寅卯者, 戌寅巳卯也, 外孫奉祀者, 寅卯皆陰而此戌巳故也.

인묘자, 술인사묘야, 외손봉사자, 인묘개음이차술기고야.

■ 해설 : 갑묘입수좌(甲卯入首坐)는 당대에 자손을 두지 못하고, 외
손이 제사를 모신다.

艮寅龍, 乙辰入首坐, 未芘女踰墻, 養孫奉祀.

간인룡, 을진입수좌, 미고녀유장, 양손봉사.

寅, 戌寅, 辰, 庚辰也, 淫行者, 辰局寅胞橫入也,

인, 술인, 진, 경진야, 음행자, 진국인포횡입야,

養孫奉祀者, 乙辰局無巳胞也.

양손봉사자, 을진국무사포야.

■ 해설 : 을진입수좌(乙辰入首坐)는 여자가 담장을 넘어 음행을 저
지르고, 양자가 제사를 모신다.

艮寅龍, 巽巳入首, 四代長孫武官, 孫多刑杖死.

간인룡, 손사입수, 사대장손무관, 손다형장사.

寅戌, 寅巳進士也, 四代, 庚辛四九金, 長孫武官,
인술, 인사진사야, 사대, 경신사구금, 장손무관,

巳爲長孫而辛爲巳之天德也, 巽巳孫多刑杖者, 寅刑巳也.
사위장손이신위사지천덕야, 손사손다형장자, 인형사야.

■ 해설 : 손사입수좌(巽巳入首坐)는 4대 장손은 무관에 오르나 많은
　　자손들이 곤장을 맞아 죽는다.

艮寅龍, 丙午入首, 雙寡幷出.
간인룡, 병오입수, 쌍과병출.

寅, 戌寅, 午, 壬午也, 雙寡者, 艮寅丙午, 屬湯然,
인, 술인, 오, 임오야, 쌍과자, 간인병오, 속탕연,

外內陰故也.
외내음고야.

■ 해설 : 병오입수좌(丙午入首坐)는 쌍으로 과부가 생긴다.

艮寅龍, 丁未入首, 孝烈幷出.
간인룡, 정미입수, 효열병출.

未者, 癸未也, 孝烈者, 未生寅, 頑本之理也.
미자, 계미야, 효열자, 미생인, 완본지리야.

■ 해설 : 정미입수좌(丁未入首坐)는 효자와 열녀가 나온다.

艮寅龍, 庚兌入首, 或出工冶, 女孫病身多出.
간인룡, 경태입수, 혹출공야, 여손병신다출.
寅者, 戊寅, 酉者, 乙酉也, 工冶者,
인자, 무인, 유자, 을유야, 공야자,
艮寅屬工冶而兌爲金故出冶,
간인속공야이태위금고출야,
女孫病身者, 艮寅庚兌皆女也, 而酉上臨乙女出暗啞缺脣,
여손병신자, 간인경태개녀야, 이유상임을녀출암아결순,
金剋木之理也.
금극목지리야.

■ 해설 : 경태입수좌(庚兌入首坐)는 여자 자손에게 질병이 많고, 벙
　 어리가 생긴다. 간혹 대장장이가 나오기도 한다.

艮寅龍, 辛戌入首, 三代養孫奉祀, 而火災敗亡.
간인룡, 신술입수, 삼대양손봉사, 이화재패망.
此, 甲戌符頭故, 寅則戊寅, 戌則甲戌也, 三代者甲三也,
차, 갑술부두고, 인즉무인, 술즉갑술야, 삼대자갑삼야,
養孫奉祀者, 戌之胞宮亥也, 而以寅胞合則爲他藏他胞也.
양손봉사자, 술지포중해야, 이이인포합즉위타장타포야.

■ 해설 : 신술입수좌(辛戌入首坐)는 화재로 망하고, 양자가 제사를
　 모신다.

艮寅龍, 乾亥入首坐, 先多孫, 後富代代四五兄弟,

간인룡, 건해입수좌, 선다손, 후부대대사오형제,

武科連出.

무과연출.

寅者, 先天戊寅, 亥者, 後天癸亥也, 先孫後富者,

인자, 선천무인, 해자, 후천계해야, 선손후부자,

者寅亥雙胞也, 四五兄弟者, 戊癸辰戌五, 巳亥屬之四也,

자인해쌍포야, 사오형제자, 무계진술오, 사해속지사야,

武科者, 乙爲亥之天德.

무과자, 을위해지천덕.

■ 해설 : 건해입수좌(乾亥入首坐)는 자손이 많으며 부자가 되고,
   4 · 5형제 자손이 대대로 무과에 급제한다.

4. 갑묘룡(甲卯龍)

甲卯龍, 壬坎入首, 病人不絶.

갑묘룡, 임감입수, 병인불절.

卯己卯, 子丙子也, 病人者, 四正屬腰而子刑卯故,

묘기묘, 자병자야, 병인자, 사정속요이자형묘고,

曲背人出.

곡배인출.

■ 해설 : 임감입수좌(壬坎入首坐)는 환자가 많고, 등이 굽은 사람이

나 곱추가 나온다.

甲卯龍, 癸丑入首, 盲人出.
갑묘룡, 계축입수, 맹인출.
卯己丑己丑也, 盲人者卯屬目, 丑屬金金剋木故,
묘기축기축야, 맹인자묘속목, 축속금금극목고,
目屬肝金屬肺此亦落空亡.
목속간금속폐차역락공망.

■ 해설 : 계축입수좌(癸丑入首坐)는 장님이 나온다.

甲卯龍, 艮寅入首, 三代寡母女, 同居.
갑묘룡, 간인입수, 삼대과모녀, 동거.
卯己卯, 寅戌寅也, 甲數三故三代也, 寡母女同居者,
묘기묘, 인무인야, 갑수삼고삼대야, 과모녀동거자,
甲卯艮寅, 皆女之所屬也.
갑묘간인, 개녀지소속야.

■ 해설 : 간인입수좌(艮寅入首坐)는 과부가 많이 생기고, 3대 과부
　　가 함께 살아간다.

甲卯龍, 乙卯入首, 以商致富.
갑묘룡, 을묘입수, 이상치부.
卯己卯, 下卯丁卯也, 以商致富者, 甲卯艮寅之所屬,
묘기묘, 하묘정묘야, 이상치부자, 갑묘간인지소속,

乙卯巽巳之所屬, 左右無巽艮之源則, 任意周流四方,
을묘손사지소속, 좌우무손간지원즉, 임의주류사방,
乙祿財卯故然.
을록재묘고연.

■ 해설 : 을묘입수좌(乙卯入首坐)는 상업이나 사업으로 부를 이루게
    된다.

甲卯龍, 乙辰入首, 三代則亡, 有艮寅之暈則,
갑묘룡, 을진입수, 삼대즉망, 유간인지운즉,
代代三四兄弟, 時祀之地.
대대삼사형제, 시사지지.
卯己卯, 辰庚辰也, 三代亡者, 卯乙辰, 東方木故三代也,
묘기묘, 진경진야, 삼대망자, 묘을진, 동방목고삼대야,
而無寅胞故然, 或有艮寅, 代代三四兄弟, 時祀者,
이무인포고연, 혹유간인, 대대삼사형제, 시사자,
卯乙辰局, 無艮寅則非春之木, 空空則折故, 三代亡, 若有,
묘을진국, 무간인즉비춘지목, 공공즉절고, 삼대망, 약유,
艮寅則乃有春之木, 孫多而財旺, 卯爲春分, 辰爲淸明,
간인즉내유춘지목, 손다이재왕, 묘위춘분, 진위청명,
寅爲立春也.
인위입춘야.

■ 해설 : 을진입수좌(乙辰入首坐)는 3대에서 망하나, 을진입수(乙辰
    入首) 후 근처에 간인맥(艮寅脈)이 있으면 4형제의 자손이 대를

272

잇는다.

甲卯龍, 巽巳入首坐, 四代長孫武科然, 天慘不絶.
갑묘룡, 손사입수좌, 사대장손무과연, 요참불절.
卯己卯, 巳辛巳也, 四代, 庚辛四也, 長孫者, 巳爲長孫也,
묘기묘, 사신사야, 사대, 경신사야, 장손자, 사위장손야,
武科者, 辛爲巳之天德, 天慘不絶者, 卯木巳金相剋也.
무과자, 신위사지천덕, 요참불절자, 묘목사금상극야.

■ 해설 : 손사입수좌(巽巳入首坐)는 4대 장손이 무과에 오르나, 집
   안에 참혹한 죽음이 끊이지 않는다.

甲卯龍, 丙午入首, 前後妻, 出六兄弟.
갑묘룡, 병오입수, 전·후처, 출륙형제.
此, 玉兎亡月之形, 卯爲己卯, 午爲壬午也, 此,
차, 옥토망월지형, 묘위기묘, 오위임오야, 차,
先後天相配之理, 前後妻者, 四正屬媒而甲卯丙午,
선후천상배지리, 천후처자, 사정속매이갑묘병오,
雙媒故也, 六兄弟者, 壬癸一六數運也.
쌍매고야, 육형제자, 임계일륙수운야.

■ 해설 : 병오입수좌(丙午入首坐)는 전·후처에서 6형제를 얻고,
   자손이 번창한다.

甲卯龍, 丁未入首, 三代孫, 霹靂死.

갑묘룡, 정미입수, 삼대손, 벽력사.

卯己卯, 未己未也, 三代者, 亥卯未木三故也, 霹靂死者,

묘기묘, 미기미야, 삼대자, 해묘미목삼고야, 벽력사자,

震爲雷, 未爲鬼, 丁爲柳, 兎獐聞雷則落소也, 古公去,

진위뢰, 미위귀, 정위류, 토장문뢰즉락소야, 고공거,

未水去來, 龍入震, 白日霹靂驚東西, 亦此理.

미수거래, 용입진, 백일벽력경동서, 역차리.

■ 해설 : 정미입수좌(丁未入首坐)는 3대손이 벼락에 맞아 죽는다.

甲卯龍, 坤申入首, 以商致富, 三代則亡.

갑묘룡, 곤신입수, 이상치부, 삼대즉망.

卯之己卯, 申之甲申也, 以商致富者, 坤申屬商也,

묘지기묘, 신지갑신야, 이상치부자, 곤신속상야,

三代亡者, 寅甲空亡也.

삼대망자, 인갑공망야.

■ 해설 : 곤신입수좌(坤申入首坐)는 사업으로 부를 이루나 3대에서 망한다.

甲卯龍, 辛戌入首, 出靑盲.

갑묘룡, 신술입수, 출청맹.

卯己卯, 戌甲戌也, 靑盲者, 卯屬目, 卯木戌火泄氣也.

묘기묘, 술갑술야, 청맹자, 묘속목, 묘목술화설기야.

274

■ 해설 : 신술입수좌(辛戌入首坐)는 장님이 나온다.

甲卯龍, 亥入首, 三代出武科, 後有丁未角則,

갑묘룡, 해입수, 삼대출무과, 후유정미각즉,

三代八兄弟出, 東方及第.

삼대팔형제출, 동방급제.

卯己卯, 亥乙亥也, 三代, 甲乙木三數也, 武科者,

묘기묘, 해을해야, 삼대, 갑을목삼수야, 무과자,

甲乙爲亥之雙德也, 丁未角八兄弟東方者, 以丁未起符頭則,

갑을위해지쌍덕야, 정미각팔형제동방자, 이정미기부두즉,

卯爲乙卯, 以乾亥起符頭則, 未爲乙未, 以甲卯起符頭則,

묘위을묘, 이건해기부두즉, 미위을미, 이갑묘기부두즉,

亥爲乙亥, 甲乙爲亥卯未之雙天月德, 乙卯乙亥乙未,

해위을해, 갑을위해묘미지쌍천월덕, 을묘을해을미,

三旬中都合處故然也.

삼순중도합처고연야.

■ 해설 : 해입수좌(亥入首坐)는 3대에서 무과가 나오는데, 뒤에 있
  는 맥에 정미각(丁未角)이 있으면 8형제가 모두 과거에 급제한다.

5. 손진룡(巽辰龍)

巽辰龍 壬坎入首坐, 當代佩符.

손진룡 임감입수좌, 당대패부.

辰者, 戊辰然有巽故, 巽辰坎者, 先後天雙甲子也, 當代者,

진자, 무진연유순고, 손진감자, 선후천쌍갑자야, 당대자,

壬一數也, 佩符者, 子之巽壬雙德也, 辰之壬, 雙德也,

임일수야, 패부자, 자지손임쌍덕야, 진지임, 쌍덕야,

此子連辰格.

차자연진격.

■ 해설 : 임감입수좌(壬坎入首坐)는 당대에 발복해 고위직이 된다.

巽辰龍, 癸丑入首, 三代兄弟, 家家巨富, 長孫絶祀.

손진룡, 계축입수, 삼대형제, 가가거부, 장손절사.

子丑至辰, 爲四而辰丑雙藏故, 巨富長孫絶祀者,

자축지진, 위사이진축쌍장고, 거부장손절사자,

丑局無艮寅胞故也.

축국무간인포고야.

■ 해설 : 계축입수좌(癸丑入首坐)는 3대 3형제가 모두 큰 부자가 되
  나, 장손에게 자손이 없다.

巽辰龍, 艮寅入首, 五代五兄弟, 人才多出, 長孫文官,

손진룡, 간인입수, 오대오형제, 인재다출, 장손문관,

長孫寅爲者.

장손인위자.

寅者, 先天丙寅也, 五代五兄弟者, 戊屬丙故,

인자, 선천병인야, 오대오형제자, 무속병고,

276

丙爲五數而丙庚, 則呼五代, 人才者, 丙丁屬於,

병위오수이병경, 즉호오대, 인재자, 병정속어,

南方文明之氣也, 文官者, 丙爲寅之月德而巽艮丙幷入故也.

남방문명지기야, 문관자, 병위인지월덕이손간병병입고야.

■ 해설 : 간인입수좌(艮寅入首坐)는 5대 5형제 중 인재가 많고, 장
손이 문관에 오른다.

巽辰龍, 乙卯入首, 代代二三兄弟, 丑艮橫入則前後妻,

손진룡, 을묘입수, 대대이삼형제, 축간횡입즉전 · 후처,

四六兄弟, 家家巨富.

사륙형제, 가가거부.

卯者丁卯, 代代二三兄弟者, 丁爲二數而如爲木三故也,

묘자정묘, 대대이삼형제자, 정위이수이여위목삼고야,

丑艮橫入, 前後妻四六兄弟者, 以丑艮更起符頭則丁

축간횡입, 전 · 후처사륙형제자, 이축간경기부두즉정

卯變爲辛卯, 丁數四, 辛亦數四而丁壬卯酉六數也,

묘변위신묘, 정수사, 신역수사이정임묘유륙수야,

此河落丙丁庚辛旺相之穴也, 卯辰丑相連三格也,

차하락병정경신왕상지혈야, 묘진축상연삼격야,

家家巨富者, 辰爲卯之藏而他藏丑艮, 橫入故橫財致富也,

가가거부자, 진위묘지장이타장축간, 횡입고횡재치부야,

我藏不旺, 他藏旺則每有貧心故, 以賤敗亡, 我藏旺而,

아장불왕, 타장왕즉매유빈심고, 이천패망, 아장왕이,

他藏不旺則, 富益富故橫財.
타장불왕즉, 부익부고횡재.

■ 해설 : 을묘입수좌(乙卯入首坐)는 대대로 2·3형제를 두고, 축간
   맥(丑艮脈)이 옆으로 오면 형제들이 모두 큰 부자가 된다.

巽辰龍, 復入卯乙辰入首, 五代五七兄弟, 才士連出.
손진룡, 복입묘을진입수, 오대오칠형제, 재사연출.
初辰者, 戊辰, 復入卯乙辰者, 後天乙卯丙辰也,
초진자, 무진, 복입묘을진자, 후천을묘병진야,
右旋龍故也, 五代者, 丙爲五數也, 七兄弟者,
우선룡고야, 오대자, 병위오수야, 칠형제자,
丙丁二七火也, 人才者, 丙丁之氣.
병정이칠화야, 인재자, 병정지기.

■ 해설 : 복입(復入) 묘을진입수좌(卯乙辰入首坐)는 손진룡(巽辰龍)
   이 묘(卯)로 돌아와 다시 을진(乙辰)으로 입수하면 5대에 걸쳐 형
   제가 많고, 재능이 있는 자손이 나온다.

巽辰龍, 巽巳入首者, 先文後武.
손진룡, 손사입수자, 선문후무.
巽辰龍巽巳, 雙奇之龍故, 文武兼全.
손진룡손사, 쌍기지룡고, 문무겸전.

■ 해설 : 손사입수좌(巽巳入首坐)는 먼저 문관이 나오고, 후에 무관

278

이 나오는 자리로 문무겸전한다.

巽辰龍, 丙午入首 天慘不絶, 若坤申來交則, 代代四五兄弟,

손진룡, 병오입수 요참불절, 약곤신내교즉, 대대사오형제,

時祀之地.

시사지지.

午者, 後天庚午也, 天死者, 庚金午火辰水午火,

오자, 후천경오야, 요사자, 경금오화진수오화,

水克火 火克金故也, 坤申交, 代代四五兄弟, 時祀者,

수극화 화극금고야, 곤신교, 대대사오형제, 시사자,

以坤申更起符頭則 後天庚午, 變爲丙午故, 丙丁二七火,

이곤신경기부두즉 후천경오, 변위병오고, 병정이칠화,

庚辛四七金, 七八兄弟連出.

경신사칠금, 칠팔형제연출.

■ 해설 : 병오입수좌(丙午入首坐)는 젊은 나이에 죽는 경우가 많으
  나, 산맥이 곤신맥(坤申脈)으로 바뀌면 4·5형제를 둔다.

巽辰龍, 丁未入首, 娶寡婦得財.

손진룡, 정미입수, 취과부득재.

未者, 辛未也, 娶寡婦得財者,

미자, 신미야, 취과부득재자,

未辰來配合之 理而雙藏幷入之地也.

미진래배합지 리이쌍장병입지지야.

■ 해설 : 정미입수좌(丁未入首坐)는 과부가 결혼을 하면 그 과부로
  인하여 재산을 얻는다.

巽辰龍, 坤申入首, 六代長孫進士, 坤申長則五代卽亡.
손진룡, 곤신입수, 육대장손진사, 곤신장즉오대즉망.
申子, 壬申也, 六代者, 壬癸一六故也, 長孫進士者,
신자, 임신야, 육대자, 임계일육고야, 장손진사자,
申爲長孫也, 以壬爲申辰之雙德也, 坤申長則五代卽亡者,
신위장손야, 이임위신진지쌍덕야, 곤신장즉오대즉망자,
長則戊己故, 五十二土運卽亡.
장즉무기고, 오십이토운즉망.

■ 해설 : 곤신입수좌(坤申入首坐)는 6대 장손이 진사가 되나, 곤신
  입수(坤申入首)가 길면 5대에서 망한다.

巽辰龍, 庚兌入首, 三代出孝然, 孝子人而絶代.
손진룡, 경태입수, 삼대출효연, 효자인이절대.
此, 右旋龍故, 交爲後旬中, 癸亥也, 三代孝子者,
차, 우선룡고, 교위후순중, 계해야, 삼대효자자,
辰生亥願祖之理, 絶代者, 辰亥合而絶源空亡穴也.
진생해원조지리, 절대자, 진해합이절원공망혈야.

■ 해설 : 경태입수좌(庚兌入首坐)는 3대에서 효자가 나오나, 그 효
  자에게는 자손이 없다.

巽辰龍, 丙午剝換, 辛戌長坂, 乾亥取突上葬, 出忠孝功臣.

손진룡, 병오박환, 신술장판, 건해취돌상장, 출중효공신.

午者, 丙午, 戌亥者, 甲戌巳亥也, 戌亥反空於後龍,

오자, 병오, 술해자, 갑술사해야, 술해반공어후룡,

辰巳則此空亡中反空亡穴也, 忠臣功臣者, 午之乾丙雙德,

진사즉자공망중반공망혈야, 충신공신자, 오지진병쌍덕,

戌之丙雙德, 亥之甲乙雙德, 亥生午, 連連戌之理也,

술지병쌍덕, 해지갑을쌍덕, 해생오, 연연술지리야,

戰必勝攻必取之理, 英雄壯士, 代代出.

전필승공필취지리, 영웅장사, 대대출.

■ 해설 : 손진룡(巽辰龍)이 병오(丙午)로 박환(剝換)하여 바뀐 곳에
길게 신술맥(辛戌脈)으로 꺾어서 건해좌(乾亥坐)를 잡으면 충효공
신, 영웅장사가 나온다.

6. 손사룡(巽巳龍)

巽巳龍, 壬坎入首則當代進士, 孫多孝行, 食粟保孫.

손사룡, 임감입수즉당대진사, 손다효행, 식율보손.

此, 甲子符頭故, 巳則己巳, 子則先後天雙甲子也, 當代者,

차, 갑자부두고, 사즉기사, 자즉선후천쌍갑자야, 당대자,

甲一壬一也, 進士者, 子之巽壬, 雙德也, 孝行者,

갑일임일야, 진사자, 자지손임, 쌍덕야, 효행자,

巳生子顧祖之理也, 食粟保孫者, 壬食甲, 爲食神故也,
사생자고조지리야, 식율보손자, 임식갑, 위식신고야,

甲一壬一故, 一代二代, 獨子二子也, 壬旺故加呼二.
갑일임일고, 일대이대, 독자이자야, 임왕고가호이.

■ 해설 : 임감입수좌(壬坎入首坐)는 당대에 진사가 나오고, 효행하
   는 자손과 식복이 많다.

巽巳龍, 癸丑入首, 四代直孫亡, 養孫奉祀,
손사룡, 계축입수, 사대직손망, 양손봉사,

酉者則代代二三兄弟, 長孫絶祀.
유자즉대대이삼형제, 장손절사.

巳則己巳, 丑則乙丑也, 四代直孫, 養孫奉祀者, 己丑金故,
사즉기사, 축즉을축야, 사대직손, 양손봉사자, 기축금고,

爲巳丑局無寅胞也, 而以巳爲胞則, 他藏他胞也,
위사축국무인포야, 이이사위포즉, 타장타포야,

所有子則有源故不然, 代代二三兄弟者, 乙爲二數也,
소유자즉유원고불연, 대대이삼형제자, 을위이수야,

直孫亡者, 子丑局, 無寅胞故也, 寅爲長孫也.
직손망자, 자축국, 무인포고야, 인위장손야.

■ 해설 : 계축입수좌(癸丑入首坐)는 4대 직손이 망하고, 장손에게
   자손이 없다. 자손은 2·3형제가 양자로 대를 잇는다.

巽巳龍, 艮寅入首則 孫多刑杖, 或出眠盲蹇脚.

손사룡, 간인입수즉 손다형장, 혹출면망건각.

此, 左旋坎巳則己巳, 寅則下旬符頭戌寅也, 刑杖者,

차, 좌선감사즉기사, 인즉하순부두술인야, 형장자,

寅刑巳故也, 眼盲者, 戌己屬帝王之位, 無前故也, 蹇脚者,

인형사고야, 안맹자, 무기속제왕지위, 무전고야, 건각자,

巳屬脚也, 而以寅火克金故也.

사속각야, 이이인화극금고야.

■ 해설 : 간인입수좌(艮寅入首坐)는 처형을 받는 자손이 많고, 간혹
   장님이나 절름발이가 나온다.

巽巳龍, 甲卯入首坐, 當年人敗, 卯月入葬則酉月人敗,

손사룡, 갑묘입수좌, 망년인패, 묘월입장즉유월인패,

巳則己巳卯則己卯.

사즉기사묘즉기묘.

此亦左旋故, 符頭落空亡也, 當年人敗者, 甲子旬中龍,

차역좌선고, 부두락공망야, 당년인패자, 갑자순중룡,

下旬中甲戌旬通全空故也, 酉月敗者, 卯爲相沖之理.

하순중갑술순통전공고야, 유월패자, 묘위상충지리.

■ 해설 : 갑묘입수좌(甲卯入首坐)는 당대에 사람이 죽는다.

巽巳龍, 乙辰入首坐, 四代欲絶, 五代敗正,

손사룡, 을진입수좌, 사대욕절, 오대패정,

若有丑艮角則富切孫兼全然, 至於末運, 以怪疾敗亡,

약유축간각즉부절손겸전연, 지어말운, 이괴질패망,

此非戊己脫空亡之穴乎.

차비무기탈공망지혈호.

巳者, 己巳, 辰者出辰也, 四代者, 巳亥屬之四也,

사자, 기사, 진자출진야, 사대자, 사해속지사야,

五代者戊己五十土也, 敗亡者, 辰丑雙藏俱全故富, 辰巳,

오대자술기오십토야, 패망자, 진축쌍장구전고부, 진사,

自藏自胞故多孫, 怪疾敗亡者, 戊己土變爲壬癸水,

자장자포고다손, 괴질패망자, 무기토변위임계수,

土克水故也, 以丑艮, 更起婦得則戊己, 變爲壬辰癸巳故,

토극수고야, 이축간, 경기부득즉무기, 변위임진계사고,

自是脫空亡之地.

자시탈공망지지.

■ 해설 : 을진입수좌(乙辰入首坐)는 4 · 5대에서 질병으로 망한다.

巽巳龍, 巳丙入首坐, 有者無財之地.

손사룡, 사병입수좌, 유자무재지지.

有者無財者, 右胞無藏故也.

유자무재자, 우포무장고야.

■ 해설 : 사병입수좌(巳丙入首坐)는 자손이 있으면 재물이 없고, 자
　　손이 없으면 재산이 있다.

巽巳龍, 丙午入首坐, 雙寡幷出, 巳則己巳, 午則庚午也,
손사룡, 병오입수좌, 쌍과병출, 사즉기사, 오즉경오야,
雙寡者, 順陽變爲順陰故也.
쌍과자, 순양변위순음고야.

■ 해설 : 병오입수좌(丙午入首坐)는 쌍과부가 생긴다.

巽巳龍, 丁未入首, 三代支孫亡, 養孫奉祀.
손사룡, 정미입수, 삼대지손망, 양손봉사.
巳則己巳, 未則辛未也, 三代者, 未爲木三故也,
사즉기사, 미즉신미야, 삼대자, 미위목삼고야,
養孫奉祀者, 未龍己胞, 他藏他胞故也.
양손봉사자, 미룡기포, 타장타포고야.

■ 해설 : 정미입수좌(丁未入首坐)는 3대에서 망하고, 양자가 제사를
  모신다.

巽巳龍, 坤申入首坐, 六代長孫進士, 食粟保孫.
손사룡, 곤신입수좌, 육대장손진사, 식률보손.
巳則己巳, 申則壬申也, 六代者, 壬癸一六數也, 進士者,
사즉기사, 신즉임신야, 육대자, 임계일륙수야, 진사자,
壬爲申之雙德也, 食粟保孫者, 巽巳,坤申, 先後天相配,
임위신지쌍덕야, 식률보손자, 손사,곤신, 선후천상배,
巳申雙胞相合故也.
사신쌍포상합고야.

■ 해설 : 곤신입수좌(坤申入首坐)는 6대 자손이 진사에 오르고, 자손에게 식복이 따른다.

巽巳龍, 庚兌入首坐, 四代絶亡.

손사룡, 경태입수좌, 사대절망.

巳則己巳, 酉癸酉也, 四代者, 巳酉丑金故, 四代也, 敗亡者,

사즉기사, 유계유야, 사대자, 사유축금고, 사대야, 패망자,

酉不通巽也.

유불통손야.

■ 해설 : 경태입수좌(庚兌入首坐)는 4대에서 망한다.

巽巳龍, 辛戌入首, 當代絶亡, 有兌源則巫女妖魔術士出.

손사룡, 신술입수, 당대절망, 유태원즉무녀요마술사출.

巳則己巳, 戌則甲戌也, 當代絶亡者, 龜甲空亡也, 有兌源,

사즉기사, 술즉갑술야, 당대절망자, 귀갑공망야, 유태원,

出巫女術士者, 酉前之戌出, 金空則鳴也.

출무녀술사자, 유전지술출, 금공즉명야.

■ 해설 : 신술입수좌(辛戌入首坐)는 당대에 망하며 요절하고, 마술사, 무녀, 무당 등이 나온다.

7. 오정룡(午丁龍)

午丁龍, 癸丑入首, 後有巽巳發源, 三代兄弟,

오정룡, 계축입수, 후유손사발원, 삼대형제,

四代武官大職, 代代養孫奉祀.

사대무관대직, 대대양손봉사.

丑者, 乙丑空亡, 三代者, 乙未故也, 兄弟者, 乙二也,

축자, 을축공망, 삼대자, 을미고야, 형제자, 을이야,

四代者, 午爲庚午故사也, 武官者, 庚爲丑之雙德,

사대자, 오위경오고사야, 무관자, 경위축지쌍덕,

養孫奉祀者, 丑局無寅胞而以巳爲胞則他藏他胞故也.

양손봉사자, 축국무인포이이사위포즉타장타포고야.

■ 해설 : 계축입수좌(癸丑入首坐)는 뒤에 손사발원맥(巽巳發源脈)
  이 있으면 3대 자손이 무관대직에 오르나, 양자가 제사를 모신다.

午丁龍, 艮寅入首, 代代三兄弟, 食粟保孫.

오정룡, 간인입수, 대대삼형제, 식률보손.

午戊午, 寅甲寅也, 代代三兄弟者, 甲三也, 食粟保孫者,

오무오, 인갑인야, 대대삼형제자, 갑삼야, 식률보손자,

甲祿在寅也.

갑록재인야.

■ 해설 : 간인입수좌(艮寅入首坐)는 대대로 3형제를 두고 식복이 따
  른다.

午丁龍, 乙卯入首, 前後娶出三四兄弟, 文章連出.

오정룡, 을묘입수, 전후취출삼사형제, 문장연출.

卯, 乙卯也, 前後妻者, 午卯雙媒也, 三四兄弟, 乙卯木數三,

묘, 을묘야, 전후처자, 오묘쌍매야, 삼사형제, 을묘목수삼,

自卯至午四也, 文章者, 卯木午火, 相通故也.

자묘지오사야, 문장자, 묘목오화, 상통고야.

■ 해설 : 을묘입수좌(乙卯入首坐)는 전·후처에서 3·4형제를 두
   고, 연이어 문장가가 나온다.

午丁龍, 乙辰入首, 代代四五兄弟, 才士者, 早死, 中孫客死.

오정룡, 을진입수, 대대사오형제, 재사자, 조사, 중손객사.

辰, 丙辰也, 四五兄弟, 丙爲五數也, 才士早死,

진, 병진야, 사오형제, 병위오수야, 재사조사,

丙丁之氣出入才然, 辰水丙火相剋故也, 客死,

병정지기출입재연, 진수병화상극고야, 객사,

月德失源故也.

월덕실원고야.

■ 해설 : 을진입수좌(乙辰入首坐)는 대대로 4·5형제를 둔다. 재능
   있는 사람은 일찍 죽고, 중손은 객사한다.

午丁龍, 巽巳入首, 蹇脚丙寅連出.

오정룡, 손사입수, 건각병인연출.

巳, 丁巳也, 蹇脚者, 丁爲巳之德而窺煞, 巳局之入丁者,

사, 정사야, 건각자, 정위사지덕이규살, 사국지입정자,

孫多出 病人, 巳屬角故然也.

손다출 병인, 사속각고연야.

■ 해설 : 손사입수좌(巽巳入首坐)는 자손에게 질환이 많이 따르고,
절름발이가 생긴다.

午丁龍, 丙午入首, 以商致富.

오정룡, 병오입수, 이상치부.

午, 丙午也, 以商致富者, 左右失祖之龍故也.

오, 병오야, 이상치부자, 좌우실조지룡고야.

■ 해설 : 병오입수좌(丙午入首坐)는 사업으로 부를 이룬다.

午丁龍, 丁未入首, 或外孫奉祀, 或溺水死.

오정룡, 정미입수, 혹외손봉사, 혹익수사.

未, 巳未也, 外孫奉祀者, 午未, 二姓之合而入於戊己故也,

미, 사미야, 외손봉사자, 오미, 이성지합이입어무기고야,

溺水者, 甲寅癸亥, 兩頭尾水故也.

익수자, 갑인계해, 양두미수고야.

■ 해설 : 정미입수좌(丁未入首坐)는 간혹 물에 빠져 죽는 사람이 있
고, 외손이 제사를 모신다.

午丁龍, 坤申入首, 當代出六女, 或男出四兄弟, 兼出曲背.

오정룡, 곤신입수, 당대출육녀, 혹남출사형제, 겸출곡배.

辛, 庚辛也, 女出六兄弟者, 坤三絶也, 男出四兄弟者,

신, 경신야, 여출육형제자, 곤삼절야, 남출사형제자,

庚辛四九金也, 曲背寅者, 坤申之腰兌也, 而以午爲腰,

경신사구금야, 곡배인자, 곤신지요태야, 이이오위요,

水火相剋故也.

수화상극고야.

■ 해설 : 곤신입수좌(坤申入首坐)는 당대에 딸을 6명 둔다. 간혹 아
   들 4형제를 두기도 하지만 곱추가 있다.

午丁龍, 辛兌入首, 或出四兄弟, 食粟保孫然, 丙寅不絶.

오정룡, 신태입수, 혹출사형제, 식률보손연, 병인불절.

酉, 辛酉也, 四兄弟者, 辛酉四也, 食粟者, 辛緣在酉也,

유, 신유야, 사형제자, 신유사야, 식률자, 신연재유야,

病人者, 兌金午火, 相剋故也.

병인자, 태금오화, 상극고야.

■ 해설 : 신태입수좌(辛兌入首坐)는 간혹 4형제를 두고, 식복이 있
   지만 질병이 끊이지 않는다.

午丁龍, 辛戌入首, 以妻財保家.

오정룡, 신술입수, 이처재보가.

戌, 壬戌也, 妻才者, 午之妻才, 未而以戌爲合故然.
술, 임술야, 처재자, 오지처재, 미이이술위합고연.

■ 해설 : 신술입수좌(辛戌入首坐)는 착한 아내를 얻고, 아내의 재산
으로 살림을 꾸려간다.

午丁龍, 乾亥入首, 孫多孝行, 兼出學行.
오정룡, 건해입수, 손다효행, 겸출학행.
亥, 癸亥也, 孝行理學者, 亥生午, 顧本之理也.
해, 계해야, 효행이학자, 해생오, 고본지리야.

■ 해설 : 건해입수좌(乾亥入首坐)는 자손이 효도하며 이학자가 나오
게 된다.

8. 정미룡(丁未龍)

丁未龍, 壬坎入首, 當代卽亡.
정미룡, 임감입수, 당대즉망.
子, 甲子也, 當代亡者, 壬一甲一而甲子入於空亡故也.
자, 갑자야, 당대망자, 임일갑일이갑자입어공망고야.

■ 해설 : 임감입수좌(壬坎入首坐)는 당대에 망한다.

丁未龍, 癸丑入首, 出僧尼白丁.

정미룡, 계축입수, 출승니백정.

丑者, 乙丑也, 僧尼白丁者, 未癸丑皆賤故, 屬僧尼白丁,

축자, 을축야, 승니백정자, 미계축개천고, 속승니백정,

入於龜甲空亡之理也, 詳看木鐸鉢盂砂, 牛角劃刀砂,

입어귀갑공망지리야, 상간목탁발우사, 우각획도사,

可以別矣.

가이별의.

■ 해설 : 계축입수좌(癸丑入首坐)는 승려나 백정이 나온다.

丁未龍, 艮寅入首, 三代出孝烈.

정미룡, 간인입수, 삼대출효열.

未己未, 寅甲寅也, 三代者, 甲木故三也, 孝烈者, 未生寅,

미기미, 인갑인야, 삼대자, 갑목고삼야, 효열자, 미생인,

顧祖之理也.

고조지리야.

■ 해설 : 간인입수좌(艮寅入首坐)는 3대에서 효자와 열녀가 나온다.

丁未龍, 乙卯入首, 癸坎橫走則三代孫, 霹靂致死.

정미룡, 을묘입수, 계감횡주즉삼대손, 벽력치사.

卯乙卯, 子戊子也, 亥卯未木故三也, 霹靂致死者, 未爲鬼,

묘을묘, 자무자야, 해묘미목고삼야, 벽력치사자, 미위귀,

辰爲雷, 戊子納音霹靂火, 柳兎獐聞雷則 落巢故然.

진위뢰, 무자납음벽력화, 유토장문뢰즉 락소고연.

■ 해설 : 을묘입수좌(乙卯入首坐)는 계감맥(癸坎脈)이 옆으로 뻗어
　　　　 나가면 3대 자손이 벼락을 맞아 죽는다.

丁未龍, 乙辰入首, 娶寡婦得財.

정미룡, 을진입수, 취과부득재.

辰, 庚辰也, 娶寡得財者, 未辰未配之理, 雙藏故也.

진, 경진야, 취과득재자, 미진미배지리, 쌍장고야.

■ 해설 : 을진입수좌(乙辰入首坐)는 과부와 결혼해 재물을 얻는다.

丁未龍, 巽巳入首, 午坐, 代代養孫奉祀.

정미룡, 손사입수, 오좌, 대대양손봉사.

巳, 丁巳也, 養孫奉祀者, 他藏他胞,

사, 정사야, 양손봉사자, 타장타포,

未藏巳首而坐則 丁己祿在午故也.

미장사수이좌즉 정기록재오고야.

■ 해설 : 손사입수좌(巽巳入首坐)는 오좌(午坐)는 대대로 양자를 둔
　　　　 다. 사입수(巳入首)는 오(午)에 록(祿)이 있기 때문이다.

丁未龍, 坤申入首, 四月絶代, 遺腹子孫, 代代四兄弟,

정미룡, 곤신입수, 사월절대, 유복자손, 대대사형제,

家家巨富.

가가거부.

未己未, 申庚辛也, 四月絶代者, 庚四也, 遺腹子孫者,

미기미, 신경신야, 사월절대자, 경사야, 유복자손자,

丁未長坂, 坤申取突, 絶處逢生也, 代代四兄弟者,

정미장판, 곤신취돌, 절처봉생야, 대대사형제자,

庚辛四九金也, 巨富者, 庚祿在申也.

경신사구금야, 거부자, 경록재신야.

- ■ 해설 : 곤신입수좌(坤申入首坐)는 유복자로 대를 이어 4형제가 모
  두 큰 부자가 된다.

丁未龍, 庚兌入首, 孫多語訥, 辛戌逾入則前後妻,

정미룡, 경태입수, 손다어눌, 신술유입즉전 · 후처,

四六兄弟, 賤孫爲吉.

사륙형제, 천손위길.

酉者, 辛酉語訥者, 木龍金入則金口木舌, 相剋故也,

유자, 신유어눌자, 목룡금입즉금구목설, 상극고야,

以辛戌, 更起符頭, 辛酉燮爲, 丁酉故, 辛酉四, 丁壬卯酉,

이신술, 경기부두, 신유섭위, 정유고, 신유사, 정임묘유,

六運, 四六兄弟, 丁未辛戌皆賤故, 賤孫爲貴,

육운, 사륙형제, 정미신술개천고, 천손위귀,

兄弟以財爭鬪, 長孫或溺水死.

형제이재쟁투, 장손혹익수사.

■ 해설 : 경태입수좌(庚兌入首坐)는 말을 더듬는 자손이 많고, 신술맥(辛戌脈)이 넘어 들어오면 전·후처에서 6형제를 둔다. 천한 자손에게 길하며 귀해진다.

丁未龍, 辛戌入首, 四代成富, 直孫絶祀,
정미룡, 신술입수, 사대성부, 직손절사,
癸丑旺入則出大賊.
계축왕입즉출대적.
戌甲戌, 未癸未也, 四代成富者,
술갑술, 미계미야, 사대성부자,
自未至戌爲四而未戌雙藏幷入也,
자미지술위사이미술쌍장병입야,
直孫亡者, 戌局無亥胞故也,
직손망자, 술국무해포고야,
癸丑太旺, 出大賊者, 未戌本爲我財,
계축태왕, 출대적자, 미술본위아재,
而他財旺則每有貧心故然.
이타재왕즉매유빈심고연.

■ 해설 : 술입수좌(辛戌入首坐)는 4대에서 부를 이루나, 장손에게 자손이 없다. 계축맥(癸丑脈)이 왕성하게 들어오면 큰 도둑이 나온다.

丁未龍, 乾亥入首, 三代孫出武科, 若有甲卯角則,
정미룡, 건해입수, 삼대손출무과, 약유갑묘각즉,

三代八兄弟, 壯元及第連出.

삼대팔형제, 장원급제연출.

亥, 癸亥也, 三代者, 亥卯未木故三也,

해, 계해야, 삼대자, 해묘미목고삼야,

有甲卯角則 八兄弟壯元及第者, 以甲卯起符頭則, 亥爲乙亥,

유갑묘각즉 팔형제장원급제자, 이갑묘기부두즉, 해위을해,

以丁未起符頭則, 卯爲乙卯, 以乾亥起符頭則, 未爲乙未,

이정미기부두즉, 묘위을묘, 이건해기부두즉, 미위을미,

此乙卯乙亥乙未三木故, 三八運, 同榜及第.

차을묘을해을미삼목고, 삼팔운, 동방급제.

■ 해설 : 건해입수좌(乾亥入首坐)는 3대에서 무과가 나온다. 만일
갑묘각(甲卯角)이 있으면 자손이 연이어 장원급제한다.

9. 곤신룡(坤申龍)

坤申龍, 壬坎入首, 當代進士, 二代敗亡.

곤신룡, 임감입수, 당대진사, 이대패망.

子, 壬子也, 當代者, 壬一也, 進士者, 壬爲申辰之雙德也,

자, 임자야, 당대자, 임일야, 진사자, 임위신진지쌍덕야,

二代亡者, 子不通坤之理也.

이대망자, 자불통곤지리야.

■ 해설 : 임감입수좌(壬坎入首坐)는 임신(壬申)의 쌍덕으로 진사가

나오나, 자(子)와 곤(坤)이 불통하여 막히니 2대에서 망한다.

坤申龍, 癸丑入首坐, 家内以女殺人, 或飮藥致死.
곤신룡, 계축입수좌, 가내이녀살인, 혹음약치사.
丑, 癸丑也, 以女殺人者, 丑申雖相生, 癸丑屬飮藥故致死.
축, 계축야, 이녀살인자, 축신수상생, 계축속음약고치사.
坤申後角, 艮寅坂, 石上葬則數代, 手足病人連出.
곤신후각, 간인판, 석상장즉수대, 수족병인연출.
寅, 甲寅也, 手足病身者, 寅申屬手脚, 寅申入於相沖,
인, 갑인야, 수족병신자, 인신속수각, 인신입어상충,
落於空亡故然.
낙어공망고연.

■ 해설 : 계축입수좌(癸丑入首坐)는 여자로 인하여 살인이 일어나
고, 음독자살하는 사람도 있다. 간인판(艮寅坂)은 돌 위에 묘를 쓰
면 수족질환이 계속 일어난다.

坤申龍, 甲卯入首, 以商致富者, 刀兵致死.
곤신룡, 갑묘입수, 이상치부자, 도병치사.
卯者, 後天癸卯也, 以商致富者, 坤屬商, 刀兵致死者,
묘자, 후천계묘야, 이상치부자, 곤속상, 도병치사자,
癸卯納音屬金, 此亦右旋空亡故也.
계묘납음속금, 차역우선공망고야.

■ 해설 : 갑묘입수좌(甲卯入首坐)는 상업으로 부자가 되나, 군인의

칼에 죽는 경우도 있다.

坤申龍, 乙辰入首, 三代直孫亡, 養孫奉祀.
곤신룡, 을진입수, 삼대직손망, 양손봉사.
申戌申, 辰甲辰也, 三代者, 甲三也, 養孫奉祀者,
신무신, 진갑진야, 삼대자, 갑삼야, 양손봉사자,
辰局無巳胞而以辛爲胞則, 他藏他胞也.
진국무사포이이신위포즉, 타장타포야.

■ 해설 : 을진입수좌(乙辰入首坐)는 3대에서 장손이 망하고, 양자가
  제사를 모신다.

坤申龍, 巽巳入首, 後妻孫爲吉, 後有乾亥角則三代八兄弟,
곤신룡, 손사입수, 후처손위길, 후유건해각즉삼대팔형제,
八代大小科, 幷出.
팔대대소과, 병출.
申者, 戌申, 巳者, 乙巳然, 先天癸巳, 後天甲申也, 後妻者,
신자, 무신, 사자, 을사연, 선천계사, 후천갑신야, 후처자,
坤申之配, 乾亥而不逢, 乾亥, 反逢巽巳也, 後有乾亥者,
곤신지배, 건해이불봉, 건해, 반봉손사야, 후유건해자,
辛亥, 三代八兄弟者, 乙八辛八也, 大小科幷出者,
신해, 삼대팔형제자, 을팔신팔야, 대소과병출자,
亥之乙天德, 巳之辛天德, 兩天德前後 相照相應之中,
해지을천덕, 사지신천덕, 양천덕전후 상조상응지중,

298

亦爲三台星之地也.

역위삼태성지지야.

- 해설 : 손사입수좌(巽巳入首坐)는 후처 자손에게 길하고, 손사맥
  (巽巳脈) 뒤에 건해각(乾亥角)이 있으면 3대의 8형제가 8대에 걸
  쳐 대소과에 급제한다.

坤申龍, 丙午入首, 雙寡幷出, 若有巽辰角則 代代四五兄弟,

곤신룡, 병오입수, 쌍과병출, 약유손진각즉 대대사오형제,

時祀之地.

시사지지.

申戌申, 午丙午也, 雙寡者, 坤申丙午順陽也,

신무신, 오병오야, 쌍과자, 곤신병오순양야,

後有巽辰更起婦得則, 丙午, 後天丙午也, 代代四五兄弟者,

후유손진경기부득즉, 병오, 후천병오야, 대대사오형제자,

庚四丙午也, 巽辰坤申間, 午入首午坐則不勝數相傳基孫故,

경사병오야, 손진곤신간, 오입수오좌즉불승수상전기손고,

代代時祀之地.

대대시사지지.

- 해설 : 병오입수좌(丙午入首坐)는 쌍과부가 나온다. 만일 손진각
  (巽辰角)이 있으면 대대로 4·5형제가 시제를 지낸다.

坤申龍, 丁未入首坐, 代代兄弟, 寡婦連出之地.

곤신룡, 정미입수좌, 대대형제, 과부연출지지.

申戊申, 未己未也, 兄弟者, 己爲二數也, 寡婦者, 坤申丁未,
신무신, 미기미야, 형제자, 기위이수야, 과부자, 곤신정미,

皆順陽, 此亦戊己故, 五代則亡.
개순양, 차역무기고, 오대즉망.

■ 해설 : 정미입수좌(丁未入首坐)는 대대로 형제를 두는데 연이어
　　과부가 생기고, 5대에서 망한다. 곤신정미(坤申丁未)는 모두 순양
　　인 무기(戊己)이다.

坤申龍, 庚兌入首, 二女孫奉祀.
곤신룡, 경태입수, 이녀손봉사.

申戊申, 酉巳酉也, 二女孫奉祀者, 申兌,
신무신, 유사유야, 이녀손봉사자, 신태,

皆女屬而兌爲二兌澤故也.
개녀속이태위이태택고야.

■ 해설 : 경태입수좌(庚兌入首坐)는 아들이 없어 딸 둘이 제사를 모
　　신다.

坤申龍, 辛戌入首, 直孫亡, 養孫奉祀, 淫行不絶.
곤신룡, 신술입수, 직손망, 양손봉사, 음행불절.

戌, 庚戌也, 養孫奉祀者, 戌局無亥胞故也, 淫行不絶者,
술, 경술야, 양손봉사자, 술국무해포고야, 음행불절자,

戌藏申胞, 他藏他胞故也.
술장신포, 타장타포고야.

300

■ 해설 : 신술입수좌(辛戌入首坐)는 직손이 망하여 양자가 제사를 모시고, 음란한 일이 끊이지 않는다.

坤申龍, 乾亥入首, 代代四兄弟, 若爲壬坐則 四代長孫進士.
곤신룡, 건해입수, 대대사형제, 약위임좌즉 사대장손진사.
亥, 辛亥也, 代代四兄弟, 庚辛四九金, 運爲四也,
해, 신해야, 대대사형제, 경신사구금, 운위사야,
壬坐長孫進士者, 坤申甲辰符頭故.
임좌장손진사자, 곤신갑진부두고.
三月龍亥入首, 壬坐則 三月 壬爲雙德, 申亥者,
삼월용해입수, 임좌즉 삼월, 임위쌍덕, 신해자,
皆爲長孫故也.
개위장손고야.

■ 해설 : 건해입수좌(乾亥入首坐)는 대대로 4형제를 둔다. 만일 임좌(壬坐)를 잡으면 장손이 진사에 오른다.

10. 경태룡(庚兌龍)

庚兌龍, 壬坎入首, 代代前後娶, 出兄弟, 家有欠.
경태룡, 임감입수, 대대전후취, 출형제, 가유흠.
子, 壬子也, 代代前後娶者, 壬坎庚兌雙媒, 家有欠者,
자, 임자야, 대대전후취자, 임감경태쌍매, 가유흠자,

申子辰酉, 桃花煞故也.

신자진유, 도화살고야.

■ 해설 : 임감입수좌(壬坎入首坐)는 대대로 전·후처에서 형제를 두고, 집안에 흠(欠)이 있다.

庚兌龍, 癸丑入首, 代代四兄弟, 武科連出, 直孫絶祀.

경태룡, 계축입수, 대대사형제, 무과연출, 직손절사.

丑, 癸丑也, 四兄弟者, 巳酉丑金故四也, 武科者,

축, 계축야, 사형제자, 사유축금고사야, 무과자,

庚爲酉丑之雙德, 直孫絶祀者, 丑局無寅胞故也.

경위유축지쌍덕, 직손절사자, 축국무인포고야.

■ 해설 : 계축입수좌(癸丑入首坐)는 대대로 4형제가 연이어 무과에 오르나, 직손에게는 자손이 없다.

庚兌龍, 艮寅入首, 以工冶發富, 三代則亡.

경태룡, 간인입수, 이공야발부, 삼대즉망.

寅, 甲寅也, 工冶者, 艮工兌金, 火煉金成器也, 三代亡者,

인, 갑인야, 공야자, 간공태금, 화련금성기야, 삼대망자,

寅爲空亡.

인위공망.

■ 해설 : 간인입수좌(艮寅入首坐)는 공업으로 부를 이루나, 3대에서 망한다.

302

庚兌龍, 乙辰入首, 缺脣露齒.

경태룡, 을진입수, 결순로치.

酉巳酉, 辰甲辰也, 缺脣露齒者,

유사유, 진갑진야, 결순로치자,

兌屬口而乙木進士相剋故也, 土屬脣, 木生枝故缺脣.

태속구이을목진사상극고야, 토속순, 목생지고결순.

■ 해설 : 을진입수좌(乙辰入首坐)는 언챙이와 치아가 드러난 사람이
　　　많이 나온다.

庚兌龍, 巽巳入首, 四代孫武科, 後有乾亥角則七八代,

경태룡, 손사입수, 사대손무과, 후유건해각즉칠팔대,

大小科幷出.

대소과병출.

巳乙巳也, 四代者, 巳酉金故四也, 武科者,

사을사야, 사대자, 사유금고사야, 무과자,

庚爲巳酉之雙德也, 乾亥後角則後天, 辛亥也, 七八代,

경위사유지쌍덕야, 건해후각즉후천, 신해야, 칠팔대,

大小科幷出者, 乾巽屬太陽之龍而亥之乙天德,

대소과병출자, 건손속태양지룡이해지을천덕,

巳之辛天德雙德, 前後相照故然也.

사지신천덕쌍덕, 전후상조고연야.

■ 해설 : 손사입수좌(巽巳入首坐)는 4대 자손이 무관에 오르고, 뒤에
　　　건해각(乾亥角)이 있으면 7 · 8대 자손 모두 대소과에 급제한다.

庚兌龍, 丙午入首, 登科者罷科, 居官者落職, 或出目傾口,
경태룡, 병오입수, 등과자파과, 거관자락직, 혹출목경구,

旺生客死.
왕생객사.

午, 丙午也, 登科居官者, 酉之庚月德, 午之丙月德,
오, 병오야, 등과거관자, 유지경월덕, 오지병월덕,

罷科落巳者, 火克金火克金故也, 病身, 午目兌口,
파과락사자, 화극금화극금고야, 병신, 오목태구,

丙庚故也, 旺死者, 屬庚兌丙午.
병경고야, 왕사자, 속경태병오.

■ 해설 : 병오입수좌(丙午入首坐)는 모두 문무과에 낙방한다. 현직
　　자는 면직이나 파직되며 정신질환과 객사가 따른다.

庚兌龍, 丁未入首, 翻棺覆尸.
경태룡, 정미입수, 번관복시.

乙辛風, 去來則斷以決之也, 未者, 己未也, 翻棺覆尸者,
을신풍, 거래즉단이결지야, 미자, 기미야, 번관복시자,

庚兌之下, 丁未, 入於絶, 源空亡故也.
경태지하, 정미, 입어절, 원공망고야.

■ 해설 : 정미입수좌(丁未入首坐)는 시신이 엎어지며 뒤집히는 불길
　　한 자리이다.

庚兌龍, 坤申入首, 三代寡母女, 同居.
경태룡, 곤신입수, 삼대과모녀, 동거.
寡母女者, 辛酉皆女而入於龜甲空亡故也.
과모녀자, 신유개녀이입어귀갑공망고야.

■ 해설 : 곤신입수좌(坤申入首坐)는 3대 과부가 함께 산다.

庚兌龍, 辛兌入首, 以商致富.
경태룡, 신태입수, 이상치부.
初酉巳酉, 後有辛酉也, 以商致富者, 庚酉辛酉,
초유사유, 후유신유야, 이상치부자, 경유신유,
失祖之龍而辛祿在酉故然.
실조지룡이신록재유고연.

■ 해설 : 신태입수좌(辛兌入首坐)는 상업이나 사업으로 부를 이루게
　　된다.

庚兌龍, 辛戌入首, 夭慘不絶, 若有坤申庚胞穴,
경태룡, 신술입수, 요참불절, 약유곤신경포혈,
代代三四兄弟, 百子千孫, 遺腹孫發福.
대대삼사형제, 백자천손, 유복손발복.
戌, 庚戌也, 夭者, 酉辛戌, 全金而金空則鳴故然也,
술, 경술야, 요자, 유신술, 전금이금공즉명고연야,
代代三四兄弟百子千孫者, 酉辛戌局,
대대삼사형제백자천손자, 유신술국,

有申庚暈則有秋之金而雌雄首, 雙祿之格也, 遺腹子者,
유신경 운즉유추지금이자웅수, 쌍록지격야, 유복자자,

戌局無亥胞故也.
술국무해포고야.

■ 해설 : 신술입수좌(辛戌入首坐)는 젊은 사람의 죽음이 계속되나,
  혈(穴)이 곤신경(坤申庚)으로 내려오면 대대로 3·4형제에서 많
  은 자손이 번창한다. 유복자손이 더 발복한다.

庚兌龍, 乾亥入首, 四代長孫進士, 三四兄弟連出.
경태룡, 건해입수, 사대장손진사, 삼사형제연출.

亥, 辛亥也, 四兄弟者, 庚辛四九金, 長孫進士者,
해, 신해야, 사형제자, 경신사구금, 장손진사자,

亥爲長孫而亥爲辛之三奇, 辛金亥木, 相爲成器故,
해위장손이해위신지삼기, 신금해목, 상위성기고,

多出人才.
다출인재.

■ 해설 : 건해입수좌(乾亥入首坐)는 3·4형제를 두고, 4대 자손에서
  진사가 나온다.

11. 건술룡(乾戌龍)

癸壬坎入首, 二代進士, 三代離鄉.
계임감입수, 이대진사, 삼대이향.
子, 庚子也, 二代者, 壬旺故加一乎而以也, 進士者,
자, 경자야, 이대자, 임왕고가일호이이야, 진사자,
子之壬月德也, 三代流離者, 壬屬水, 水旺則流離故然.
자지임월덕야, 삼대류리자, 임속수, 수왕즉류리고연.

■ 해설 : 계임감입수좌(癸壬坎入首坐)는 2대에서 진사가 나오나, 3
대에서 모두 고향을 떠난다.

乾戌龍, 丑艮入首, 四代成富, 以咳嗽, 長孫絶祀, 或火死.
건술룡, 축간입수, 사대성부, 이해수, 장손절사, 혹화사.
丑者, 巳丑, 有艮故丑艮也, 四代者, 自戌至丑爲四也,
축자, 사축, 유간고축간야, 사대자, 자술지축위사야,
成富者, 丑戌雙藏幷入, 咳嗽者,
성부자, 축술쌍장병입, 해수자,
巳金屬肺而丑金戌火相剋故也,
사금속폐이축금술화상극고야,
長孫絶祀者, 丑艮局, 戌寅胞故也, 火巳者, 戌爲火之庫藏,
장손절사자, 축간국, 무인포고야, 화사자, 술위화지고장,
丑艮納音, 霹靂火故也.
축간납음, 벽력화고야.

■ 해설 : 축간입수좌(丑艮入首坐)는 4대에서 부를 이룬다. 그러나 해수병으로 장손에게 자손이 없고, 불에 타서 죽는 사람도 나온다.

乾戌龍, 艮寅入首坐, 五代後妻孫吉.

건술룡, 간인입수좌, 오대후처손길.

戌, 戊戌, 寅壬寅也, 五代者, 寅午戌火運故, 五也,

술, 무술, 인임인야, 오대자, 인오술화운고, 오야,

後妻孫爲吉者, 乾戌初有逢坤之心, 而不逢坤,

후처손위길자, 건술초유봉곤지심, 이불봉곤,

反逢艮寅故後妻.

반봉간인고후처.

■ 해설 : 간인입수좌(艮寅入首坐)는 5대의 후처 자손에게 길하다.

乾戌龍, 乙卯入首坐, 早年喪目.

건술룡, 을묘입수좌, 조년상목.

卯, 癸卯也, 喪目者, 乙屬靑盲而戌火卯木, 相爲泄氣也.

묘, 계묘야, 상목자, 을속청맹이술화묘목, 상위설기야.

■ 해설 : 을묘입수좌(乙卯入首坐)는 젊을 때 눈을 다쳐 맹인이 된다.

乾巽相沖, 辰戌相沖也, 此甲子旬中, 進士工冶,

건손상충, 진술상충야, 차갑자순중, 진사공야,

而甲辰乙巳, 反空於甲午旬中故, 空亡中反空亡.

이갑진을사, 반공어갑오순중고, 공망중반공망.

乾戌龍, 壬坎剝換, 乙辰坂, 巽巳突上葬, 則忠孝貞烈,

건술룡, 임감박환, 을진판, 손사돌상장, 즉충효정열,

絶祀功臣, 代代英雄之地.

절사공신, 대대영웅지지.

子, 庚子, 進士, 甲辰乙巳也, 忠孝貞烈英雄者, 戌生巳,

자, 경자, 진사, 갑진을사야, 충효정열영웅자, 술생사,

生生子, 子之巽壬, 雙德辰之壬, 雙德故也, 絶祀者,

생생자, 자지손임, 쌍덕진지임, 쌍덕고야, 절사자,

■ 해설 : 임감박환(壬坎剝換)에 을진맥(乙辰脈)으로 꺾어 손사좌(巽巳坐)에 묘를 쓰면 대대로 충신·열녀·절사공신·영웅이 나온다.

乾戌龍, 丙午入首, 五代七處居官.

건술룡, 병오입수, 오대칠처거관.

戌, 戌戌然, 有乾故乾戌, 午者, 先後天雙甲午也, 五代者,

술, 무술연, 유건고건술, 오자, 선후천쌍갑오야, 오대자,

丙數五也, 七處居官者, 午之乾丙雙德, 戌之丙雙德也.

병수오야, 칠처거관자, 오지건병쌍덕, 술지병쌍덕야.

■ 해설 : 병오입수좌(丙午入首坐)는 5대에서 관직자가 일곱 곳에서 나온다.

乾戌龍, 丁未入首, 四代成富, 長孫絶祀, 兄弟以財相鬪,

건술룡, 정미입수, 사대성부, 장손절사, 형제이재상투,

而火災敗亡.

이화재패망.

未, 乙未也, 四代者, 自未之戌爲四, 巨富者, 未戌雙藏,

미, 을미야, 사대자, 자미지술위사, 거부자, 미술쌍장,

長孫絶祀者, 未藏戌申胞故也, 以財相鬪者, 戌刑未也,

장손절사자, 미장무신포고야, 이재상투자, 술형미야,

火災敗亡者, 丁未納音, 天上火而戌火之庫藏故也.

화재패망자, 정미납음, 천상화이술화지고장고야.

■ 해설 : 정미입수좌(丁未入首坐)는 4대에서 부를 이룬다. 그러나
   장손에게 자손이 없고, 형제간에 재산싸움이 일어나고, 화재로 망
   한다.

乾戌龍, 坤申入首, 當代出三男三女.

건술룡, 곤신입수, 당대출삼남삼녀.

申子, 先天病身也, 三男三女者, 乾三連坤三絶, 此,

신자, 선천병신야, 삼남삼녀자, 건삼연곤삼절, 차,

枯木生火之理, 老年生子格.

고목생화지리, 노년생자격.

■ 해설 : 곤신입수좌(坤申入首坐)는 당대에 3남 3녀를 두고, 자손이
   번창한다.

乾戌龍, 辛兌入首, 男出兄弟, 女出四兄弟, 七十亨壽,

건술룡, 신태입수, 남출형제, 여출사형제, 칠십형수,

坤未逾入則代代前後妻, 出四六兄弟, 家家巨富.

곤미유입즉대대전·후처, 출사륙형제, 가가거부.

酉, 丁酉也, 丁數二故, 男二, 酉數四故, 女四也, 長壽者,

유, 정유야, 정수이고, 남이, 유수사고, 여사야, 장수자,

兌納丁, 春秋分, 南極星, 昏見干丁方故也, 以坤未,

태납정, 춘추분, 남극성, 혼견간정방고야, 이곤미,

更起符頭則, 變爲後天辛酉也, 前後妻者, 酉左右,

경기부두즉, 변위후천신유야, 전·후처자, 유좌우,

未戌幷付, 未戌皆爲妻也, 四六兄弟者, 辛酉四,

미술병부, 미술개위처야, 사륙형제자, 신유사,

丁壬卯酉六也, 巨富者, 雙藏幷入中, 辛祿在酉故也,

정임묘유륙야, 거부자, 쌍장병입중, 신록재유고야,

此河落先後天, 丁辛旺相之穴也, 未酉戌相連之格.

차하락선후천, 정신왕상지혈야, 미유술상련지격.

- 해설 : 신태입수좌(辛兌入首坐)는 3남매를 두고, 칠십까지 장수한
  다. 만일 곤신맥(坤申脈)이 넘어들어 오면 전·후처에서 얻은 4·
  6형제가 모두 큰 부자가 된다.

乾戌龍, 復入酉戌則五七兄弟, 文科幷出.

건술룡, 복입유술즉오칠형제, 문과병출.

初戌者, 乾戌復入酉戌者, 右旋故, 上旬中, 乙酉丙戌也,

초술자, 건술보입유술자, 우선고, 상순중, 을유병술야,

五七兄弟者, 丙爲五七也, 文科者, 戌之丙雙德也.

오칠형제자, 병위오칠야, 문과자, 술지병쌍덕야.

■ 해설 : 복입유술(復入酉戌)은 5 · 7형제가 문과에 급제하고, 연이
어 자손들이 급제한다.

乾戌龍, 乾亥入首, 先文後武
건술룡, 건해입수, 선문후무.
文武者, 戌爲文, 亥爲武, 此雙奇之龍格, 然耳,
문무자, 술위문, 해위무, 차쌍기지룡격, 연이,
代代二三兄弟, 六代流離敗亡, 主流離.
대대이삼형제, 육대류기패망, 주류리.

■ 해설 : 건해입수좌(乾亥入首坐)는 먼저 문관이 나오고 후에 무관
이 나온다. 대대로 2 · 3형제를 두나 6대에 가서 고향을 떠나게 된다.

12. 건해룡(乾亥龍)

乾亥龍, 壬坎入首, 雙鰥幷出, 癸丑作局則三代三兄弟,
건해룡, 임감입수, 쌍환병출, 계축작국즉삼대삼형제,
四代四兄弟, 武科連出, 長孫養孫.
사대사형제, 무과연출, 장손양손.
亥己亥, 子庚子也, 雙鰥幷出者, 乾亥壬坎順陽也,
해기해, 자경자야, 쌍환병출자, 건해임감순양야,
有癸丑則丑是辛丑也, 三代三兄弟, 庚辛數四也,
유계축즉축시신축야, 삼대삼형제, 경신수사야,

而乾亥壬坎癸丑, 爲後天故, 除太極一數也則三也,
이건해임감계축, 위후천고, 제태극일수야즉삼야,
四代四兄弟者, 庚辛四九金也, 武科者, 丑之庚雙德,
사대사형제자, 경신사구금야, 무과자, 축지경쌍덕,
長孫養孫者, 丑局無寅胞故也.
장손양손자, 축국무인포고야.

■ 해설 : 임감입수좌(壬坎入首坐)는 쌍으로 홀아비가 나온다. 계축
  작국(癸丑作局)에 자리를 정하면 3・4형제가 무과에 오르나, 장손
  에게 자손이 없어 양자로 대를 잇는다.

乾亥龍, 艮寅入首, 代代三四兄弟, 後有坤申角則, 五六代,
건해룡, 간인입수, 대대삼사형제, 후유곤신각즉, 오륙대,
大小科幷出, 七代亂臣賊子出.
대소과병출, 칠대난신적자출.
寅, 壬寅然, 先天甲寅, 後天癸亥也, 三四兄弟者,
인, 임인연, 선천갑인, 후천계해야, 삼사형제자,
甲三亥四也, 有坤申角則, 先天病身也, 五六代者,
갑삼해사야, 유곤신각즉, 선천병신야, 오륙대자,
丙午壬六也, 大小寡者, 壬爲申之天德, 丙爲寅之月德,
병오임륙야, 대소과자, 임위신지천덕, 병위인지월덕,
前後相照應也, 七代者, 丙七也, 亂賊者, 丙壬相沖,
전후상조응야, 칠대자, 병칠야, 난적자, 병임상충,
寅申相沖故也.
인신상충고야.

■ 해설 : 간인입수좌(艮寅入首坐)는 대대로 3 · 4형제를 둔다. 만일 간인(艮寅) 뒤에 곤신각(坤申角)이 있으면 5 · 6대에서 대소과에 급제하나, 7대에서 나라를 그르치는 난적이 나온다.

乾亥龍, 甲卯入首, 天死多出, 三代則亡.

건해룡, 갑묘입수, 요사다출, 삼대즉망.

卯者, 癸卯也, 天死者, 乾亥甲卯, 皆木也,

묘자, 계묘야, 요사자, 건해갑묘, 개목야,

而木旺則相戰相鬪故也, 三代者, 亥卯未木故三也,

이목왕즉상전상투고야, 삼대자, 해묘미목고삼야,

而卯不通乾故也.

이묘불통건고야.

■ 해설 : 갑묘입수좌(甲卯入首坐)는 소년기에 죽는 사람이 많고, 3 대에서 망한다.

乾亥龍, 乙辰入首, 當代卽亡, 巽巳回胞,

건해룡, 을진입수, 당대즉망, 손사회포,

寅艮胞穴則代代三四兄弟, 武官大職.

인간포혈즉대대삼사형제, 무관대직.

辰者, 甲辰, 當代亡者, 甲午旬中, 進士空亡也,

진자, 갑진, 당대망자, 갑오순중, 진사공망야,

巽巳艮寅回胞者, 而艮寅連起符頭, 甲辰乙巳,

손사간인회포자, 이간인연기부두, 갑진을사,

變爲庚辰辛巳也, 代代三四兄弟者, 庚辛四九金也, 武官者,
병위경진신사야. 대대삼사형제자. 경신사구금야. 무관자.
巳之辛庚雙德也.
사지신경쌍덕야.

■ 해설 : 을진입수좌(乙辰入首坐)는 당대에 망하나, 손사맥(巽巳脈)
과 간인맥(艮寅脈)이 혈(穴)을 안고 돌면 3·4형제가 모두 무관대
직에 오른다.

乾亥龍, 丙午入首, 五代文官, 兼出理學.
건해룡. 병오입수. 오대문관. 겸출이학.
亥己亥午者, 先後天雙甲午也, 五代者, 丙數五也, 文官者,
해기해오자. 선후천쌍갑오야. 오대자. 병수오야. 문관자.
午之乾丙雙德也, 理學者, 亥生午之理.
오지건병쌍덕야. 이학자. 해생오지리.

■ 해설 : 병오입수좌(丙午入首坐)는 5대에서 문관과 이학자가 나오
게 된다.

乾亥龍, 丁未入首, 三代則孫亡, 養孫奉祀.
건해룡. 정미입수. 삼대즉손망. 양손봉사.
未, 乙未也, 三代者, 亥卯未木故三也, 直孫亡養孫奉祀者,
미. 을미야. 삼대자. 해묘미목고삼야. 직손망양손봉사자.
乾亥丁未, 他藏他胞故.
건해정미. 타장타포고.

■ 해설 : 정미입수좌(丁未入首坐)는 3대에서 양자가 제사를 모신다.

乾亥龍, 坤申入首, 老年得妻生子, 後有艮寅角則,

건해룡, 곤신입수, 노년득처생자, 후유간인각즉,

五六代代大小科幷出.

오륙대대대소과병출.

申子, 先天病身也, 老年生子者, 乾坤老父母配合也,

신자, 선천병신야, 노년생자자, 건곤노부모배합야,

後有艮寅者, 寅是後天壬寅也, 五六代者, 丙午壬六也,

후유간인자, 인시후천임인야, 오륙대자, 병오임륙야,

大小科幷出者, 壬爲申之天德, 丙爲寅之月德, 天月德,

대소과병출자, 임위신지천덕, 병위인지월덕, 천월덕,

前後照應故也.

전후조응고야.

■ 해설 : 곤신입수좌(坤申入首坐)는 노년에 아내를 얻고, 식복이 따
    른다. 곤신(坤申) 뒤에 간인각(艮寅角)이 있으면 5·6대 자손이
    대소과에 오른다.

乾亥龍, 庚兌入首, 當代人敗.

건해룡, 경태입수, 당대인패.

亥己亥, 酉己酉也, 當代人敗者, 婦得落空亡也.

해기해, 유기유야, 당대인패자, 부득락공망야.

■ 해설 : 경태입수좌(庚兌入首坐)는 당대에 사람이 죽는다.

乾亥龍, 辛戌入首, 五代則亡,

건해룡, 신술입수, 오대즉망,

丑艮橫入則五代五兄弟文臣巨富.

축간횡입즉오대오형제문신거부.

亥己亥, 戌戌戌也, 五代亡者, 入戌己故也,

해기해, 술무술야, 오대망자, 입무기고야,

丑艮逾入五代五兄弟者, 以丑艮更起符頭, 戌戌己亥,

축간유입오대오형제자, 이축간경기부두, 무술기해,

變爲丙戌丁亥, 丙數五也, 文官巨富者, 戌之丙雙德,

변위병술정해, 병수오야, 문관거부자, 술지병쌍덕,

丑戌雙藏相入則金得火益精之理也, 此脫戊己之穴.

축술쌍장상입즉금득화익정지리야, 차탈무기지혈.

■ 해설 : 신술입수좌(辛戌入首坐)는 5대에서 망하나 축간맥(丑艮脈)
　이 옆으로 들어오면 5대 5형제가 문과에 오르며 큰 부자가 된다.

乾亥龍, 壬亥入首, 有子無財之地.

건해룡, 임해입수, 유자무재지지.

有子者, 有亥胞也, 無財者, 無戌藏故也.

유자자, 유해포야, 무재자, 무술장고야.

■ 해설 : 임해입수좌(壬亥入首坐)는 자손이 있으면 재물이 없고, 재
　산이 있으면 자손이 없다.

21장. 양택과 대문내는 법

　양택(陽宅)은 사람이 생활하는 주거지 · 집단주거지 · 산업단지 등으로 위치와 방위를 잘 살펴서 정해야 한다. 주변의 산세와 국(局)이 잘 이루어진 곳을 보국택지(保局宅地)라 하여 명당국 명당터가 된다. 따라서 양택보국(陽宅保局)은 주산(主山) 진산(鎭山)이 수려하고, 좌청룡(左靑龍) 우백호(右白虎)가 국내(局內)를 균형있게 잘 보호하고, 아래에 안산(案山) 조산(朝山)이 조응하는 형세가 되어야 한다. 또한 국내(局內)에 수세(水勢)가 잘 이루어져, 크고 작은 수류(水流)가 실생활에 도움을 주어야 한다. 큰 물줄기가 있는 곳은 대도시가 형성되고, 작은 물줄기가 있는 곳은 작은 마을이 형성되는 것이다.

　양택(陽宅)은 동사택(東舍宅)과 서사택(西舍宅)으로 나누고, 건물과 대문 등의 배합이 잘 이루어져야 한다. 만일 그렇지 않으면 모든 것이 불리하다. 동사택(東舍宅)은 감(坎)·리(離)·진(震)·손(巽)으로 햇빛이 많이 드는 곳을 말하고, 서사택(西舍宅)은 건(乾)·곤(坤)·간(艮)·태(兌)로 햇빛이 적게 드는 곳을 말한다.

양택(陽宅)의 방위는 지반정침(地盤正針) 24방위 중에서 후천(後天) 8방위인 감(坎)·간(艮)·진(震)·손(巽)·이(離)·곤(坤)·태(兌)·건(乾)으로 적용하고, 후천(後天) 8방위의 오행(五行)으로 건물과 대문 그리고 건물 안의 부엌·실·방의 생극(生剋)의 관계를 살펴 정한다. 상생(相生)과 배합은 길한 방위와 위치를 뜻하고, 상극(相剋)과 불배합은 흉한 방위와 위치를 뜻한다.

집터는 주변환경이 좋으며 정기가 깃든 온화한 땅, 길이 잘 이루어져 통행이 편리한 곳, 물이 좋은 곳, 대지는 단단하며 맑고 광채가 있는 기력토로 된 곳. 반듯하며 정사각이나 직사각형으로 되어야 바람직하다. 만일 조각이거나 기울어졌거나 골진 곳이나 매립지는 죽은 땅으로 흉하다. 바람은 순조롭고 부드러워야 하고, 요풍(凹風)·직급풍(直急風)·강살풍(强殺風)·충풍(沖風)·공회풍(共回風)·회풍(廻風) 등은 해롭다.

화(火)는 대지의 지하지상으로 지나가는 맥이나 흐름의 징조가 있으면 기가 흩어져 사람과 짐승·초목이 살지 못한다. 낙뢰·번개가 자주 치는 곳, 땅이 자주 떨리고 갈라지는 곳, 지하나 지상에 고압전류나 강한 전파가 지나는 곳도 피해야 한다. 그리고 쿵쿵 울리는 땅, 지상이 울리는 곳, 지하에 굴이나 구멍이 많은 곳, 터널 위나 탄광 위 등

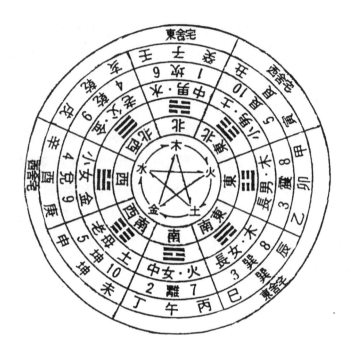

양택 패철도

을 피해야 한다. 이런 곳은 모두 기가 흩어진 곳으로 산란할 징조가
나타나기 때문이다.

■ 양택 패철 보는 법

외곽선 : 동사택(東舍宅), 서사택(西舍宅)

내1선 : 동서남북, 간방(間方)

내2선 : 후천(後天) 8괘

내3선 : 후천(後天) 8괘, 오행, 해당하는 사람

내4선 : 후천(後天) 8방위, 수리(數理)

내5선 : 지반정침(地盤正針) 24방위

양택에서 가장 중요한 것은 건물과 대문의 위치이다. 기가 왕래하기 때문이다. 방위를 정할 때는 아래와 같이 한다.

1) 건물 앞 중앙 지점에서 건물을 향하여 패철로 방위를 정한다. 그러나 만일 정원이 있으면 건물의 3배 이내에서 중앙지점을 정한다. 3배 이상 큰 정원은 대지의 정원으로 보지 않는다.

2) 연립주택이나 아파트 등 집단주거지는 자신의 집 앞에서 중앙을 정한다.

3) 건물의 방위를 정한 다음, 중앙에서 건물과 대문 그리고 건물 내의 부엌·실·방 등의 위치로 길흉을 살핀다. 길한 방위에는 부엌·실·방 등을 정하고, 흉한 방위에는 창고 등을 배치하는 것이 바람직하다.

1. 남향 건물 북향 대문

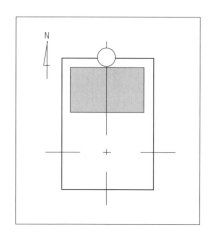

1. 감방택(坎方宅) 감문(坎門)

물이 거듭 만나면 아내와 자식에게 흉하다. 복위주(伏位主)로 순양무음(純陽無陰)이라 초년에는 크게 발복하나, 오래 살면 아내를 극하고 아들이 상하니 과부가 생기고 아들이 없다. 중감(重坎)은 처첩이 없으니 남자끼리 산다.

2. 북문(北門) 북주(北主): 순양택(純陽宅)

초년에는 크게 발복하나 오래가지 못한다. 부부가 서로 극하고, 자식에게 상해가 따른다.

구성\분류	위치	괘	명칭	방위	남녀	음양	오행	수리
건물	正北	☵	水	東舍宅	中男	陽	水	1,6
대문	正北		水	東舍宅	中男	陽	水	1,6
작용	남향집 북문		純坎	有利	男男	不和	相比	1,6

※坎(구덩이 감): 웅덩이에 빠진다는 뜻으로 험한 일이 거듭해서 생긴다. 그러나 성실하면 우러름을 받기도 한다.

2. 남향 건물 북동 대문

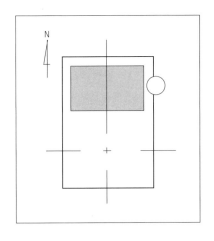

1. 감방택(坎方宅) 간문(艮門)

오귀(五鬼)가 큰 물을 만나니 익사한다. 오귀택(五鬼宅)이라 익사, 자해, 관재구설, 도난, 화재 등으로 망한다. 부자 간이나 형제 간에 불화하고, 아내를 극하며 아들이 상하고, 자손이 불효하며 복부질환으로 고생한다.

2. 북동문(北東門) 북주(北主) : 오귀택(五鬼宅)

목을 매거나 강물에 빠져 자살한다. 송사, 도난, 화재 등으로 재산을 잃으며 집안이 망한다. 부자 간이나 형제 간에 불화하고, 아내와 상극(相剋)이며 아들에게는 상해가 따르고, 부모에게 불효하며 체증으로 고생한다.

분류 구성	위치	괘	명칭	방위	남녀	음양	오행	수리
건물	正北		水	東舍宅	中男	陽	水	1,6
대문	北東		山	西舍宅	少男	陽	土	5,10
작용	남향집 북동문		蹇	不利	男男	不和	相剋	5,10

※ 蹇(건) : 험한 산 위에 험한 물이 있다는 뜻이다. 두려움으로 앞으로 나가지 못하니 도움을 청하게 된다.

3. 남향 건물 동향 대문

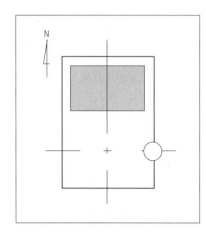

1. 감방택(坎方宅) 진문(震門)

뇌수(雷水)는 선행을 많이 하나 아들이 없다. 천의택(天醫宅)이니 문주상생(門主相生)하여 초년에는 대길하다. 그러나 순양무음(純陽無陰)이라 늙어서 아들을 극하며 아내가 상한다. 남녀 모두 의롭고 인자해 선행을 좋아한다.

2. 동문(東門) 북주(北主) : 천의택(天醫宅)

집안이 발전한다. 초년에는 크게 발복하나 오래 살면 아내에게 상해가 따르며 자식과 상극(相剋)하고, 가족이 모두 건강이 나빠진다. 그러나 남녀 모두 어질고 의로우니 선행을 많이 쌓는다.

분류\구성	위치	괘	명칭	방위	남녀	음양	오행	수리
건물	正北	☵	水	東舍宅	中男	陽	水	1,6
대문	正東	☳	雷	東舍宅	長男	陽	水	3,8
작용	남향집 동문		屯	有利	男男	不和	相比	3,8

※ 屯(둔) : 천지에 우뢰와 비가 가득하니 초목이 잘 자란다. 만사형통한다.

4. 남향 건물 남동 대문

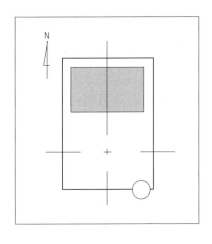

1. 감방택(坎方宅) 손문(巽門)

생기택(生氣宅)으로 남녀 모두 수려하고, 현명하며 효도하는 자손을 둔다. 부부금실이 좋으며 대대로 영화를 누리는 제일 좋은 자리이다.

2. 남동문(南東門) 북주(北主) : 생기택(生氣宅)

남녀 모두 준수하며 아들 5형제가 모두 과거에 급제한다. 자손이 어질고 착하며 집안이 번성하니 대부대귀를 누린다. 가족이 모두 건강하며 여자는 현숙하다. 가장 좋은 자리로 부부가 해로하며 영예로운 일이 많으니 대대로 영화를 누린다.

분류 구성	위치	괘	명칭	방위	남녀	음양	오행	수리
건물	正北		水	東舍宅	中男	陽	水	1,6
대문	南東		風	東舍宅	長女	陰	木	3,8
작용	남향집 남동문		井	有利	男女	調和	相生	3,8

※ 井(정) : 두레박으로 물을 길어올린다는 뜻으로 궁함이 없다.

5. 남향 건물 남향 대문

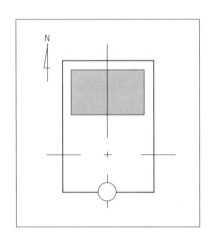

1. 감방택(坎方宅) 이문(離門)

음양정배(陰陽正配)이니 부귀를 누리고, 연년주(延年主)이니 복록수(福祿壽)가 두텁다. 아들 4형제가 모두 효도하며 손자는 총명하다. 그러나 오래 살면 아내를 극하며 심장·복부·안과질환이 많이 따르나 진손방(震巽方) 부엌이 안정되면 길하다.

2. 남문(南門) 북주(北主) : 연년택(延年宅)

유아독존격으로 발전이 빠르고, 복록수(福祿壽)를 고루 갖춘다. 아들 4형제를 두며 손자가 가득하다. 아들은 효도하며 손자는 슬기롭고, 충의와 덕행과 학식이 깊다. 그러나 늙으면 아내에게 흉하여 속병과 안질이 자주 따르나 부엌을 동쪽이나 남동쪽으로 정하면 길하다.

구성＼분류	위치	괘	명칭	방위	남녀	음양	오행	수리
건물	正北		水	東舍宅	中男	陽	水	1,6
대문	正南		火	東舍宅	中女	陰	火	2,7
작용	남향집 남문		旣濟	有利	男女	調和	相剋	2,7

※ 旣濟(기제) : 물과 불이 서로 합하니 처음에는 길하나 나중에는 어려움이 따른다.

6. 남향 건물 남서 대문

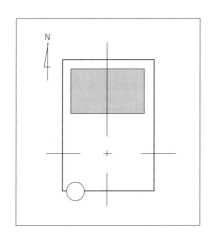

1. 감방택(坎方宅) 곤문(坤門)

절명택(絶命宅)으로 토(土)가 수(水)를 극하여 재물손실, 도난, 정신이상, 관재구설, 황달, 심장·복부질환 등이 따른다. 고독하며 양자를 들인다. 가운데 아들이 수명이 짧으며 양자를 들인다.

2. 남서문(南西門) 북주(北主) : 절명택(絶命宅)

질병이 끊이지 않는다. 가운데 아들이 단명하며 대가 끊긴다. 사기, 재물손실, 송사, 구설, 심장질환, 체증, 황달 등이 따른다.

구성\분류	위치	괘	명칭	방위	남녀	음양	오행	수리
건물	正北	☵	水	東舍宅	中男	陽	水	1,6
대문	南西	☷	地	西舍宅	老母	陰	土	5,10
작용	남향집 남서문		比	不利	男女	調和	相剋	5,10

※ 比(비) : 땅 위에 물이 있음을 상징한다.

7. 남향 건물 서향 대문

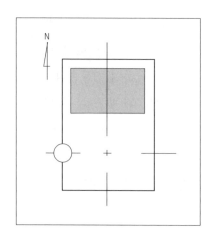

1. 감방택(坎方宅) 태문(兌門)

백호(白虎)를 강에 던지는 격이니 가축에게 해롭다. 화해설기택(禍害洩氣宅)으로 사업이 부진하거나 실패하고, 작은 며느리가 일찍 죽는다. 음탕하고 도박을 즐기니 망한다.

2. 서문(西門) 북주(北主) : 화해설기택(禍害洩氣宅)

발전이 부족하며 금생수(金生水)하니 작은집을 둔다. 산업이 줄고, 아내를 일찍 잃는다. 음탕하고 도박을 즐기니 집안이 망한다.

구성＼분류	위치	괘	명칭	방위	남녀	음양	오행	수리
건물	正北		水	東舍宅	中男	陽	水	1,6
대문	正西		澤	西舍宅	少女	陰	金	4,9
작용	남향집 서문		節	不利	男女	調和	相生	4,9

※ 節(절) : 못(兌) 위에 물(坎)이 있으니 만사형통한다. 그러나 그릇에 담기는 물은 한계가 있으니 절제할 줄 알아야 한다.

8. 남향 건물 북서 대문

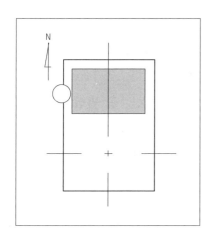

1. 감방택(坎方宅) 건문(乾門)

 천문(天門)이 낙수(落水)하니 음란하며 정신질환이 많이 따르고, 주(主)가 육살(六殺)을 범하면 음인(陰人)이 죽는다. 간혹 초년에는 발복하는 경우가 있으나 오래 살면 아내를 극하며 아들이 상하여 대가 끊긴다. 재산이 탕진되며 집안이 망한다.

2. 북서문(北西門) 북주(北主)

 발전이 부족하며 늙어서 아내를 잃는다. 초년에는 재물을 모으는 경우도 있으나 늙어서는 아내와 상극(相剋)하며 자식에게 질병이 따르고, 재산을 탕진하며 집안이 망한다.

분류 구성	위치	괘	명칭	방위	남녀	음양	오행	수리
건물	正北		水	東舍宅	中男	陽	水	1,6
대문	北西		天	西舍宅	老父	陽	金	4,9
작용	남향집 서북문		需	不利	男	不和	相生	4,9

 ※ 需(수) : 구름(水)이 하늘 위에 있으니 만사형통한다. 군자는 음식을 먹어 즐겁다.

9. 남서향 건물 북향 대문

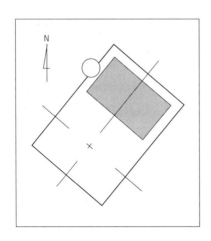

1. 간방택(艮方宅) 감문(坎門)

수(水)가 산극(山剋)을 만나니 아들이 없다. 오귀택(五鬼宅)으로 감간(坎艮)을 범하여 어린아이에게 불리하다. 만사가 불리하니 익사, 자살, 관재구설, 시비, 도난, 질병 등 재앙이 많다.

2. 북문(北門) 북동주(北東主) : 오귀택(五鬼宅)

집안이 화목하지 못하며 질병이 계속된다. 젊은 사람에게 크게 불리하며 자살이 따른다. 관재구설, 시비, 도난 등 재난과 질병이 끊이지 않는다. 만사가 불리하며 집안이 망한다.

구성＼분류	위치	괘	명칭	방위	남녀	음양	오행	수리
건물	北東	☶	山	西舍宅	少男	陽	土	5,10
대문	正北	☵	水	東舍宅	中男	陽	水	1,6
작용	남서향집 북문		蒙	不利	男	不和	相剋	1,6

※ 蒙(몽) : 물이 산을 만나 갈 곳을 모르니 옳은 것을 가르쳐야 한다는 뜻이다.

10. 남서향 건물 북동 대문

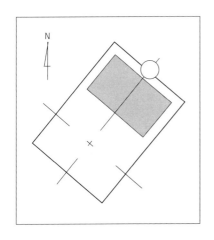

1. 간방택(艮方宅) 간문(艮門)

산이 첩첩하니 아내와 자식에게 해롭다. 복위택(伏位宅)으로 이 토(二土)가 어울리니 초년에는 발전하여 큰 재물을 모으나 순양 무음(純陽無陰)이라 오래 살면 불화하니 아내를 극하며 아들이 상한다.

2. 북동문(北東門) 북동주(北東主) : 복위택(伏位宅)

초년에는 순조롭게 발전하여 재물을 모은다. 그러나 오래 살면 아내와 자식에게 해롭고, 집안에 병환이 그치지 않는다.

구성＼분류	위치	괘	명칭	방위	남녀	음양	오행	수리
건물	北東		山	西舍宅	少男	陽	土	5,10
대문	北東		山	西舍宅	少男	陽	土	5,10
작용	남서향집 북동문		艮	有利	男	不和	相比	5,10

※艮(간) : 산이 중첩되어 있으니 멈추게 된다는 뜻이다. 생각이 넘지 않으니 사욕을 물리치게 된다.

11. 남서향 건물 동향 대문

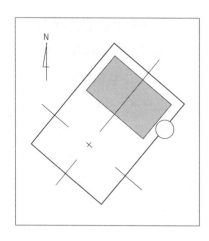

1. 간방택(艮方宅) 진문(震門)

용이 산 속으로 들어가는 격이니 자식이 귀하다. 육살택(六殺宅)으로 진간(震艮)이 상극(相剋)하니 남녀 모두 요절한다. 재산이 흩어지며 자식이 없으니 양자가 집안을 장악한다. 토(土)가 목(木)의 극을 받으니 중풍, 황달, 비장 · 위장 · 피부질환, 관재, 도난 등이 따른다.

2. 동문(東門) 북동주(北東主) : 육살택(六殺宅)

어린아이에게 해롭고 남녀가 모두 젊어서 죽는다. 비장, 위장, 간장이 나쁘고 신경질환이 따른다. 양자가 집안을 장악하며 관재와 사고로 집안이 화목하지 못한다.

구성＼분류	위치	괘	명칭	방위	남녀	음양	오행	수리
건물	北東		山	西舍宅	少男	陽	土	5,10
대문	正東		雷	東舍宅	長女	陰	木	3,8
작용	서남향집 동문		頤	不利	男女	調和	相剋	3,8

※ 頤(이) : 천둥이 산 아래에서 움직이니 초목을 양육한다. 말을 삼가하고 음식을 조절해야 한다.

12. 남서향 건물 남동 대문

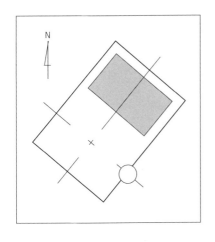

1. 간방택(艮方宅) 손문(巽門)

풍산(風山)은 홀어미로 아들이 없는 경우가 많다. 절명택(絶命宅)으로 손간상주(巽艮傷主)를 범하니 세 과부가 나오고, 어린아이가 상하며 양자를 둔다. 외괘(外卦)가 내괘(內卦)를 극하니 관재, 도난, 황달, 비장·위장질환이 있다. 손위풍(巽爲風)이며 간위기성(艮爲箕星)이니 기풍당당하다. 갑목임관(甲木臨官)이 손문(巽門)으로 달리니 풍병이 따른다. 사내아이가 극되니 대가 끊긴다.

2. 남동문(南東門) 북동주(北東主) : 절명택(絶命宅)

관재와 질병으로 가정이 불화한다. 어린아이가 상하며 양자가 대를 잇는다. 송사, 도난, 입병, 간장·비장·위장질환 등 재난이 겹친다.

구성＼분류	위치	괘	명칭	방위	남녀	음양	오행	수리
건물	北東		山	西舍宅	少男	陽	土	5,10
대문	南東		風	東舍宅	長女	陰	木	3,8
작용	남서향집 남동문		蠱	不利	男女	調和	相剋	3,8

※ 蠱(고) : 바람이 산 아래에서 부니 어지러운 상태를 말한다.

13. 남서향 건물 남향 대문

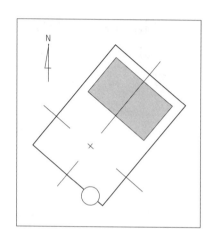

1. 간방택(艮方宅) 이문(離門)

화산(火山)은 여자가 강하며 경맥(經脈)이 고르지 않다. 화해주(禍害主)로 성궁(星宮)이 상생(相生)되고 궁성(宮星)이 비화(比和)하여, 간혹 초년에는 발복하는 경우가 있으나 여자가 남자의 자리를 빼앗는다. 오래 살면 양자를 들이며 경맥(經脈)이 고르지 못하고, 화열토조(火熱土燥)하여 가정이 흔들린다.

2. 남문(南門) 북동주(北東主) : 화해택(禍害宅)

초년에는 간혹 부귀를 누리는 경우도 있으나 여자가 강하여 남편의 권리를 빼앗는다. 오래 살면 건강이 나쁘며 경맥(經脈)이 고르지 못하다. 특히 여자가 집안을 시끄럽게 한다.

구성＼분류	위치	괘	명칭	방위	남녀	음양	오행	수리
건물	北東	☶	山	西舍宅	少男	陽	土	5,10
대문	正南		火	西舍宅	中女	陰	火	2,7
작용	남서향집 남문		賁	有利	男女	調和	相生	2,7

※ 賁(비) : 불이 산 밑에서 일어나 산과 초목을 밝게 비추니 만사형통한다.

14. 남서향 건물 남서 대문

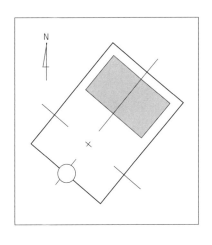

1. 간방택(艮方宅) 곤문(坤門)

　지산(地山)으로 토(土)가 거듭하니 재물이 풍부하고, 생기택(生氣宅)으로 이토비화(二土比和)하니 재물이 늘어난다. 남녀 모두 장수하며 자손은 효도하고, 가축에게도 길하다. 그러나 오래 살면 재앙이 많이 따른다.

2. 남서문(南西門) 북동주(北東主) : 생기택(生氣宅)

　집안이 화목하고 발전한다. 가업이 일어나며 남녀 모두 장수하고, 자손을 많이 두는데 효도하며어질다. 그러나 오래 살면 재난이 겹친다.

구성＼분류	위치	괘	명칭	방위	남녀	음양	오행	수리
건물	北東		山	西舍宅	少男	陽	土	5, 10
대문	南西		地	西舍宅	老母	陰	土	2, 7
작용	남서향집 남서문		剝	有利	男女	調和	相比	2, 7

※ 剝(박) : 산이 땅에 붙어있으나 음(陰)이 강하여 양(陽)을 긁어낸다. 대인(大人)이 소인(小人)에게 박해를 받는다.

15. 남서향 건물 서향 대문

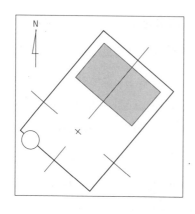

1. 간방택(艮方宅) 태문(兌門)

택산(澤山)은 복을 더해 가정이 화목하며 부귀영화가 있다. 연년택(延年宅)이니 성관(星官)이 상생(相生)하여 충효심이 깊고, 남자는 총명하며 여자는 수려하다. 오래 살면 작은 집이 발전하며 남녀가 장수한다. 4 · 9년에 발복하며 사유축년(巳酉丑年)에 길하다. 서사택(西舍宅) 중에서도 가장 길한 자리이다.

2. 서문(西門) 북동주(北東主) : 연년택(延年宅)

부귀가 모두 발전한다. 남자는 총명하며 여자는 수려하다. 충효심이 깊고 어질며 훌륭하니 가정이 편안하고, 남녀 모두 장수한다. 계속 장원급제하며 특히 작은 아들이 크게 발전한다. 4 · 9년에 발복하며 사유축년(巳酉丑年)에 길하다. 서사택(西舍宅) 중에서도 가장 길하다.

구성\분류	위치	괘	명칭	방위	남녀	음양	오행	수리
건물	北東		山	西舍宅	少男	陽	土	5, 10
대문	正西		澤	西舍宅	少女	陰	金	4, 9
작용	남서향집 서문		損	有利	男女	調和	相生	4, 9

※ 損(손) : 못(澤)이 산 아래에 있어 못의 상진(上震)을 덜어 위로 보태니 성실하다. 군자는 욕심을 부리지 않는다.

16. 남서향 건물 북서 대문

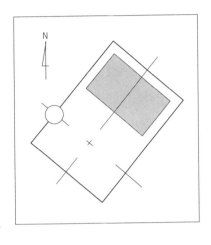

1. 간방택(艮方宅) 건문(乾門)

하늘이 산 위에 임하니 부귀하다. 천을택(天乙宅)이니 아들 3형제를 두고, 재물이 많으며 불경을 좋아한다. 초년에는 복록수(福祿壽)가 따르며 남자는 인자하고 여자는 의롭다. 그러나 순양(純陽)이라 오래 살면 아내를 잃거나 아들이 상하고, 양자로 대를 이으며 고독하다.

2. 북서문(北西門) 북동주(北東主) : 천을택(天乙宅)

초년에는 부귀를 누리며 건강하게 장수하고, 남자는 어질며 여자는 의롭다. 그러나 오래 살면 아내와 화합하지 못하고, 자식들은 병을 얻으니 외롭다.

구성 \ 분류	위치	괘	명칭	방위	남녀	음양	오행	수리
건물	北東		山	西舍宅	少男	陽	土	5,10
대문	北西		天	西舍宅	老父	陰	金	4,9
작용	남서향집 서북문		大畜	有利	男	調和	相生	4,9

※大畜(대축) : 산이 태양을 기르니 덕을 크게 쌓으며 마음을 바르게 하면 이롭다.

17. 서향 건물 북향 대문

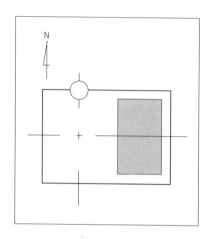

1. 진방택(震方宅) 감문(坎門)

발복하나 오래 살면 아들을 두지 못한다. 천을택(天乙宅)으로 가난을 구하는데는 제일이다. 초년에는 가족이 많으며 공명현달하여 연달아 과거급제하나 순양무음(純陽無陰)이라 오래 살면 아들이 없으며 고독하다.

2. 북문(北門) 동주(東主) : 천을택(天乙宅)

초년에는 건강하며 공명을 이루어 지위가 오르고, 온 가족이 덕을 쌓으며 남을 돕는다. 그러나 오래 살면 고독해지며 여자가 집안을 지탱한다.

구성\분류	위치	괘	명칭	방위	남녀	음양	오행	수리
건물	正東		雷	東舍宅	長女	陰	木	3,8
대문	正北		水	東舍宅	中男	陽	水	1,6
작용	서향집 북문		解	有利	男女	調和	相生	1,6

※ 解(해) : 천둥과 비가 있으니 초목이 싹터 천지가 풀어진다.

18. 서향 건물 북동대문

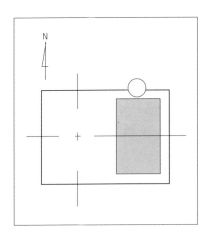

1. 진방택(震方宅) 간문(艮門)

산뢰(山雷)가 서로 보니 어린아이가 죽는다. 육살입택(六殺入宅)이니 문주궁성(門主宮星)이 서로 싸워 재산이 흩어지며 가정이 불안하고, 황달과 비장질환이 따른다. 초년에는 비록 가난해도 가족이 있지만 오래 살면 아내를 극하며 집안이 망한다.

2. 북동문(北東門) 동주(東主) : 육살입택(六殺入宅)

건강과 재산을 모두 잃는다. 집안이 편안하지 못하며 간장이나 비장질환이 따른다. 간혹 초년에는 건강할 수도 있으나 아내를 잃게 되며 집안이 망한다.

구성＼분류	위치	괘	명칭	방위	남녀	음양	오행	수리
건물	正東	☳	雷	東舍宅	長男	陽	木	3,8
대문	동북	☶	山	西舍宅	少男	陽	土	5,10
작용	서향집 동북문		小過	不利	男	調和	相剋	5,10

※ 小過(소과) : 지나치게 적다는 뜻이다.

19. 서향 건물 동향 대문

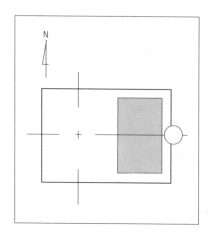

1. 진방택(震方宅) 진문(震門)

진목(震木)이 거듭되니 아내와 아들이 상극(相剋)한다. 복위택(伏位宅)이니 초년에는 발복하나 양승음쇠(陽勝陰衰)하여 여자가 단명하여 남자끼리 살게 된다. 오래 살면 양자를 들이며 고독하다.

2. 동문(東門) 동주(東主) : 복위택(伏位宅)

초년에는 발복하나 아내의 수명이 짧으며 가족의 건강이 나쁘다. 오래 살면 양자로 대를 이으며 고독하다.

분류\구성	위치	괘	명칭	방위	남녀	음양	오행	수리
건물	正東	☳	雷	東舍宅	長男	陽	木	3,8
대문	正東	☳	雷	東舍宅	長男	陽	木	3,8
작용	서향집 동문		震	有利	男	不和	相比	3,8

※ 震(진) : 거듭해서 천둥이 친다는 뜻이다. 천둥은 양기(陽氣)를 발하니 만사형통한다.

20. 서향 건물 남동 대문

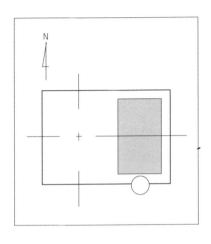

1. 진방택(震方宅) 손문(巽門)

풍뢰(風雷)는 공명이 불처럼 일어난다. 연년택(延年宅)으로 이목(二木)이 숲을 이루어 이름을 떨치며, 목(木)이 왕성하니 금(金)을 만나면 큰 재목이 된다. 평지일성뢰(平地一聲雷)라 하여 장원급제하며, 처음에는 궁핍하나 나중에는 부자가 된다.

2. 남동문(南東門) 동주(東主) : 연년택(延年宅)

재산이 크게 일어나고 건강과 발전이 온다. 일시에 공명을 떨치며 처음에는 가난하나 차차 부자가 되고, 재능있는 사람이 많이 나온다.

구성＼분류	위치	괘	명칭	방위	남녀	음양	오행	수리
건물	正東	☳	雷	東舍宅	長男	陽	木	3,8
대문	南東	☴	風	東舍宅	長女	陰	木	3,8
작용	서향집 남동문		恒	有利	男女	調和	相比	3,8

※ 恒(상) : 천둥과 바람이 서로 돕고 순종하며 함께 움직인다. 장남(震)이 장녀(巽) 위에 있으니 부부의 도리를 다한다.

21. 서향 건물 남향 대문

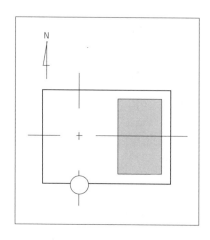

1. 진방택(震方宅) 이문(離門)

화뢰(火雷)는 발복하며 여자가 어질다. 생기주(生氣主)로 목화통명(木火通明)하니 공명현달하며 대부대귀하다. 아내는 현명하며 자식은 효도하고, 남자는 충성하며 여자는 수려하다. 8년 안에 경사가 일어나니 장원급제한다.

2. 남문(南門) 동주(東主) : 생기택(生氣宅)

건강과 재물이 크게 번성한다. 대부대귀하며 공명현달하니 거침없이 발전한다. 아내는 어질며 자식은 효도하고, 남자는 총명하며 여자는 수려하다. 궁핍한 서생이 하루 아침에 일어나듯 벼슬길이 열리고 부귀가 넘친다. 특히 남동쪽에 부엌을 정하면 더욱 길하다.

구성＼분류	위치	괘	명칭	방위	남녀	음양	오행	수리
건물	正東		雷	東舍宅	長男	陽	木	3,8
대문	正南		火	東舍宅	中女	陰	火	2,7
작용	서향집 남문		風	有利	男女	調和	相生	2,7

※ 風(풍) : 천둥과 번개가 모두 이르니 풍성하다.

22. 서향 건물 남서 대문

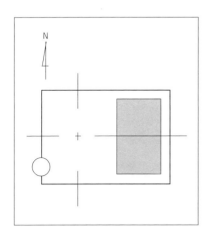

1. 진방택(震方宅) 곤문(坤門)

사람이 용 위에 있는 격이니 어머니에게 산망이 따른다. 화해택(禍害宅)으로 목토상극(木土相剋)하니 모자간에 불화하며 재산을 잃고 황달, 비장·위장질환이 따른다. 재산이 있으면 건강하지 못하고, 건강하면 재산이 없다.

2. 남서문(南西門) 동주(東主)

모자 간에 화목하지 못하며 재산을 잃은 후 건강도 잃는다. 황달, 비장·위장질환이 따른다. 재산이 있으면 건강하지 못하고, 건강하면 재산이 없다.

구성＼분류	위치	괘	명칭	방위	남녀	음양	오행	수리
건물	正東		雷	東舍宅	長男	陽	木	3,8
대문	東西		地	西舍宅	老母	陰	土	5,10
작용	서향집 서남문		豫	不利	男女	調和	相剋	5,10

※ 豫(예) : 우뢰소리에 땅이 흔들리니 어김이 없음을 본받는다.

23. 서향 건물 서향 대문

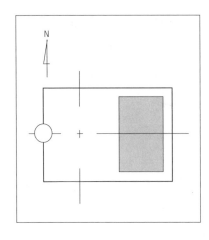

1. 진방택(震方宅) 태문(兌門)

범이 용의 집에 들어가는 격이니 허세가 심하며 복부질환이 따른다. 절명택(絶命宅)으로 목(木)이 금(金)의 극을 받으니 장남이나 장녀가 일찍 죽어 대가 끊긴다. 가정이 화목하지 못하고, 아내를 일찍 잃으며 아들을 극하니 집안이 망한다. 심장, 복부, 허리 등에 통증이 따른다.

2. 서문(西門) 동주(東主) : 절명택(絶命宅)

건강과 재산을 모두 잃는다. 장남과 장녀가 일찍 죽어 대가 끊기니 고독하다. 심장, 복부, 허리, 다리 등에 질병이 따른다. 남편이 상하며 아들과 불화하니 집안이 화목하지 못하다.

구성＼분류	위치	괘	명칭	방위	남녀	음양	오행	수리
건물	正東	☳	雷	東舍宅	長男	陽	木	3,8
대문	正西	☱	澤	西舍宅	少女	陰	金	4,9
작용	서향집 서문		歸妹	不利	男女	調和	相剋	4,9

※ 歸妹(귀매) : 소녀(兌)가 장남에게 시집가는 형상이다. 여자가 남자보다 성욕이 지나치게 강하면 흉하다.

24. 서향 건물 북서향 대문

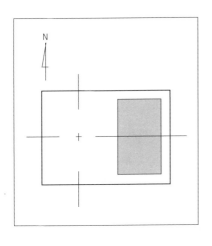

1. 진방택(震方宅) 건문(乾門)

오귀(五鬼)가 뇌문(雷門)에 들어가 장자가 상한다. 오귀택(五鬼宅)으로 외(外)가 내(內)를 극하니 화가 빠르게 온다. 4·5수에 관재구설, 화재, 도난이 많고, 남녀가 일찍 죽고, 심장, 복부에 통증이 있다. 부자간에 불화하며 재물이 패하고, 가축도 해롭다.

2. 북서문(北西門) 동주(東主) : 오귀택(五鬼宅)

집안이 화목하지 못하고 재산과 건강에 피해가 크다. 갑자기 안팎으로 나빠져 관재구설, 화재, 도난 등이 끊이지 않는다. 남녀 모두 요절이나 단명하고, 심장이나 복부질환이 따른다. 재산이 줄어들며 부자간에 화목하지 못하고, 장남의 대가 끊긴다.

구성＼분류	위치	괘	명칭	방위	남녀	음양	오행	수리
건물	正東		雷	東舍宅	長男	陽	木	3,8
대문	西北		天	西舍宅	老父	陽	金	4,9
작용	서향집 서북문		大壯	不利	男	不和	相剋	4,9

※ 大壯(대장) : 천둥이 하늘 위에 있는 격이나 큰 사람이 씩씩하다.

25. 북서향 건물 북향 대문

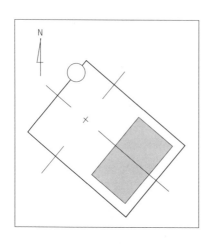

1. 손방택(巽方宅) 감문(坎門)

수목(水木)이 영화하니 여자가 뛰어나다. 생기주(生氣主)로 아들 다섯이 모두 관직에 오른다. 남자는 총명하며 여자는 뛰어나고, 아들은 효도하며 손자는 어질다. 부귀공명하며 가축에게도 유리하다.

2. 북문(北門) 남동주(南東主) : 양득위택(良得位宅)

건강과 재산이 크게 발전한다. 남자는 총명하며 여자는 수려하고, 아들은 효도하며 손자는 어질다. 온 가족이 건강하며 공명현달하여 부귀를 겸하는 가장 좋은 자리다.

분류 구성	위치	괘	명칭	방위	남녀	음양	오행	수리
건물	南東		風	東舍宅	長女	陰	木	3,8
대문	正北		水	東舍宅	中男	陽	水	1,6
작용	서북향집 북문		煥	有利	男女	調和	相生	1,6

※ 煥(환) : 바람이 물 위로 지나가 물이 불어나니 형통한다.

26. 북서향 건물 북동 대문

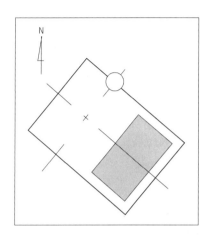

1. 손방택(巽方宅) 간문(艮門)

산이 땅에 임하니 홀어머니를 잃
는다. 절명택(絶命宅)으로 목극
토(木剋土)하니 어린아이를 키우
기 어렵다. 양자를 들이며 고독하
고, 노복이 도망간다. 비장질환,
풍병, 황달 등이 따른다.

2. 북동문(北東門) 남동주(南東主) : 절명택(絶命宅)

집안이 화목하지 못하고 건강을 잃는다. 어린아이를 키우기 어렵고,
양자를 들이며 고독하고, 노복이 도망간다. 황달, 비장 · 정신질환 등
이 따른다.

구성＼분류	위치	괘	명칭	방위	남녀	음양	오행	수리
건물	南東		風	東舍宅	長女	陰	木	3,8
대문	北東		山	西舍宅	少男	陽	土	4,9
작용	서북향집 동북문		漸	不利	男女	調和	相剋	4,9

※ 漸(점) : 산 위에 나무(巽)가 있는 것을 말한다. 점진하여 앞으로
　　　　나가니 시집가는 여자에게 길하다.

27. 북서향 건물 동향 대문

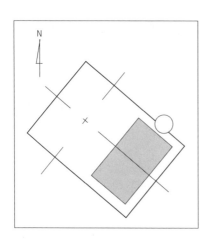

1. 손방택(巽方宅) 진문(震門)

뇌풍(雷風)이 상배(相配)하니 발복이 빠르다. 연년택(延年宅)으로 이목(二木)이 숲을 이루니 매우 유리하다. 평지일성뢰(平地一聲雷)의 목(木)이 성하여 금(金)을 만나니 가난한 집도 크게 발복한다. 아들 4형제를 두며 길하다.

2. 동문(東門) 남동주(南東主) : 연년택(延年宅)

건강과 재물이 모두 좋아진다. 이로운 중에서도 가장 이로우니 가난한 살림이 잠간 사이에 일어나 크게 부귀를 누린다. 공명현달하고 아들 넷을 두니 크게 길하다.

구성\분류	위치	괘	명칭	방위	남녀	음양	오행	수리
건물	南東		風	東舍宅	長女	陰	木	3,8
대문	正東		雷	東舍宅	長男	陽	木	3,8
작용	서북향집 동문		益	有利	男女	調和	相比	3,8

※ 益(익) : 바람과 천둥이 때에 따라 함께 움직이니 위에서 아래를 유익하게 한다.

28. 북서향 건물 남동 대문

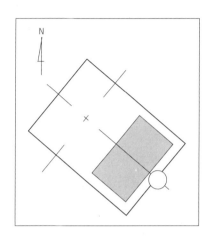

1. 손방택(巽方宅) 손문(巽門)

바람이 겹치니 어린아이와 여자에게 해롭다. 복위택(伏位宅)으로 순음(純陰)이니 여자가 집안을 지탱한다. 처음에는 재물이 발전하나 음승양쇠(陰勝陽衰)하여 남자가 단명한다. 오래 살면 아들이 없으니 양자로 대를 잇는다.

2. 남동문(南東門) 남동주(南東主) : 복위택(伏位宅)

처음에는 재산이 있으나 남자가 쇠하니 여자가 살림을 꾸려가고, 양자로 대를 잇는다.

분류 구성	위치	괘	명칭	방위	남녀	음양	오행	수리
건물	南東		風	東舍宅	長女	陰	木	3,8
대문	南東		雷	東舍宅	長女	陰	木	3,8
작용	서북향집 남동문		巽	有利	女	不和	相比	3,8

※ 巽(손) : 바람이 거듭되어 손(巽)이 순종하니 조금은 이루어진다.

29. 북서향 건물 남향 대문

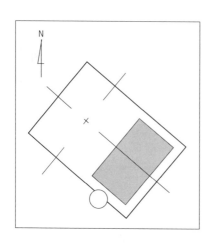

1. 손방택(巽方宅) 이문(離門)

화풍(火風)은 가족은 적으나 모두 선행을 좋아한다. 천을주(天乙主)로 남녀 모두 인자하며 의롭고, 부귀를 누리지만 아내가 가권을 잡는다. 초년에는 크게 발복하나 오래 살면 재산은 많으나 아들이 없으니양자로 대를 잇는다.

2. 남문(南門) 남동주(南東主) : 천을택(天乙宅)

부귀하며 남녀 모두 착하며 의롭다. 초년에는 크게 일어나나 아내가 집안을 주관한다. 오래 살면 재산은 많아도 아들이 없으니 양자로 대를 잇는다.

구성\분류	위치	괘	명칭	방위	남녀	음양	오행	수리
건물	南東		風	東舍宅	長女	陰	木	3,8
대문	正南		火	東舍宅	中女	陰	火	2,7
작용	서북향집 남문		家人	有利	女	不和	相生	2,7

※ 家人(가인) : 불에서 바람이 일어난다는 뜻이다. 여자와 남자가 각각 올바르게 가정을 다스린다.

30. 북서향 건물 남서 대문

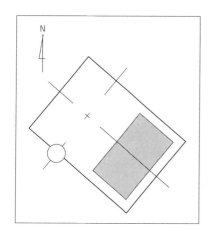

1. 손방택(巽方宅) 곤문(坤門)

인리지호(人理地戶)이니 노모를 잃는다. 오귀택(五鬼宅)으로 목토상극(木土相剋)하니 노모를 잃으며 여자에게 불리하고, 순음(純陰)이라 남자가 일찍 죽는다. 황달, 비장·위장질환이 따르고 관재구설, 도박 등으로 망한다. 초년에는 아들 2형제를 두나 오래 살면 아들이 없으니 양자로 대를 잇는다.

2. 남서문(南西門) 남동주(南東主) : 오귀택(五鬼宅)

건강을 잃으며 만사가 불리하다. 노모를 잃게 되고, 여자에게 불리하며 남자는 단명한다. 간장, 비장, 위장이 나쁘며 송사, 구설, 음란, 도박으로 집안이 망한다. 초년에는 아들 2형제를 두나 대가 끊긴다.

분류 구성	위치	괘	명칭	방위	남녀	음양	오행	수리
건물	南東		風	東舍宅	長女	陰	木	3,8
대문	南東		地	西舍宅	老父	陽	土	5,10
작용	서북향집 남서문		觀	不利	男女	調和	相剋	5,10

※ 觀(관) : 바람이 땅 위로 행하는 것을 상징한다.

31. 북서향 건물 서향 대문

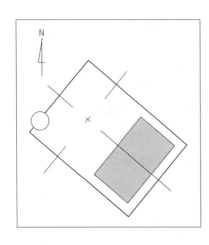

1. 손방택(巽方宅) 태문(兌門)

범이 양지를 만나니 음(陰)이 상하게 된다. 육살택(六殺宅)으로 주목(主木)이 금(金)의 극을 받아 여자만 남고, 음승양쇠(陰勝陽衰)하니 남편을 극하며 재산을 잃는다. 통증이 따르며 집안이 망한다.

2. 서문(西門) 남동주(南東主) : 육살택(六殺宅)

건강과 재산을 잃으며 불화가 계속된다. 남편과 상극(相剋)이며 아들이 상하고, 질병이 많으며 파재한다.

구성\분류	위치	괘	명칭	방위	남녀	음양	오행	수리
건물	南東		風	東舍宅	長女	陰	木	3,8
대문	正西		澤	西舍宅	少女	陰	金	4,9
작용	서북향집 서문		中爭	不利	女	不和	相剋	4,9

※ 中爭(중쟁) : 중심이 성실하다는 뜻으로 못(兌) 위에 바람(巽)이 있어 기쁘니 손(巽)이 순종한다.

32. 북서향 건물 북서 대문

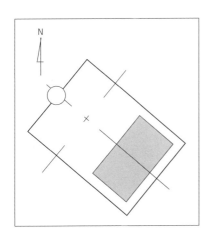

1. 손방택(巽方宅) 건문(乾門)

건손(乾巽)은 산망과 심장통증이 따른다. 화해택(禍害宅)으로 초년에는 간혹 발복하는 경우가 있으나 오래 살면 여자가 죽게 되며 도난, 관재 등이 따른다.

2. 북서문(北西門) 남동주(南東主) : 화해택(禍害宅)

건강과 재산을 잃는다. 초년에는 간혹 재물을 모을 수 있으나 오래 살면 여자가 죽고 송사, 도난 등이 따른다.

구성＼분류	위치	괘	명칭	방위	남녀	음양	오행	수리
건물	南東		風	東舍宅	長女	陰	木	3,8
대문	北西		天	西舍宅	老父	陽	金	4,9
작용	서북향집 서북문		小畜	不利	男女	調和	相剋	4,9

※ 小畜(소축) : 일음(一陰)이 오양(五陽)을 저축하니 형세가 약하다. 저축이 적다.

33. 북향 건물 북향 대문

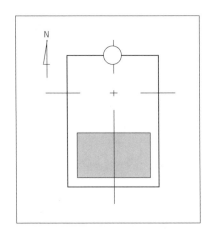

1. 이방택(離方宅) 감문(坎門)

수화기제(水火旣濟)하니 대길하다. 연년주(延年主)로 무곡금성(武曲金星)이니 아들 4형제가 모두 강성하고, 부부 정배(正配)하여 부귀하다. 그러나 오래 살면 아내를 극하고, 복부나 안과질환이 따른다.

2. 북문(北門) 남주(南主) : 연년택(延年宅)

재물과 건강이 모두 발전한다. 아들 4형제가 모두 강성하고, 부부금실이 좋으며 부귀를 겸전한다. 그러나 오래 살면 아내에게 복통이나 안과질환이 따른다.

분류 구성	위치	괘	명칭	방위	남녀	음양	오행	수리
건물	正南		火	東舍宅	中女	陰	火	2, 7
대문	正北		水	東舍宅	中男	陽	火	2, 7
작용	북향집 북문		未濟	有利	男女	調和	相比	2, 7

※ 未濟(미제) : 뜻을 이루지 못한 상태로 아래 위에 수화(水火)가 있으니 발전한다.

34. 북향 건물 북동 대문

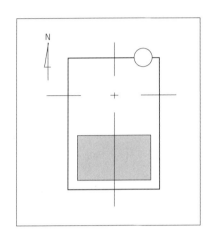

1. 이방택(離方宅) 간문(艮門)

오귀(五鬼)가 지호(地戶)에 임하니 여자가 강하다. 화해택(禍害宅)으로 화열토조(火熱土燥)하고 음승양쇠(陰勝陽衰)하니 남자가 약하고, 여자가 난폭하여 가정이 화목하지 못하다. 오래 살면 대가 끊기고 경맥(經脈)이 고르지 못하다.

2. 북동문(北東門) 남주(南主) : 화해택(禍害宅)

건강을 잃게 되고 옳지 못한 일을 행한다. 남자는 유약하고 여자는 난폭하니 집안이 화목하지 못하다. 여자가 사랑을 믿고 교만하며, 경맥(經脈)이 고르지 못하여 자궁에서 피가 쏟아진다.

구성＼분류	위치	괘	명칭	방위	남녀	음양	오행	수리
건물	正東		火	東舍宅	中女	陰	火	2,7
대문	北東	☶	山	西舍宅	少男	陽	土	5,10
작용	북향집 북동문		旅	不利	男女	調和	相生	5,10

※ 旅(여) : 산은 아래에 있고 불은 위에 있으니 머무를 곳을 떠나 여행을 한다.

35. 북향 건물 동향 대문

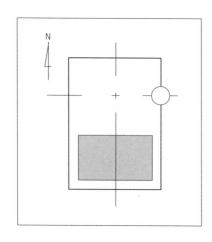

1. 이방택(離方宅) 진문(震門)

뇌화(雷火)가 광명하니 부귀가 창성하다. 생기택(生氣宅)으로 목화통명(木火通明)하고, 성관(星官)이 상생비화(相生比和)하여 가난한 자가 득위(得位)한다. 5형제가 모두 등과하며 부부금실이 좋으니 가정이 번창한다. 공명현달하며 재물이 크게 발전하고, 가축에게도 유리하다. 남자는 총명하고 여자는 수려하며 어질다.

2. 동문(東門) 남주(南主) : 생기택(生氣宅)

재산과 출세가 크게 나타난다. 아들 5형제가 모두 출세하며 부부가 화목하게 해로한다. 공명현달하여 사업이 번창하니 재물이 넉넉하다. 남자는 총명하며 여자는 수려하고, 자손이 가득하며 며느리는 어질고, 천수를 누린다.

분류 구성	위치	괘	명칭	방위	남녀	음양	오행	수리
건물	正南		火	東舍宅	中女	陰	火	2,7
대문	正東		雷	東舍宅	長男	陽	木	3,8
작용	북향집 동문		噬嗑	有利	男女	調和	相生	3,8

※ 噬嗑(서합) : 입 속에 음식이 있으니 씹는 것이 형통하다. 천둥과 번개가 합하여 빛을 발하니 이롭다.

36. 북향 건물 남동 대문

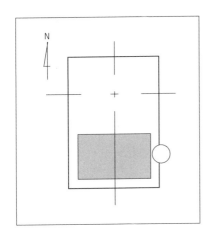

1. 이방택(離方宅) 손문(巽門)

 풍화(風火)가 많아 부귀하나 아들이 없다. 천을택(天乙宅)이니 목화통명(木火通明)하여 선행을 쌓는다. 부귀를 누리며 여자가 준수하다. 그러나 오래 살면 순음불장(純陰不長)이니 남자가 단명하며 아들이 없고 고독하다.

2. 남동문(南東門) 남주(南主) : 천을택(天乙宅)

 재산과 출세가 크게 나타난다. 대부대귀하며 여자가 준수하다. 온 가족이 착하고 어질어 남에게 이롭게 한다. 그러나 오래 살면 남자가 단명한다.

분류\구성	위치	괘	명칭	방위	남녀	음양	오행	수리
건물	正南		火	東舍宅	中女	陰	火	2, 7
대문	南東		風	東舍宅	長女	陰	木	3, 8
작용	북향집 남동문		鼎	有利	女	不和	相生	3, 8

 ※ 鼎(정) : 나무(巽) 위에 불이 있는 것이 솥이다. 솥에 음식을 삶으니 크게 길하다.

37. 북향 건물 남향 대문

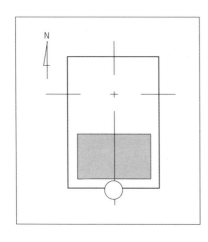

1. 이방택(離方宅) 이문(離門)

화염이 중중하니 어린 여자가 없다. 복위택(伏位宅)으로 여자끼리 살며, 순음불장(純陰不長)이니 초년에는 재물이 발전하나 오래 살면 남녀 모두 단명하며 양자를 들인다.

2. 남문(南門) 동주(東主) : 복위택(伏位宅)

재산은 발전하나 가족이 모두 건강이 나쁘다. 남자가 단명하며 고독하다.

구성 \ 분류	위치	괘	명칭	방위	남녀	음양	오행	수리
건물	正南		火	東舍宅	中女	陰	火	2,7
대문	正南		火	東舍宅	中女	陰	火	2,7
작용	북향집 북문		離	有利	女	不和	相比	2,7

※ 離(이) : 밝은 것이 연속되니 대대로 계승하여 사방을 비춘다.

38. 북향 건물 남서 대문

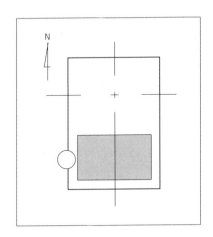

1. 이방택(離方宅) 곤문(坤門)

 인문(人門)이 불을 보니 홀어머미가 많다. 육살설기택(六殺洩氣宅)으로 생이 못되어 남자가 일찍 죽으니 여자가 가권을 잡게 되고, 오래 살면 대가 끊긴다.

2. 남서문(南西門) 남주(南主) : 육살설기택(六殺洩氣宅)

 집안이 화목하지 못하다. 남자가 일찍 죽어 여자가 살림을 꾸려나가니 고통스럽기 그지없다.

분류\구성	위치	괘	명칭	방위	남녀	음양	오행	수리
건물	正南	☲	火	東舍宅	中女	陰	火	2,7
대문	南西	☷	地	西舍宅	老母	陰	土	5,10
작용	북향집 남서문		晉	不利	女	不和	相生	5,10

 ※ 晉(진) : 밝은 빛이 땅 위에 나와 순종하니 크고 밝게 비친다.

39. 북향 건물 서향 대문

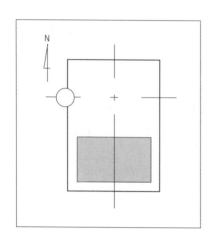

1. 이방택(離方宅) 태문(兌門)

범의 불이 타오르니 소녀에게 해롭다. 오귀택(五鬼宅)으로 음화(陰火)가 음금(陰金)을 극하니 여자가 남편의 권리를 빼앗는다. 남녀 모두 수명이 짧으며 아들이 없다. 흉사, 패산 등 재앙이 많이 따른다.

2. 서문(西門) 남주(南主) : 오귀택(五鬼宅)

건강을 잃고 재산이 흩어진다. 여자가 남편의 권리를 빼앗으며 남녀 모두 단명한다. 가족이 모두 건강하지 못하며 흉사, 재물손실, 해수병, 해소천식 등 재난이 많다.

구성＼분류	위치	괘	명칭	방위	남녀	음양	오행	수리
건물	正南		火	東舍宅	中女	陰	火	2,7
대문	正西		澤	西舍宅	少女	陰	金	4,9
작용	북향집 서문		暌	不利	女	不和	相剋	4,9

※暌(규) : 불은 위로 타오르고 못(澤)은 아래로 흘러내리니, 위 아래가 서로 어긋난다.

40. 북향 건물 북서 대문

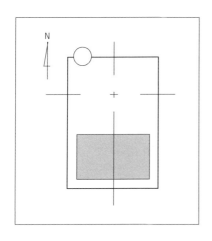

1. 이방택(離方宅) 건문(乾門)

이(離)가 극하니 고독하며 안과 질환이 따른다. 절명택(絶命宅)으로 노부를 잃게 되며 안질, 두통, 피부병, 재물손실, 도난 등이 발생한다. 대가 끊기며 고독하다.

2. 북서문(北西門) 남주(南主) : 절명택(絶命宅)

건강과 재산을 함께 잃는다. 노부가 질병에 시달리다 죽게 되며 두통, 피부질환, 재물손실, 도난 등이 따른다. 대가 끊기며 고독하다.

분류\구성	위치	괘	명칭	방위	남녀	음양	오행	수리
건물	正南		火	東舍宅	中女	陰	火	2,7
대문	北西		天	西舍宅	老父	陽	金	4,9
작용	북향집 서북문		大有	不利	男女	調和	相剋	4,9

※ 大有(대유) : 불이 하늘 위에 있음을 뜻한다.

41. 북동향 건물 북향 대문

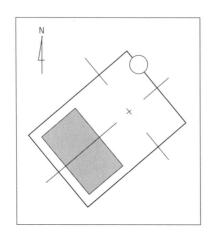

1. 곤방택(坤方宅) 감문(坎門)

수토상극(水土相剋)하니 가운데 아들이 죽는다. 절명주(絶命主)로 수(水)가 토(土)의 극을 받아 곤감(坤坎)을 범하니 가운데 아들이 일찍 죽어 두 가문이 끊긴다. 남녀 모두 요절하며 복부질환, 황달, 피부질환 등이 따른다.

2. 북문(北門) 남서주(南西主) : 절명택(絶命宅)

건강과 재산을 모두 잃는다. 가운데 아들이 수명이 짧으니 두 집의 대가 끊긴다. 복부질환, 가슴앓이, 황달, 피부질환 등이 따르며 남녀 모두 요절한다.

분류 구성	위치	괘	명칭	방위	남녀	음양	오행	수리
건물	南西	☷	地	西舍宅	老母	陰	土	5,10
대문	正北	☵	水	東舍宅	中男	陽	水	1,6
작용	북동향집 북문		師	不利	男女	調和	相剋	1,6

※ 師(사) : 땅 속에 물이 고이는 형태로 군인과 대중을 뜻한다. 언행이 곧아야 한다.

42. 북동향 건물 북동 대문

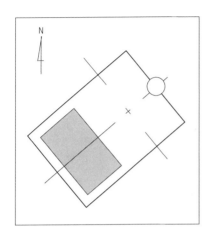

1. 곤방택(坤方宅) 간문(艮門)

산지(山地)이니 재물이 발전한다. 생기택(生氣宅)이니 이토(二土)가 합하여 공명현달하며 부귀영창한다. 부부가 장수하고, 자손이 총명하며 효도한다. 그러나 오래 살면 성관(星官)이 상극(相剋)하니 어린애가 살기 어렵고, 풍병과 비장질환이 있다.

2. 북동문(北東門) 남서주(南西主) : 생기택(生氣宅)

재산이 늘고 가족이 화목하다. 지위와 공명을 드날리니 집안이 흥성한다. 아들은 효도하며 손자는 총명하고, 부부가 해로하며 부귀영화를 누리나 어린아이에게 신경성질환이나 비장질환이 따라 살기 어렵다. 그러나 젊어서는 무방하다.

구성\분류	위치	괘	명칭	방위	남녀	음양	오행	수리
건물	南西		地	西舍宅	老母	陰	土	5,10
대문	北西		山	西舍宅	少男	陽	土	5,10
작용	북동향집 북동문		謙	有利	男女	調和	相比	5,10

※ 謙(겸) : 땅(坤) 속에 산(艮)이 있는 형상이다. 높은 산에서 낮은 땅으로 내려가듯이 겸손하면 길하다.

43. 북동향 건물 동향 대문

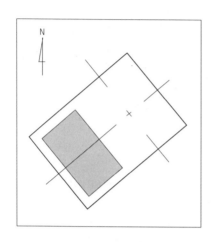

1. 곤방택(坤方宅) 진문(震門)

용이 입문(入門)하니 오래 살면 노모에게 해롭다. 화해택(禍害宅)으로 토(土)가 목(木)의 극을 받으니 황달, 비장·위장질환이 따른다. 진(震)이 곤관(坤官)에 들어가니 초년에는 건강하나 오래 살면 건강하면 재산이 없고, 재산이 있으면 건강하지 못하다.

열 중 아홉은 가난하다.

2. 동문(東門) 남서주(南西主) : 화해택(禍害宅)

건강을 잃게 되고 집안이 화목하지 못한다. 황달, 비장·위장질환이 따른다. 간혹 초년에는 건강한 사람이 있지만, 건강하면 재산이 없고 재산이 있으면 건강하지 못하다. 열 중 아홉은 가난하다.

분류 구성	위치	괘	명칭	방위	남녀	음양	오행	수리
건물	南西		地	西舍宅	老母	陰	土	5,10
대문	正南		雷	東舍宅	長男	陽	木	3,8
작용	동북향집 동문		復	不利	男女	調和	相剋	3,8

※ 復(복) : 천둥이 땅 속에 있으니 거듭 일어나는 형상이다.

44. 북동향 건물 남동 대문

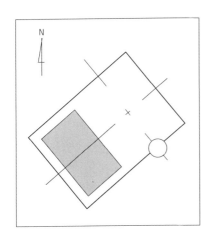

1. 곤방택(坤方宅) 손문(巽門)

땅이 인문(人門)에 이르니 어머니를 잃는다. 오귀택(五鬼宅)으로 목토상극(木土相剋)하며 외(外)가 내(內)를 극하니 관재구설, 도난, 방탕으로 파산한다. 고부갈등이 있으며 여자가 간교하다. 남녀 모두 단명하며 황달, 피부 · 비장 · 위장질환이 따른다.

오래 살면 대가 끊기며 홀어머니가 양자와 쟁투한다.

2. 남동문(南東門) 남서주(南西主) : 오귀택(五鬼宅)

집안이 화목하지 못하며 건강을 잃고, 안팎으로 상극(相剋)하니 화가 급속히 미친다. 관재, 도난, 구설, 시비 등으로 재산을 탕진한다. 고부갈등이 있으며 여자가 간교하고, 병이 떠나지 않아 남녀 모두 단명한다. 간장 · 비장 · 위장질환이 따르고, 아들이 있으나 오래가지 못한다. 홀어머니가 양자와 다툰다.

구성\분류	위치	괘	명칭	방위	남녀	음양	오행	수리
건물	南西	☷	地	西舍宅	老母	陰	土	5,10
대문	南東	☴	風	東舍宅	長女	陽	水	3,8
작용	북동향집 남동문		升	不利	女	調和	相剋	3,8

※ 升(승) : 나무가 땅 속에서 성장해 올라가는 형상이다.

45. 북동향 건물 남향 대문

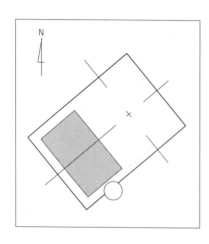

1. 곤방택(坤方宅) 이문(離門)

화(火)가 인문(人門)에 이르니 과부가 생긴다. 육살주(六殺主)이니 생이지만 화염토조(火炎土燥)하여 순음불장(純陰不長)하여 가족이 불왕하며 남자가 단명한다. 간혹 초년에는 재물이 발전하는 경우가 있으나 오래 살면 아들이 없으며 과부가 가권을 잡는다.

2. 남문(南門) 남서주(南西主) : 육살택(六殺宅)

건강을 잃게 된다. 가족이 모두 기가 약하며 남자는 수명이 짧다. 간혹 초년에는 발전하는 경우도 있으나 오래 살면 과부가 생기고, 여자가 집안을 지탱한다. 유복자를 낳으며 가족 아닌 사람이 유산을 이어받는다.

구성＼분류	위치	괘	명칭	방위	남녀	음양	오행	수리
건물	南西	☷	地	西舍宅	老母	陰	土	5,10
대문	正南		火	東舍宅	中女	陰	火	2,7
작용	북동향집 남문		明夷	不利	女	不和	相生	2,7

※ 明夷(명이) : 해가 땅 속으로 들어가 사방이 어두우니 어진 사람의 명덕(明德)이 상한다.

366

46. 북동향 건물 남서 대문

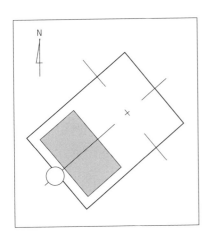

1. 곤방택(坤方宅) 곤문(坤門)

중지(重地)는 과부가 가권을 잡는다. 복위택(伏位宅)으로 이토(二土)가 연달아 있으니 재물이 늘어난다. 그러나 초년에는 발전하나 오래 살면 양자를 들이거나 여자가 가권을 잡는다. 건주(乾主)를 보좌하면 대길하다.

2. 남서문(南西門) 남서주(南西主) : 복위택(伏位宅)

초년에는 재산이 늘며 발전하나 남자에게 해롭고, 여자가 집안을 지탱하며 양자가 대를 잇는다. 그러나 북서쪽이나 북동쪽에 방을 들이면 크게 길하다.

분류 구성	위치	괘	명칭	방위	남녀	음양	오행	수리
건물	南西	☷	地	西舍宅	老母	陰	土	5,10
대문	南西	☷	地	西舍宅	老母	陰	土	5,10
작용	북동향집 남서문		坤	有利	女	不和	相比	5,10

※ 坤(곤) : 땅의 형세가 곤(坤)이니 지극히 순하다. 만물을 키우니 크게 형통하다.

47. 북동향 건물 서향 대문

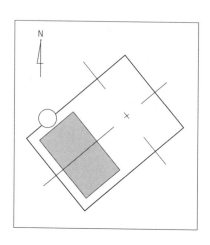

1. 곤방택(坤方宅) 태문(兌門)

재물이 융성하며 성이 다른 사람이 함께 산다. 천을택(天乙宅)이니 가문이 크게 발전하고, 선행을 쌓으며 불교신자가 많다. 음승양쇠(陰勝陽衰)하여 여자가 많으며 아들이 없으니 양자를 들인다. 처음에는 길하나 나중에는 흉하다.

2. 서문(西門) 남서주(南西主) : 천을택(天乙宅)

천을(天乙)이니 집안이 크게 일어난다. 집안에 여자가 많으며 딸과 사위를 총애하고, 양자가 대를 잇는다.

분류 구성	위치	괘	명칭	방위	남녀	음양	오행	수리
건물	南西	☷	地	西舍宅	老母	陰	土	5, 10
대문	正西	☱	澤	西舍宅	少女	陰	金	4, 9
작용	북동향집 서문	臨	有利	女	不和	相生	4, 9

※ 臨(임) : 못(兌) 위에 땅(坤)이 있으니 저쪽 언덕의 물로 임하는 형상이다. 돈독하고 넉넉한 마음으로 임한다.

48. 북동향 건물 북서 대문

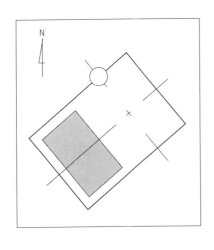

1. 곤방택(坤方宅) 건문(乾門)

천문(天門)이 땅에 이르니 영화를 누린다. 연년택(延年宅)으로 토금상생(土金相生)하니 부부 정배(正配)하고, 성궁(星宮)이 상생(相生)하니 아들 4형제를 둔다. 가정이 화목하며 모두 장수하게 된다.

2. 북서문(北西門) 남서주(南西主) : 연년택(延年宅)

부부금실이 좋으며 아들 4형제를 두니 가정이 화목하다. 아들은 효도하며 손자는 어질다. 부귀영화를 누리며 장수한다.

분류\구성	위치	괘	명칭	방위	남녀	음양	오행	수리
건물	南西	☷	地	西舍宅	老母	陰	土	5,10
대문	北西	☰	天	西舍宅	老父	陽	金	4,9
작용	동북향집 서북문		泰	有利	男女	調和	相生	4,9

※ 泰(편) : 음기(陰氣)는 위에서 아래로 향하고, 양기(陽氣)는 아래에서 위로 향하니 천지가 교화하여 길하다.

49. 동향 건물 북향 대문

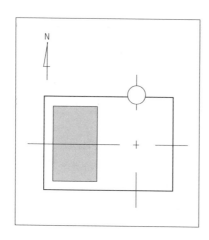

1. 태방택(兌方宅) 감문(坎門)

택(澤)이 수설(水洩)을 만나니 작은 딸이 아름답다. 화해주(禍害主)로 설기(洩氣)되니 재산이 흩어지고, 첩을 두며 집안이 망한다. 여자가 일찍 죽게 되며 각혈담, 피부질환 등이 많이 따른다.

2. 북문(北門) 서주(西主) : 화해택(禍害宅)

건강을 잃고 재산이 흩어지며 집안이 망한다. 여자가 일찍 죽어 여러 번 장가를 간다. 해소천식, 해수병, 피부질환 등으로 오래 고생한다.

분류 구성	위치	괘	명칭	방위	남녀	음양	오행	수리
건물	正西		澤	西舍宅	少女	陰	金	4,9
대문	正北		水	東舍宅	中男	陽	水	1,6
작용	동향집 북문		困	不利	男女	調和	相生	1,6

※ 困(곤) : 연못에 물이 없으니 궁핍한 상태를 말한다. 괴로움 속에서도 중심을 지키는 것이 중요하다.

50. 동향 건물 북동 대문

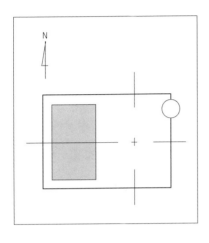

1. 태방택(兌方宅) 간문(艮門)

산택(山澤)은 부귀하다. 연년득위(延年得位)이니 금성등전택(金星登殿澤)이고, 토금상생(土金相生)으로 부부 정배(正配)하니 소년등과하고, 재물이 늘어나며 부부금실이 좋다. 남녀 모두 천수를 누리며 재상이 나오는 제일 길한 자리이다.

2.북동문(北東門) 서주(西主) : 연년득위금성전택(延年得位金星殿宅)

부부금실이 좋으며 소년등과하고, 안팎으로 생기가 돌아 횡재하니재산이 늘어난다. 자식은 효도하며 손자는 어질고, 여자는 재능과 외모가 뛰어나다. 아들 4형제를 두며 천수를 누린다. 서사택(西舍宅) 중에서도 가장 길한 자리로 부귀가 크게 일어난다.

구성＼분류	위치	괘	명칭	방위	남녀	음양	오행	수리
건물	正西		澤	西舍宅	少女	陰	金	4,9
대문	北東		山	西舍宅	少男	陽	土	5,10
작용	동향집 북동문		咸	有利	男女	調和	相生	5,10

※ 咸(함) : 산 위에 연못이 있어 물이 아래로 흐르니 마치 소남(少男)과 소녀(少女)가 감동하는 것과 같다.

51. 동향 건물 동향 대문

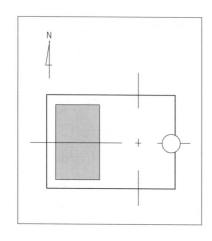

1. 태방택(兌方宅) 진문(震門)

 용과 범이 싸우니 근심이 그치지 않는다. 절명택(絶命宅)으로 음양(陰陽)이 상극(相剋)하니 흉하다. 금목(金木)이 형전(刑戰)하니 허리와 심장 등에 통증이 따르고, 아들이 없으며 고독하다. 만일 5층에 있는 방이 높고 크다면 발복하나 20~30년 후에는 다시 불길해진다.

2. 동문(東門) 서주(西主) : 절명택(絶命宅)

 건강과 재산을 모두 잃는다. 허리, 다리, 심장, 복부 등에 질환이 따른다. 과부가 생기며 고생한다.

구성\분류	위치	괘	명칭	방위	남녀	음양	오행	수리
건물	正西		澤	西舍宅	少女	陰	金	4,9
대문	正東		雷	東舍宅	長男	陽	木	3,8
작용	동향집 동문		隨	不利	男女	調和	相剋	3,8

※ 隨(수) : 못 속에 천둥이 있으니 소녀(少女)가 장남을 따른다.

52. 동향 건물 남동 대문

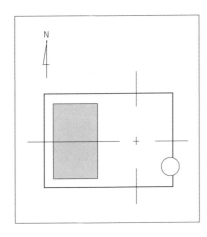

1. 태방택(兌方宅) 손문(巽門)

땅 속에서 범을 만나니 큰며느리가 상한다. 육살택(六殺宅)으로 음(陰)이 음(陰)을 극하여 여자끼리 불화하고, 금목상극(金木相剋)하니 관절통이 따른다. 남녀 모두 단명하여 고독하며 아들이 없으니 양자가 대를 잇는다.

2. 남동문(南東門) 서주(西主) : 육살택(六殺宅)

건강과 재산을 모두 잃고 가족이 화목하지 못한다. 남녀 모두 수명이 짧고, 여자끼리 불화하며 관절통이 따른다. 양자가 대를 이으며 고독하다.

구성\분류	위치	괘	명칭	방위	남녀	음양	오행	수리
건물	正西		澤	西舍宅	少女	陰	金	4,9
대문	南東		風	東舍宅	長女	陰	木	3,8
작용	동향집 남동문		大過	不利	女	不和	相剋	3,8

※ 大過(대과) : 못(澤)이 나무(風, 巽) 위에 있으니 양(陽)이 지나치게 많다.

53. 동향건물 남향 대문

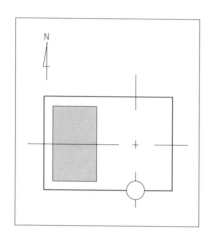

1. 태방택(兌方宅) 이문(離門)

이태화광(離兌火光)은 작은 딸이 상한다. 오귀택(五鬼宅)으로 이화(二火)가 태금(兌金)을 극하니 아내를 극하며 재산을 잃는다. 수명이 짧으며 아들이 없으니 양자가 대를 잇는다. 폐·기관지·피부질환 등이 따른다. 순음불장(純陰不長)이니 딸은 많으나 아들이 귀하다.

2. 남문(南門) 서주(西主) : 오귀택(五鬼宅)

재산과 건강을 모두 잃고 아내와 상극(相剋)이다. 대가 끊기며 도둑에게 상해를 입는다. 요절, 해수병, 해소천식, 피부질환 등이 발생한다. 딸은 많으나 아들이 귀하다.

분류\구성	위치	괘	명칭	방위	남녀	음양	오행	수리
건물	正西		澤	西舍宅	少女	陰	金	4,9
대문	正南		火	東舍宅	中女	陰	火	2,7
작용	동향집 남문		革	不利	女	不和	相剋	2,7

※ 革(혁) : 물과 불이 함께 있으니 두 여자(兌, 離)는 서로 뜻을 얻지
　　　　　못한다.

54. 동향 건물 남서 대문

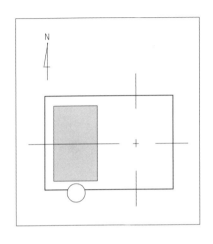

1. 태방택(兌方宅) 곤문(坤門)

지택(地澤)은 재물은 발전하나 대가 끊긴다. 천의택(天醫宅)으로 여자가 선행을 쌓으며 초년에는 발복한다. 그러나 음승양쇠(陰勝陽衰)하니 오래 살면 남자가 요절하고, 어린아이를 키우기 어렵다. 홀어머니가 살림을 꾸려가며 양자를 들인다. 딸을 사랑하고 사위를 아끼나 집안이 깨끗하지 못하다.

2. 남서문(南西門) 서주(西主) : 천의택(天醫宅)

초년에는 발복하며 여자에게 길하나 남자가 젊어서 죽고, 어린아이를 키우기 어렵다. 홀어머니가 살림을 맡으며 양자를 들인다. 딸과 사위를 사랑하고 아끼나 집안이 깨끗하지 못하다.

분류 구성	위치	괘	명칭	방위	남녀	음양	오행	수리
건물	正西	☱	澤	西舍宅	少女	陰	金	4,9
대문	南西	☷	地	西舍宅	老母	陰	土	5,10
작용	동향집 남서문		萃	有利	女	不和	相生	5,10

※ 萃(췌) : 못이 땅 위에 있어 정(情)을 이루니 형통한다.

55. 동향 건물 서향 대문

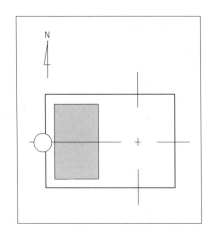

1. 태방택(兌方宅) 태문(兌門)

태택(兌澤)이 거듭되니 작은 며느리가 가권을 잡는다. 복위택(伏位宅)으로 이금(二金)이 비화(比和)하여 초년에는 재물이 발전한다. 그러나 오래 살면 음(陰)이 없으니 남자가 단명한다. 가족이 줄어들며 어린아이와 홀어머니만 남는다.

2. 서문(西門) 서주(西主) : 복위택(伏位宅)

초년에는 재물운이 있으나 오래 살면 남자가 단명하여 집안에 젊은이가 드물다. 어린아이와 홀어머니만 남는다.

구성＼분류	위치	괘	명칭	방위	남녀	음양	오행	수리
건물	正西		澤	西舍宅	少女	陰	金	4,9
대문	正西		地	西舍宅	少女	陰	金	4,9
작용	동향집 서문		兌	有利	女	不和	相比	4,9

※ 兌(태) : 곧으면 형통하여 이로우니 혜택이 있다.

56. 동향 건물 북서 대문

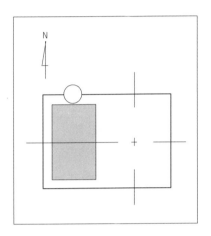

1. 태방택(兌方宅) 건문(乾門)

천택(天澤)은 재물이 왕성하나 음란하다. 생기택(生氣宅)으로 초년에는 발복하며 장수하나 오래 살면 처첩을 많이 두게 되고, 홀어머니가 집안을 장악한다.

2. 북서문(北西門) 서주(西主) : 생기택(生氣宅)

초년에는 부귀를 누리며 건강하나 재취를 하며 홀어머니가 집안을 장악한다.

구성 \ 분류	위치	괘	명칭	방위	남녀	음양	오행	수리
건물	正西		澤	西舍宅	少女	陰	金	4,9
대문	北西		天	西舍宅	老父	陽	金	4,9
작용	동향집 북서문		夬	有利	男女	調和	相比	4,9

※夬(쾌) : 못이 하늘 위에 있으니 결단을 내린다.

57. 남동향 건물 북향 대문

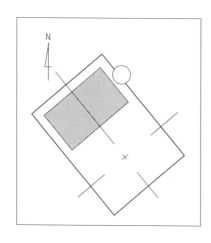

1. 건방택(乾方宅) 감문(坎門)

수(水)가 건(乾)을 설기(洩氣)하니 음란하며 정신질환으로 망한다. 육살택(六殺宅)으로 천문낙수(天門落水)를 범하니 재산이 흩어지며 아들이 없다. 아내를 극하며 아들이 상한다. 간혹 초년에는 발전하는 경우도 있으나 순양무음(純陽無陰)이라 십수년 만에 다시 패한다.

2. 북문(北門) 북서주(北西主) : 육살택(六殺宅)

재산이 흩어지며 대가 끊기고, 아내를 극하며 아들이 상한다. 간혹 초년에는 발전하는 경우도 있으나 십수년 만에 다시 패한다.

분류\구성	위치	괘	명칭	방위	남녀	음양	오행	수리
건물	北西		天	西舍宅	老父	陽	金	4,9
대문	正北		水	東舍宅	中男	陽	水	1,6
작용	남동향집 북문		訟	不利	男	不和	相生	1,6

※ 訟(송) : 위는 강하고 아래는 험하니 하늘과 물이 서로 어긋난다.

58. 남동향 건물 북동 대문

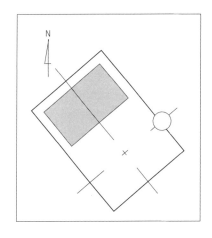

1. 건방택(乾方宅) 간문(艮門)

산이 하늘 가운데에서 일어나니 아들이 고귀하며 총명하다. 천을 택(天乙宅)으로 외토(外土)가 내금(內金)을 생하니 발복한다. 아들 3형제를 두며 가족이 선행하고, 남자는 고귀하며 수려하다. 그러나 오래 살면 순양(純陽)이라 아내를 극하며 아들이 상한다.

양자로 대를 이으며 고독하다.

2. 북동문(北東門) 북서주(北西主) : 천을택(天乙宅)

부귀를 누리며 가정이 화목하다. 아들 3형제를 두며 남자는 장수하나 아내와 상극(相剋)이다. 아들이 상하며 고독하다.

구성＼분류	위치	괘	명칭	방위	남녀	음양	오행	수리
건물	北西	☰	天	西舍宅	老父	陽	金	4,9
대문	北東	☶	山	西舍宅	少男	陽	土	5,10
작용	남동향집 북동문		遯	有利	男	不和	相生	5,10

※ 遯(둔) : 하늘 아래 산이 있으니 음(陰)이 점점 커져 양(陽)을 물리 친다. 소인(小人)이 득세하며 대인(大人)은 숨는다.

59. 남동향 건물 동향 대문

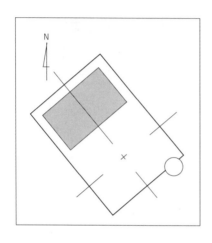

1. 건방택(乾方宅) 진문(震門)

용이 하늘 위로 날으니 노인에게 재난이 따른다. 오귀택(五鬼宅)으로 화(火)가 천문(天門)을 범하니 노인이 죽는다. 흉사, 관재 구설, 도난, 화재, 파재 등이 따른다. 아내가 상하며 아들을 극하고, 처첩을 많이 두며 음란하고 도박을 즐긴다. 안질, 피부질환, 심장, 복통 등이 따르며 대흉하다.

2. 동문(東門) 북서주(北西主) : 오귀택(五鬼宅)

가족이 화목하지 못하고 건강과 재산을 잃는다. 수명이 짧으며 노인에게 해롭고, 사업이 쇠퇴한다. 흉사, 살인, 관재, 도난, 구설, 시비 등이 따른다. 아내가 상하며 아들과 상극(相剋)이다. 여러 번 결혼하며 음란하고 도박에 빠진다. 눈병이나 피부병을 앓게 되며 유산, 허리 · 다리 · 심장 · 복부질환이 따르며 대흉하다.

구성 \ 분류	위치	괘	명칭	방위	남녀	음양	오행	수리
건물	北西	☰	天	西舍宅	老父	陽	金	4,9
대문	北東	☳	雷	東舍宅	長男	陽	木	3,8
작용	남동향집 동문		无妄	不利	男	不和	相剋	3,8

※ 无妄之災妄(무망지재) : 갑자기 일어난 재난을 뜻한다.

60. 남동향 건물 남동 대문

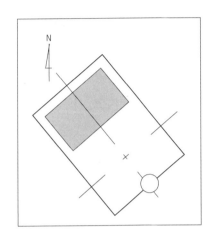

1. 건방택(乾方宅) 손문(巽門)

풍천(風天)이니 통증이 따르며 큰며느리가 죽는다. 화해택(禍害宅)으로 양금(陽金)이 음목(陰木)을 극하여 양승음쇠(陽勝陰衰)하니 여자에게 단명, 산망, 심장통이 따른다. 간혹 초년에는 다소 재물이나 공명이 발복하는 경우도 있으나 이런 집은 주의해야

한다. 만일 건손(乾巽) 방향에 있는 4층 주택이 높고 크다면 20~30년간은 크게 발복한다.

2. 남동문(南東門) 북서주(北西主) : 화해택(禍害宅)

건강을 잃고 모든 일이 불안하다. 여자에게 단명이나 산망이 따른다. 눈, 허리, 다리, 창자 등에 질병이 발생한다. 그러나 간혹 초년에는 건강하며 재산을 모으고 약간의 명예를 얻는 경우도 있다.

구성\분류	위치	괘	명칭	방위	남녀	음양	오행	수리
건물	北西		天	西舍宅	老父	陽	金	4,9
대문	南東		風	東舍宅	長女	陰	木	3,8
작용	남동향집 남동문		姤	不利	男女	調和	相剋	3,8

※ 姤(구) : 하늘 아래에서 바람이 부는 것을 상징한다.

61. 남동향 건물 남향 대문

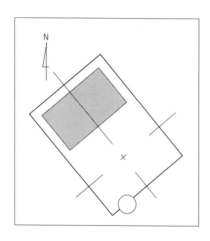

1. 건방택(乾方宅) 이문(離門)

남문과 서북방 집의 노인은 오래 살지 못한다. 절명주(絕命主)이니 재산이 흩어지고, 아들이 없으며 여자가 난폭하다. 음승양쇠(陰勝陽衰)하니 딸은 많으나 아들이 귀하다. 요절, 안질, 두통, 피부병 등이 따른다.

2. 남문(南門) 북서주(北西主) : 절명택(絕命宅)

재산이 흩어지며 건강을 잃는다. 대가 끊기고 여자가 난폭하다. 딸은 많으나 아들이 귀하다. 요절, 안질, 두통, 피부병, 소화불량, 염증, 열병 등이 따른다.

구성\분류	위치	괘	명칭	방위	남녀	음양	오행	수리
건물	北西		天	西舍宅	老父	陽	金	4,9
대문	正南		火	東舍宅	中女	陰	火	2,7
작용	남동향집 남문		同人	不利	男女	調和	相剋	2,7

※ 同人(동인) : 하늘과 불은 모두 위로 올라가는 성질이 있으니 사람들이 모여 함께 일한다.

62. 남동향 건물 남서 대문

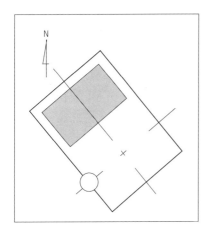

1. 건방택(乾方宅) 곤문(坤門)

땅에서 천문(天門)이 일어나니 부귀가 번창한다. 연년택(延年宅)으로 성궁(星宮)이 상생(相生)하고 외토(外土)가 내금(內金)을 생하니 남녀 모두 장수하며 부부금실이 좋고, 자식은 효도하며 손자는 총명하다.

2. 남서문(南西門) 북서주(北西主) : 연년택(延年宅)

부귀와 건강이 모두 발전한다. 남녀 모두 장수하며 부부가 화목하게 해로하고, 자식은 효도하며 손자는 총명하다. 부귀영창하니 아름다움이 이보다 더할 수 없다.

분류 구성	위치	괘	명칭	방위	남녀	음양	오행	수리
건물	北西		天	西舍宅	老父	陽	金	4, 9
대문	南西		地	西舍宅	老母	陰	土	5, 10
작용	남동향집 남서문		否	有利	男女	調和	相生	5, 10

※ 否(비) : 하늘은 위에 있고 땅은 아래에 있으니 그 기운이 서로 교화하지 못하면 사람의 길이 아니다.

63. 남동향 건물 서향 대문

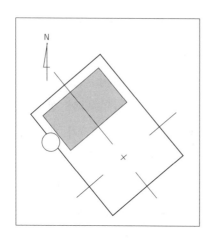

1. 건방택(乾方宅) 태문(兌門)

천택(天澤)은 홀어머니가 재산을 관리한다. 생기택(生氣宅)으로 이금(二金)이 비화(比和)하니 재물이 증진하나 여자가 단명하며 첩을 둔다. 오래 살면 과부가 많이 생긴다.

2. 서문(西門) 북서주(北西主) : 생기택(生氣宅)

재산이 늘고 매사에 발전이 있다. 젊어서 재산이 늘어나며 흥왕하나 여자가 단명하며 처첩을 거듭 둔다. 오래 살면 고독하다.

구성 \ 분류	위치	괘	명칭	방위	남녀	음양	오행	수리
건물	北西	☰ ☱	天	西舍宅	老父	陽	金	4,9
대문	正西		澤	西舍宅	少女	陰	金	4,9
작용	남동향집 서문		履	有利	男女	調和	相比	4,9

※ 履(리) : 못이 하늘 아래 있으니 아래 위가 분명하다. 근본을 따르는 것이 정도이다.

64. 남동향 건물 북서 대문

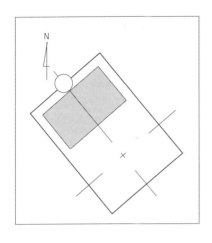

1. 건방택(乾方宅) 건문(乾門)

건건순양(乾乾純陽)은 여자가 상한다. 복위택(伏位宅)이니 초년에는 발복하나 순금(純金)이 불화하여 양승음쇠(陽勝陰衰)하니 오래 살면 여자가 요절한다. 대가 끊기며 고독하다.

2. 북서문(北西門) 북서주(北西主) : 복위택(伏位宅)

양기(陽氣)가 성하여 초년에는 부귀를 누리나 아내를 일찍 잃어 대가 끊기며 고독하다.

분류 구성	위치	괘	명칭	방위	남녀	음양	오행	수리
건물	北西	☰	天	西舍宅	老父	陽	金	4,9
대문	北西	☰	天	西舍宅	老父	陽	金	4,9
작용	남동향집 북서문	☰	乾	有利	男	不和	相比	4,9

※ 乾(건) : 하늘의 운행이 건실하고, 그 성정이 커서 만물을 키우니 크게 형통한다.

명인재

신비한 동양철학 43

신기한 사주판단 비법 !

살(殺)의 활용방법을 완벽하게 제시하는 책!

이 책은 오행보다는 주로 살을 이용하는 비법이다. 시중에 나온 책들을 보면 살에 대해 설명은 많이 하면서도 실제 응용에서는 무시하고 있다. 이것은 살을 알면서도 응용할 줄 모르기 때문이다. 그러나 이 책에서는 살의 활용방법을 완전히 터득해, 어떤 살과 어떤 살이 합하면 어떻게 작용하는지를 자세하게 설명하고 있다.

· 원공선사 지음

명리입문

신비한 동양철학 41

명리학의 필독서 !

이 책은 자연의 기후변화에 의한 운명법 외에 명리학도들이 궁금해 했던 인생의 제반사들에 대해서도 상세하게 기술했다. 따라서 초보자부터 심도있게 공부한 사람들까지 세심히 읽고 숙독해야 하는 책이다. 특히 격국이나 용신뿐 아니라 십신에 대한 자세한 설명, 조후용신에 대한 보충설명, 인간의 제반사에 대해서는 독보적인 해설이 들어 있다. 초보자들에게는 더할 수 없이 훌륭한 길잡이가 될 것이다.

· 동하 정지호 편역

해몽정본

신비한 동양철학 36

꿈의 모든 것!

막상 꿈해몽을 하려고 하면 내가 꾼 꿈을 어디다 대입시켜야 할지 모를 경우가 많았을 것이다. 그러나 이 책은 찾기 쉽고, 명료하며, 최대한으로 많은 갖가지 예를 들었으니 꿈해몽을 하는데 어려움이 없을 것이다.

· 청암 박재현 저

내가 보고 내가 바꾸는 DIY사주

신비한 동양철학 40

내가 보고 내가 바꾸는 사주비결!!

이 책은 기존의 책들과는 달리 한 사람의 사주를 체계적으로 도표화시켜 한 눈에 파악할 수 있고, DIY라는 책 제목에서 말하듯이 개운하는 방법을 제시하고 있다. 초심자는 물론 전문가도 자신의 이론을 새롭게 재조명해 볼 수 있는 케이스 스터디 북이다.

· 석오 전 광 지음

동양철학전문출판 삼한

기문둔갑옥경

신비한 동양철학 32

가장 권위있고 우수한 학문 !

우리나라의 기문역사는 장구하지만 상세한 문헌은 전무한 상태라 이 책을 발간하기로 했다. 기문둔갑은 천문지리는 물론 인사명리 등 제반사에 관한 길흉을 판단함에 있어서 가장 우수한 학문이며 병법과 법술방면으로도 특징과 장점이 있다. 초학자는 포국편을 열심히 익혀 설국을 자유자재로 할 수 있도록 하고 개인의 이익보다는 보국안민에 일조하기 바란다.

· 도관 박흥식 저

정본·관상과 손금

신비한 동양철학 42

바로 알고 사람을 사귑시다

이 책은 관상과 손금은 인생을 행복으로 이끌기 위해 있다는 관점에서 다루었다. 그야말로 관상과 손금의 혁명이라고 할 수 있을 것이다. 여러분도 관상과 손금을 통한 예지력으로 인생의 참주인이 되기 바란다. 용기를 불어넣어 주고 행복을 찾게 하는 것이 참다운 관상과 손금술이다. 이 책으로 미래의 좋은 예지력을 한번쯤 발휘해 보기 바란다. 이 책이 일상사에 고민하는 분들에게 해결방법을 제시해 줄 것이다.

· 지창룡 감수

역학교과서 · 조화원약

신비한 동양철학 35

명리학의 정통교본!

이 책은 자평진전, 난강망, 명리정종, 적천수 등과 함께 명리학의 교본에 해당하는 것으로 중국 청나라 때 나온 난강망이라는 책을 서낙오 선생께서 설명을 붙인 것이다. 기존의 많은 책들이 격국과 용신으로 감정하는 것과는 달리 십간십이지와 음양오행을 각각 자연의 이치와 춘하추동의 사계절의 흐름에 대입하여 인간의 길흉화복을 알 수 있게 했다.

· 동하 정지호 편역

龍의 穴 · 풍수지리 실기 100선

신비한 동양철학 30

실전에서 실감나게 적용하는 풍수지리의 길잡이!

이 책은 풍수지리 문헌인 조선조 고무엽(古務葉) 태구승(泰九升) 부집필(父輯筆)로 된 만두산법(巒頭山法), 채성우의 명산론(明山論), 금랑경(錦囊經) 등을 알기 쉬운 주제로 간추려 풍수지리의 길잡이가 되고자 했다. 그리고 인간의 뿌리와 한 사람의 고유한 이름의 중요성을 풍수지리와 연관하여 살펴보아야 하기 때문에 씨족의 시조와 본관, 작명론(作名論)을 같이 편집했다.

· 호산 윤재우 저

천직 · 사주팔자로 찾은 나의 직업

신비한 동양철학 34

천직을 찾으면 역경없이 탄탄하게 성공할 수 있다!

잘 되겠지 하는 막연한 생각으로 의욕만 갖고 도전하는 것과 나에게 맞는 직종은 무엇이고 때는 언제인가를 알고 도전하는 것은 근본적으로 다르고, 결과 또한 다르다. 더구나 요즘은 I.M.F.시대라 하여 모든 사람들이 정신까지 위축되어 생기를 잃어가고 있다. 이런 때 의욕만으로 팔자에도 없는 사업을 시작했다고 하자, 결과는 불을 보듯 뻔하다. 그러므로 이런 때일수록 침착과 냉정을 찾아 내 그릇부터 알고, 생활에 대처하는 지혜로움을 발휘해야 한다.

· 백우 김봉준 저

통변술해법

신비한 동양철학 ㉑

가닥가닥 풀어내는 역학의 비법!

이 책은 역학에 대해 다 알면서도 밖으로 표출되지 않아 어려움을 겪는 사람들을 위한 실습서다. 특히 틀에 박힌 교과서적인 역술의 고정관념에서 벗어나, 한차원 높게 공부할 수 있도록 원리통달을 설명하는데 중점을 두었다. 실명감정과 이론강의라는 두 단락으로 나누어 역학의 진리를 설명했기 때문에 누구나 쉽게 이해할 수 있다. 역학계의 대가 김봉준 선생의 역서 「알기쉬운 해설 · 말하는 역학」의 후편이다.

· 백우 김봉준 저

주역육효 해설방법

신비한 동양철학 38

한 번만 읽으면 주역을 활용할 수 있는 책!!

이 책은 주역을 해설한 것으로, 될 수 있는 한 여러 가지 사설을 덧붙이지 않고 주역을 공부하고 활용하는데 필요한 요건만을 기록했다. 따라서 주역의 근원이나 하도낙서, 음양오행에 대해서도 많은 설명을 자제했다. 다만 누구나 이 책을 한 번 읽어서 주역을 이해하고 활용할 수 있도록 하는데 중점을 두었다.

· 원공선사 저

사주명리학의 핵심

신비한 동양철학 19

맥을 잡아야 모든 것이 보인다!

이 책은 잡다한 설명을 배제하고 명리학자들에게 도움이 될 비법만을 모아 엮었기 때문에 초심자가 이해하기에는 다소 어려운 부분도 있겠지만 기초를 튼튼히 한 다음 정독한다면 충분히 이해할 것이다. 신살만 늘어놓으며 감정하는 사이비가 되지말기를 바란다.

· 도관 박홍식 저

이렇게 하면 좋은 운이 온다

신비한 동양철학 ②

한 가정에 한 권씩 놓아두고 볼만한 책!

좋은 운을 부르는 방법은 방위·색상·수리·년운·월운·날짜·시간·궁합·이름·직업·물건·보석·맛·과일·기운·마을·가축·성격 등을 정확하게 파악하여 자신에게 길한 것은 취하고 흉한 것은 피하면 된다. 간혹 예외인 경우가 있지만 극소수에 불과하고 대부분은 적중하기 때문에 좋은 효과를 본다. 이 책의 저자는 신학대학을 졸업하고 역학계에 입문했다는 특별한 이력을 갖고 있기 때문에 더 많은 화제가 되고 있다.

· 역산 김찬동 저

알기쉬운 해설·말하는 역학

신비한 동양철학 ⑪

신수를 묻는 사람 앞에서 말문이 술술 열린다!

이 책은 그토록 어렵다는 사주통변술을 이해하기 쉽고 흥미롭게 고담과 덕담을 곁들여 사실적인 인물을 궁금해 하는 사람에게 생동감있게 통변하고 있다. 길흉작용을 어떻게 표현하느냐에 따라 상담자의 정곡을 찔러 핵심을 끄집어내고 여기에 대한 정답을 내려주는 것이 통변술이다. 역학계의 대가 김봉준 선생의 역작이다.

· 백우 김봉준 저

술술 읽다보면 통달하는 사주학

신비한 동양철학 27

술술 읽다보면 나도 어느새 도사!

당신은 당신 마음대로 모든 일이 이루어지던가. 지금까지 누구의 명령을 받지 않고 내 맘대로 살아왔다고, 운명 따위는 믿지도 않고 매달리지 않는다고, 이렇게 말하는 사람들이 많다. 그러나 그것은 우주법칙을 모르기 때문에 하는 소리다.

· 조철현 저

참역학은 이렇게 쉬운 것이다

신비한 동양철학 24

음양오행의 이론으로 이루어진 참역학서!

수학공식이 아무리 어렵다고 해도 1, 2, 3, 4, 5, 6, 7, 8, 9, 0의 10개의 숫자로 이루어졌듯이, 사주도 음양과 목, 화, 토, 금, 수의 오행으로 이루어졌을 뿐이다. 그러니 용신과 격국이라는 무거운 짐을 벗어버리고 음양오행의 법칙과 진리만 정확하게 파악하면 된다. 사주는 단지 음양오행의 변화일 뿐이고, 용신과 격국은 사주를 감정하는 한가지 방법에 지나지 않는다.

· 청암 박재현 저

나의 천운, 운세찾기

신비한 동양철학 ⑫

놀랍다는 몽골정통 토정비결!

이 책은 역학계의 대가 김봉준 선생이 놀랍다는 몽공토정비결을 연구 · 분석하여 우리의 인습 및 체질에 맞게 엮은 것이다. 운의 흐름을 알리고자 호운과 쇠운을 강조했으며, 현재의 나를 조명해보고 판단할 수 있도록 했다. 모쪼록 생활서나 안내서로 활용하기 바란다.

· 백우 김봉준 저

쉽게푼 역학

신비한 동양철학 ❷

쉽게 배워서 적용할 수 있는 생활역학서!

이 책에서는 좀더 많은 사람들이 역학의 근본인 우주의 오묘한 진리와 법칙을 깨달아 보다 나은 삶을 영위하는데 도움이 될 수 있도록 가장 쉬운 언어와 가장 쉬운 방법으로 풀이했다. 역학계의 대가 김봉준 선생의 역작이다.

· 백우 김봉준 저

이름이 운명을 바꾼다.

신비한 동양철학 ㉕

이름은 제2의 자신이다!

이름에는 각각 고유의 뜻과 기운이 있어서 그 기운이 성격을 만들고 그 성격이 운명을 만든다. 나쁜 이름은 부르면 부를수록 불행을 부르고 좋은 이름은 부르면 부를수록 행복을 부른다. 만일 이름이 거지 같다면 아무리 운세를 잘 만나도 밥을 좀더 많이 얻어 먹을 수 있을 뿐이다. 이 책의 저자는 신학대학을 졸업하고 역학계에 입문했다는 특별한 이력을 갖고 있기 때문에 더 많은 화제가 되고 있다.

· 역산 김찬동 저

작명해명

신비한 동양철학 ㉖

누구나 쉽게 배워서 활용할 수 있는 체계적인 작명법!

일반적인 성명학으로는 알 수 없는 한자이름, 한글이름, 영문이름, 예명, 회사명, 상호, 상품명 등의 작명방법을 여러 사례를 들어 체계적으로 분석하여 누구나 쉽게 배워서 활용할 수 있도록 서술했다.

· 도관 박홍식 저

관상오행

신비한 동양철학 ⑳

한국인의 특성에 맞는 관상법!

좋은 관상인 것 같으나 실제로는 나쁘거나 좋은 관상이 아닌데도 잘 사는 사람이 왕왕있어 관상법 연구에 흥미를 잃는 경우가 있다. 이것은 중국의 관상법만을 익히고, 우리의 독특한 환경적인 특징을 소홀히 다루었기 때문이다. 이에 우리 한국인에게 알맞는 관상법을 연구하여 누구나 관상을 쉽게 알아보고 해석할 수 있도록 자세하게 풀어놓았다.

· 송파 정상기 저

물상활용비법

신비한 동양철학 31

물상을 활용하여 오행의 흐름을 파악한다!

이 책은 물상을 통하여 오행의 흐름을 파악하고, 운명을 감정하는 방법을 연구한 책이다. 추명학의 해법을 연구하고 운명을 추리하여 오행에서 분류되는 물질의 운명 줄거리를 물상의 기물로 나들이 하는 활용법을 주제로 했다. 팔자풀이 및 운명해설에 관한 명리감정법의 체계를 세우는데 목적을 두고 초점을 맞추었다.

· 해주 이학성 저

운세십진법 · 本大路

신비한 동양철학 ❶

운명을 알고 대처하는 것은 현대인의 지혜다!

타고난 운명은 분명히 있다. 그러니 자신의 운명을 알고 대처한다면 비록 운명을 바꿀 수는 없지만 충분히 향상시킬 수 있다. 이것이 사주학을 알아야 하는 이유다. 이 책에서는 자신이 타고난 숙명과 앞으로 펼쳐질 운명행로를 찾을 수 있도록 운명의 기초를 초연하게 설명하고 있다.

· 백우 김봉준 저

국운 · 나라의 운세

신비한 동양철학 ㉒

역으로 풀어본 우리나라의 운명과 방향!

아무리 서구사상의 파고가 높다하기로 오천년을 한결같이 가꾸며 살아온 백두의 혼이 와르르 무너지는 지경에 왔어도 누구하나 입을 열어 말하는 사람이 없으니 답답하다. IMF라는 특수한 상황에서 불확실한 내일에 대한 해답을 이 책은 명쾌하게 제시하고 있다.

· 백우 김봉준

주역 토정비결

신비한 동양철학 40

토정비결의 놀라운 비결!

지금 시중에 나와 있는 토정비결에 대한 책들을 보면 옛날부터 내려오는 완전한 비결이 아니라 반쪽의 책이다. 그러나 반쪽이라고 말하는 사람이 없다. 그것은 주역의 원리를 모르기 때문이다. 따라서 늦은 감이 없지 않으나 앞으로의 수많은 세월을 생각하면서 완전한 해설본을 내놓기로 한 것이다.

· 원공선사 저

신의 얼굴·사람을 보는 지혜

신비한 동양철학 ㉓

얼굴에서 사람을 보는 지혜를 찾는다!

오늘과 내일을 예측할 수 없을 만큼 복잡하게 펼쳐지는 현실에서 살아남기 위해서는 사람을 볼줄아는 안목과 지혜가 필요하다. 물론 시중에는 관상학에 대한 책들이 많이 나와 있지만 너무 형이상학적으로 쓰여져 전문가도 이해하기 어렵다. 이 책에서는 누구라도 쉽게 보고 이해할 수 있도록 핵심만을 파악해서 설명했다.

· 백우 김봉준 저

사주학의 방정식

신비한 동양철학 ⑱

알기 쉽게 풀어놓은 가장 실질적인 역서!

이 책은 종전의 어려웠던 사주풀이를 쉬운 방법으로 터득할 수 있게 하는데 목적을 두었고, 역학이란 무엇인가를 알리고자 하는데 있다. 역학이란 우주의 근본이며 기의 학문이기 때문에 역학을 이해하지 못하고서는 우리 인생살이 또한 정확하게 해석할 수 없는 고차원의 학문이다.

· 김용오 저

남사고의 마지막 예언

신비한 동양철학 ㉙

이 책으로 격암유록에 대한 논란은 끝나기 바란다!

감히 이 책을 21세기의 성경이라고 말한다. 〈격암유록〉은 섭리가 우리민족에게 준 위대한 복음서이며, 선물이며, 꿈이며, 인류의 희망이다. 이 책에서는 〈격암유록〉이 전하고자 하는 바를 주제별로 정리하여 문답식으로 풀어갔다. 이 책으로 〈격암유록〉에 대한 논란은 끝나기를 바란다.

· 석정 박순용 저

오행상극설과 진화론

신비한 동양철학 ❺

인간과 인생을 떠난 천리란 있을 수 없다!

현대는 과학이 설정하여 설명하고 있으나 원리는 동양철학에도 있기 때문에 그 양면을 밝히고자 노력했다. 우주에서 일어나는 모든 일을 과학으로 설명될 수는 없다. 비과학적이라고 하기보다는 과학이 따라오지 못한다고 설명하는 것이 더 솔직하고 옳은 표현일 것이다. 특히 과학분야에 종사하는 신의사가 저술했다는데 더 큰 화제가 되고 있다.

· 김태진 저

진짜궁합 가짜궁합

신비한 동양철학 ❽

남녀궁합의 새로운 충격!

중국에서 연구한 국내유일의 동양오술학자가 우리나라 역술가들의 궁합법이 모두 잘못되었다는 것을 학술적으로 분석·비평하고, 전적과 사례 연구를 통하여 궁합의 실체와 타당성을 분석했다. 합리적인 「자미두수궁합법」과 「남녀궁합」 및 태어난 시간을 몰라 궁합을 볼 수 없는 사람들을 위하여 「지문으로 보는 궁합법」 등을 공개하고 있다.

· 오상익 저